교과를 꽃 피게하는
독서 수업

교과를 꽃 피게하는
독서 수업

시흥 혁신교육지구 중등 독서교육 연구회 지음

맘에드림

교과를 꽃 피게하는 독서 수업

발행일　2015년 9월 15일 초판 1쇄 발행
　　　　　2018년 5월 30일 초판 3쇄 발행
글쓴이　시흥 혁신교육지구 중등 독서교육 연구회
발행인　방득일
편　집　신윤철, 박현주, 박정화, 문지영
디자인　강수경
마케팅　김지훈

발행처　맘에드림
주　소　서울시 도봉구 노해로 379 대성빌딩 902호
전　화　02-2269-0425
팩　스　02-2269-0426
e-mail　nurio1@naver.com

ISBN　978-89-97206-34-6 03370

내가 인생을 안 것은
사람과 접촉했기 때문이 아니라
책과 접촉했기 때문이다.

- 아나톨 프랑스 -

독서와 교과가 연계된
수업 혁신의 모델을 소개합니다

"독서지도사는 무엇을 하는 사람인가요?"

20년 전에는 나에게 이런 질문을 하는 사람이 많았다. 독서는 개인이 그냥 책을 읽는 행위인데, 굳이 다른 사람으로부터 '지도'를 받는다는 것이 생소하게 여겨졌기 때문이다. 그러나 지금은 독서에도 전문적인 지도가 필요하다는 점을 그 누구도 부정하지 않는다.

이제까지 독서지도사는 사교육의 영역에서 활동하던 사람들이었다. 그런데 2011년 3월 14일부터 혁신 교육의 일환으로 공교육 현장에서 활동하는 독서지도사가 등장하게 되었고, 현직 교사들과 함께 여러 가지 실험적인 활동을 거듭하는 과정에서 '교과 연계 독서 수업'이 중요한 수업 혁신 사례로 떠오르게 되었다. 이제 학교 현장에 교과별 교사와 독서지도사가 서로 협력하여 수업을 기획하고 진행하며 좀 더 나은 수업 방법과 내용을 함께 고심하는 모델이 만들어지게 되었다.

혁신 교육 프로그램 중 가장 중요하면서도 동시에 어려움을 겪었던 것은 독서지도사 파견이었다. 일반적으로 중등 수업은 교과 담당 교사가 독립적으로 수업을 진행해왔는데, 독서지도사와 같이 수업을 기획하고 진행해야 하는 것이 교과 교사 입장에서는 부담스러운 점이 있었기 때문이다. 하지만 이런 생소함을 겪으며 시작된 교과 연계 독서 수업은 학교 현장에서 교사들의 고민을 해결하는 계기가 되었다.

각기 수준이 다양한 수십 명의 학생이 모여 있는 교실에서 지식 전달 위주의 방법으로 수업을 진행하면 학습 능력이 부족한 학생들은 수업에서 이탈하거나 잠에 빠져드는 경우가 많다. 이러한 문제를 해결하기 위해 교사들은 연구와 연수를 통해 수업을 개선하려고 노력해왔다. 그러나 많은 교육과 연구를 거듭해도 새로운 구상을 선뜻 수업에 적용하기란 힘든 것이 사실이었다. 새로운 방법론을 적용하는 실험은 진도에 쫓기고, 평가에 밀리고, 대입 제도에 얽매이는 등 여러 부담을 감수해야 하기 때문이다. 이런 상황에서 좀 더 발전적인 수업을 위해 실행해 본 것이 교과 교사와 독서지도사의 협력수업이었고, 그 수업의 내용과 전후 사건들, 이후의 소감 등을 이 책에 기록하였다.

교과 연계 독서 수업은 독서지도사들과 현직 교사들 중 독서 토론 수업에 관심이 있는 교사들이 함께 협력하여 도움을 주고받으면서 진행된 수업이다. 이 책의 내용을 보고 '이 정도 수업이면 나도 시도해볼 수 있겠다.'라고 생각하는 선생님이 있다면, 출판을 통해 지난 경험을 공유하고자 하는 우리의 의도는 성공적이리라 생각한다. 과목별로 사례의 다양성을 추구하려고 노력하였지만 한두 교과의 연계 수업 사례가 유독 많이 등장하는 것은 어쩔 수 없는 학교 현장의 한계다. 학교의 수업을 모두 독서 수업과 연계하여 진행하기는 어려울 것이다. 그러나 교과를 담당한 교사들이 한 학기에 한두 시간만이라도 독서 토론 논술 수업으로 기획하여 진행한다면 학생과 교사가 모두 즐겁게 새로운 수업을 경험할 수 있는 시간이 될 것이다.

'시흥 혁신교육지구 중등 독서교육연구회' 독서지도사들은 열악한 환경에서 고군분투하며 5년을 보냈다. 원고를 모으는 과정은 한 달에 두 번씩 모여 밤늦은 시간까지 수업에 대한 고민을 나누며 더 나은 수업을 위해 노력했던 흔적을 되돌아보는 시간이 되었다. 힘들었던 순간보다 즐거웠던 순간을 더 기억하려고 애쓰며 원고를 집필해준 독서지도사들에게 고마움을 표하고 싶다. 이 책을 계기로 공교육에 교과 연계 독서 수업이 뿌리를 내리고 학교 수업의 내용과 방법이 한 단계 도약하는 계기가 되기를 바란다.

저자들을 대표하여

김마리아

차 례

독서교육 전문가의
씨를 뿌린 사람으로
기억되기를

정옥년(가톨릭대학교 교육대학원 교수)

'발을 들여놓지 말았어야 했는데'라는 생각을 수도 없이 했다. 2010년 12월에 경기도교육청 산하 시흥시의 23개 혁신교육지구 학교에 독서교육 전문가를 파견하고, 파견된 교사들에 대한 정기적인 모니터링과 연수 프로그램을 운영하기로 했을 때 그 일이 그토록 힘든 것이 될 줄 몰랐다.

1998년부터 교육대학원에서 독서교육 전공을 개설하였고, 2010년에는 이미 250여 명의 졸업생이 배출된 상황이어서 혁신교육지구 23개 학교에 독서교육을 담당할 전문 인력을 제공하는 일은 크게 문제될 것이 없다고 판단했던 것이다. 오히려 그동안 여유 있는 가정의 자녀들을 대상으로 주로 사교육 형식으로 행해졌던 독서교육을 열악한 교육 환경에 있는 학교에서 본격적으로 시행하겠다는 발상 자체에 감동했다. 경기도의 학교 혁신 정책은 독서교육 때문에라도 반드시 성공해야 하고, 또한 성공할 수 있을 것이라는 생각이 들었다.

그러나 실제 교육 현장에서 약간 거리가 멀었던지 나의 낭만적인 생각은 각 학교에 파견할 독서논술토론 교사를 선발하는 단계에서부터 무참하게 망가졌다. 믿었던 독서교육 전공 졸업생들은 처음 예상했던 것과 다른 근무 조건에 놀라서 한 명 두 명 떨어져 나갔다. 설득도 하고 위협도 해서 우여곡절 끝에 23명의 독서토론논술 교사를 파견하긴 했지만, 학교 현장에서는 또 예상치 못한 일들이 기다리고 있었다. 무엇보다 위에서 아래로 내려오는 지시 중심의 혁신 프로그램에 대해서 대다수의 교사는 긍정적인 반응을 보이지 않았다. 또한 일부 학교장은 본인이 선발하지 않은 독서토론논술 교사에 대해서 대놓고 부정적인 태도를 보였다. 냉랭한 학교 조직에서 앉을 자리조차 제대로 확보하지 못한 채 독서토론논술 교사들은 좌충우돌하면서 살아남아야 했다. 어쨌든 1년만 버텨보자는 것이 우리의 바람이었다. 그렇게 처음 시작했던 일을 5년 동안 하게 되었다.

이 책은 시흥시 혁신교육지구 학교에 파견되었던 독서토론논술 교사들이 제도도 뒷받침되어 있지 않고, 선례도 없던 상황에서 전쟁터 같은 아수라장을 거쳐 살아남았음을 스스로 확인하기 위해서 쓴 것이다. 매 순간 급한 일에 쫓기고 있을 때에는 하고 있는 일의 의미를 파악하기가 쉽지 않다. 때로는 길게, 때로는 한 걸음 떨어져서 바라볼 때 어떤 일의 의미나 가치가 드러나기도 한다. 이제 5년 동안 해 왔던 독서토론논술 교사의 역할을 마무리하면서 학교에서 일어났던 다양한 에피소드들을 떠올리고자 한다. 독서교육을 받았던 학생들이 어떻게 변해갔는지, 냉랭했던 교과 교사들의 신뢰와 협력은 어떻게 얻을 수 있었는지, 독서, 토론, 논술을 통합한 교과 수업의 내용을 구성하고 지도하는 방법은 어떠했는지, 그리고 독서토론논술 교사로서의 경험은 교육자의 역할에 대해서 어떤 생각을 하게 했는지 등을 담아내기로 했다. 구체적인 상황과 맥락 속에서 왜, 어떻게 독서교육을 해왔는지 드러냄으로써 이 책의 저자들은 각자가 한 일의 의미를 찾아내고자 했다. 그래서 일차적으로 이 책은 독자들을 위한 것이 아니라 저자들을 위한 것이라고 볼 수 있다. 그러나 그렇다 할지라도 어느 정도의 경험과 안목을 가진 독자라면 이 책을 통해서 저자들이 강조하는 몇 가지 중요한 내용을 확인하고 의미를 공유할 수 있을 것으로 생각한다.

첫째, 학교에서 독서 활동은 인성 계발이나 진로교육, 사고력 개발, 다문화 교육, 교과 학습, 여가 생활 등 다양한 어떤 목적을 염두에 두고 기획되는 것이 보통이다. 특히 가치 있는 다른 어떤 것을 달성하기 위한 수단으로서 독서 활동이 강조될 때 독서의 도구적 가치를 부각시키는 것으로 볼 수 있다. 반면에 다른 어떤 목적을 달성하기 위한 도구로서가 아니라 독서 행위 자체가 가장 인간다운 모습을 보여주는 것이기 때문에 이를 장려해야 한다고 보는 것은 독서의 내재적 가치를 강조하는 것으로 볼 수 있다. 모든 교육 활동에서 의도성을 배제하기는 어렵겠지만 독서 활동의 도구적 가치와 내재적 가치는 적절하게 균형을 이룰 필요가 있다. 학교 안에서 학교장이나 리더들이 가지고 있는 가치관이나 교육 철학, 리더십은 독서 프로그램의 목표와 내용을 설정하는 데 절대적인 영향력을 발휘한다. 따라서 이 책에 제시되어 있는 각 학교의 독서교육 사례들을 보면서 어떤 목적을 염두에 두고 독서 프로그램이 기획, 운영되었는지 생각해 보는 것은 의미 있는 작업이 될 수 있을 것이다.

둘째, 독서교육이라고 하면 국어 교과 교사가 담당해야 할 영역이라고 생각하는 사람들이 아직도 많이 있다. 그러나 독서교육은 국어 교과 교사 혼자서 감당할 수 있는 영역이 아니다. 독서교육의 내용을 크게 구분하자면 독서 동기 및 독서 습관 배양, 발달 단계에 맞는 적절한 읽기 전략과 기능 지도, 기본 어휘력과 이해력 개발, 다양한 종류의 텍스트 이해 및 감상, 교과 학습에서 읽기와 쓰기 활용, 진로교육을 비롯한 다양한 삶의 문제해결과 여가로서의 독서 활용 등 사실상 모든 교육 활동을 망라하는 것으로 볼 수 있다. 따라서 특히 중등학교에서는 모든 교과 담당 교사들이 독서교육에 관심을 가지지 않는다면 독서교육이 성공하기 어렵다. 이 책에 제시되어 있는 사례들 중에는 국어 교과는 말할 것도 없고, 미술, 수학, 과학 등의 교과 담당 교사와 협력해서 교과 연계 독서 수업을 실행한 것들이 있다. 전공 분야가 전혀 다른 교사들 간의 협력 활동은 그야말로 감동적이다. 독서교육을 매개로 해서 교사들의 학습공동체 가능성을 탐색하는 것도 흥미를 끌 수 있다.

셋째, 독서 활동이 긍정적인 학교문화로서 자리 잡고, 그것의 효과와 효용성이 제대로 발휘될 수 있도록 하기 위해서 학교에서는 장기적인 비전을 가지고 접근할 필요가 있다. 도서관을 중심으로 하는 여러 가지 이벤트나 독서 퀴즈 대회 같은 행사들은 학생들을 많이 끌어모으고 잠시나마 독서 동기를 유발하는 효과가 있을 것이다. 또한 독서교육의 실적을 내외에 과시하는 데 도움이 될 수 있다. 그러나 독서의 본질은 무엇보다 생각하고 성찰하는 데서 찾아야 한다. 그러한 생각과 성찰이 학생들에게서 지속적인 습관과 태도로서 자리 잡을 수 있게 하는 것은 학교가 해야 할 중요한 과제이다. 그런데 독서 태도와 습관 형성은 하루아침에 이루어지지 않는다. 그야말로 오랜 시간에 걸쳐서 천천히 이루어진다고 보아야 한다. 그런 점에서 학교 안에서 지속적으로 이루어지는 독서 동아리 활동이나 실제로 유능한 독자 모델로서 교과 교사들의 역할은 대단히 중요하다고 볼 수 있다.

마지막으로, 학교에서 독서교육 프로그램을 개발하고 실행할 때에는 학생들의 사회문화적 배경이나 발달 수준, 학교장의 교육 철학과 교육과정, 부모들의 기대와 사회적 요구, 가용 자원 및 학교 여건 등을 모두 종합적으로 고려해야 한다. 따라서 어느 학교에서 효과적이었던 프로그램이라고 해서 다른 모든 학교에서도 효과적일 것으로 기대하는 것은 무리가 있다. 각 학교의 독서교육 요구 사항들을 진단, 분석하고, 그 결과에 따라서 필요한 목적을 설정하고, 구체적인 내용과 자료를 선정하며, 운영 방법을 제안, 실행하고, 프로그램의 결과를 평가하는 과정은 상당히 높은 전문적 능력을 요구한다. 독서교육에서 전문가가 필요한 것은 바로 이 부분 때문이라고 볼 수 있다. 어떤 사람들은 도서 목록과 독서 지도 매뉴얼만 있으면 누구든지 독서 지도를 잘할 수 있을 것이라고 생각한다. 그러나 그런 것들만 가지고서 독서교육이 이루어지는 것은 아니다. 오늘날 사회에서는 어떤 상황에서 해결해야 할 문제가 무엇인지 판단하고, 그러한 문제를 해결하기 위해서 여러 가지 자원을 활용해서 의사결정을 할 수 있는 능력이 무엇보다 중요하다. 이 책에서 그런 전문가적인 문제해결 능력을 찾아보는 것도 의미가 있을 것이다. 구체적으로 학교 현장에서 독서교육 전문가들이 실제로 어떻게 교육하고 있는지 독서교육에 대한 고민과 성찰을 보여주고 있기 때문이다.

교과를 하게
독서 수업

국어 시간에 문학작품 읽기

다른 관점으로
몰입하며 체험하다

목효정

1. 정규 교과 시간에 책과 함께 학생을 만나다

학교에서 근무하면서 "독서지도사가 학교에서 하는 일은 뭐예요?"라는 질문을 가장 많이 받는다. 이 질문에 대한 답으로 나는 '일규'라는 학생을 소개해주고 싶다.

동네에서 '노는 학생'이었던 일규는 우리 학교에서 유명한 '수업 방해' 학생이었다. 독서 시간이라고 다를 건 없었다. 독서 시간에 모두 조용히 책을 읽는데 일규는 핸드폰으로 책이 아닌 노래 가사를 읽고, 그 가사를 옆 친구에게 보여준다. 책 읽는 시간이니 조용히 해달라고 하면 청개구리처럼 떠드는 일규. 잠깐이라도 조용히 하자고 했더니 정말 중요한 이야기가 있다며 옆 친구에게 전날 먹은 저녁 메뉴를 이야기했다. 다리에 힘이 빠졌다. 일규 친구들만 선생님 눈치 보랴 일규 말에 대답하랴 바쁘다. 그렇게 두 달이 지나갔고 여전히 일규는 책을 한 장도 넘기지 않는다.

5월, 어버이날과 스승의 날을 기념하기 위해 '감사'와 관련된 발췌 글을 읽고 떠오르는 사람에게 편지를 쓰는 활동을 했다. 대상은 당연히 선생님이나 부모님이었다. 편지지까지 준비해서 분위기를 잡고 수업을 하는데 일규가 그냥 엎드려버린다. 다 썼냐고 물어보니 웬일로 다 썼다며 주는데 성의 없게 끄적거린 글 3줄이 보인다. 읽어보려고 하는데 됐다며 빼앗는다. 나는 매의 눈으로 3줄을 훔쳐봤는데, '초등학교 5학년 6학년 때 선생님한테 X나 맞았다, 형이 날 X나 팼다, 아팠다.'였다. 그 글을 읽고 나니 일규가 안타깝게 느껴져서, 그냥 가만히 등을 쓰다듬어줬다. 그 다음 시간

교과를 피게하는 독서 수업

에도 일규의 행동은 변함없었지만 일규를 바라보는 내 눈이 달라졌다.

"무슨 노래 들어?"

"예쁜 여자 노래요."

예전 같으면, 정말 한숨 나는 상황이지만, "예쁜 여자 나오는 책도 있다." 했더니 핸드폰에서 눈을 떼고 날 본다. 갑자기 준비된 다음 멘트는 없었지만, 순발력을 발휘해 눈에 들어온 만화책을 건넸다. "에이~ 예쁜 여자는 안 나오는데" 이러면서 뒤적거리며 그림만 쓱쓱 보고 넘긴다.

다음 시간, 본인의 등장을 시끌시끌하게 알리면서 도서관에 나타난 일규가 나에게 물었다.

"선생님, 배고플 때 보는 책 있어요?"

나는 요리 관련 도서와 맛집책을 챙겨줬다. 몇 주 지난 뒤 "선생님, 저 요리사 될까요, 운동할까요?" 다 읽은 책을 건네며 슬쩍 물어본다. 다음 시간, 요리책과 맛집책 사이에 스포츠 선수의 이야기책을 끼워줬다. '글씨가 많은 책인데 다 읽을 수 있을까?' 반신반의했다. 그날은 1학기 마지막 독서 수업 날이었다. 일규는 한 시간 동안 그 책에 꼬박 빠져있었다. 그날 일규는 세상에서 가장 아름다운, 독서하는 학생의 모습을 나에게 보여주었다.

일규는 정규 교과 시간에 독서 시간이 편성되었기 때문에 독서 수업을 받을 수 있었다. 특별한 일이 없어도 일규는 도서관을 방문해 큰 목소리로 주목받으려 애썼다.

"오늘 책 좀 빌려보려고요. 재미없는 수업 시간이 있어서요. 뭐 읽어요?"

"일규야, 이제 누가 취미를 물어보면 독서라고 해도 되겠다."

본인도 부끄러운지 나의 놀림에 "아, 심심해서 보는 거예요~"라며 나와 시선을 맞추지 못하고 후다닥 가버린다. 학교 안에서 일규와 같은 학생들을 보며 독서지도사의 역할이 무엇인지 생각해본다. 정규 교과 내 독서 수업이 없었다면 일규는 독서의 즐거움을 느끼지 못했을 것이고, '책은 재미없는 것'이라는 편견은 계속됐을 것이다.

2. 학생들의 이야기는 나의 활력소!

내가 학교에 출근하기 한 달 전, 학교 운영 계획은 이미 다 짜여져 있었다. 내게 처음 주어진 임무는 학교의 진로 시간을 빌려 고3 학생들에게 '독서와 연계한 자기소개서 쓰기'를 지도하는 것이었다. 학교가 어떻게 돌아가는지도 미처 파악되지 않았던 그 당시엔 그냥 그 정도가 딱 내가 학교에서 해야 할 일이라고 생각했다.

하지만 학교 근무 햇수가 길어질수록 독서지도사로서 내가 학교에서 할 수 있는 일이 많다는 것을 깨달았고 그런 생각이 깊어질수록 내 역할은 매우 광범위해졌다. 현재 나는 교과 수업과 독서 활동을 연계한 수업 지도안 짜기는 물론 수업 진행, 방과 후 독서 토론반 운영, 독서 관련 자율 동아리 지도, 독서와 관련된 도서관 행사, 문화 체험활동 등 독서와 관련된 다양한 프로그램들을 운영하고 있다. 그리고 이런 것들은 일회적인 프로그램이 아니다. 다양한 교육과정과 연계되어, 지속성을 가지고 운영되는 교육 활동이다(이것은 학교 안에 독서지도사가 있었기 때문이라고 생각한다).

학교 안에서 독서지도사로 근무하면서 가장 즐거웠던 일을 꼽으라면 정규 교과 시간에 독서 수업을 진행한 것이다. 나는 학생들이 좋아할 만한 책을 골라서 함께 발췌해 읽고 난 후 학생들이 작성한 활동지를 통해 그들과 의견을 공유했다. 이것은 내가 미처 생각하지 못한 학생들의 내면을 엿볼 수 있는 기회가 되었다.

《몰입의 즐거움》(미하이 칙센트미하이)의 발췌문을 학생들과 함께 읽고 몰입을 하게 만드는 요인과 태도가 무엇인지 생각해보자고 말했다. 학생들의 책 내용과 자신의 몰입 경험을 비교 반성하는 에세이를 작성하는 수업을 진행했다. 나는 이 활동을 통해 학생들이 평소 자신의 학업 습관이나 수업 태도를 반성할 것이라고 예상했다. 그러나 수업이 끝난 후 활동지를 걷어보니 내 예상은 빗나가 있었다. 반성은커녕 자부심 담긴 몰입 경험만 잔뜩 쓰여있었기 때문이다.

"나는 게임을 할 때 몇 시간이고 몰입한다."

"친구들과 카톡할 때 벌써 시간이 이렇게 됐나 싶을 정도로 몰입한다. 그리고 이야깃거리가 넘쳐난다."

"요즘 알바를 시작했다. 잘 튀겨진 닭강정에 소스를 버무리는 일이다. 다른 사람들은 쉬운 일이라고 할 수 있지만 적당히 양념을 묻히는 일이 쉽지 않다. 사장님을 보고 따라 하는데 양념이 많이 묻어도 안 되고, 적게 묻어도 안 되기 때문에 나름 기술도 필요하고 집중해서 해야 하는 일이다. 이 일은 요즘 내가 어떻게 해야 잘할 수 있을지 몰입하는 일이다. 이렇게 열심히 일해서 나의 작은 가게를 갖고 싶다."

독서 활동지를 만들 때와는 전혀 다른 글들이었다, 평소에 나는 학생들을 잘 이해하고 있다고 생각했는데, '학생은 공부에 전념해야 한다'는 나의 고정관념을 꼬집어주는 것 같았다. 오히려 공부밖에 모르는 선생님에게 "저희들은 학교 밖에서 이렇게 숨 쉬며 살고 있어요"라고 이야기하는 것 같았다.

새로운 사람을 만나면 서로를 알아가는 즐거움을 느끼듯이 활동지를 읽으며 다양한 학생들의 생각과 삶을 알 수 있어서 너무 즐거웠다. 학생들의 생각이 점차 성숙해가는 과정을 글을 통해 볼 수 있는 것은 독서지도사만이 느낄 수 있는 즐거움이 아닐까? 수업을 준비하면서 굳어졌던 생각을 학생들이 일깨워주었고, 학생들의 글을 보며 나는 새로운 수업에 대한 아이디어와 열정을 얻었다.

하지만 독서 수업을 하면서 아쉬움도 있었다. 우리 학교의 경우 처음에는 창의적 체험활동 시간에 독서 수업을 편성하여 진행하였는데, 대부분의 학생들은 창의적 체험활동 시간에 하는 독서 시간을 '해도 그만, 안 해도 그만인 시간'으로 생각했다. 눈에 보이는 실질적인 이득이 없었기 때문이다. 수시 합격률이 높은 우리 학교 학생들의 관심사는 온통 내신 관리에 있었고, 점수에 들어가

교과를 피게하는
독서 수업

지 않는 활동은 하지 않아도 된다고 생각했다. 이런 학생들을 수업에 참여하게 만들기 위해 읽기 지도보다는 흥미 위주의 독서 수업을 진행할 수밖에 없었다. 그래서 생각한 것이 교과 시간에 함께 하는 독서 수업이다.

교과 시간과 연계된 수업을 하고 싶다는 생각을 하고 난 이후부터는 독서와 쉽게 연계될 수 있는 과목이 무엇일까라는 고민을 수없이 했다. 모든 과목을 독서와 연결할 순 있지만, 수업 시수도 여유가 있어야 하고, 학생들이 효과적인 독서를 할 수 있도록 독서의 필요성을 설명할 수 있는 과목이어야 했다. '내가 독서의 필요성을 가장 힘주어 이야기할 수 있는 시간이 어떤 시간일까?' 생각했을 때 가장 먼저 떠오른 것은 국어 시간이었다. 이런 나의 의견이 학교 교육과정에 반영되었고, 국어 시간을 이용하여 일주일에 한 시간씩 독서 수업을 할 수 있게 되었다. 창의적 체험활동 수업은 학생들의 흥미 유발에 중점을 두고 진행됐지만, 교과와 연계하여 진행된 국어 수업은 달라야 했다. 수업 방법에 독서가 더해져 더 큰 효과를 내야 한다는 부담감이 있었고, 그 부담이 커질수록 수업에 대한 고민도 깊어졌다.

수업에 들어가기 전 우리 학교 학생들에 대한 '대상 파악'을 시작했다. 일단 얼마나 오랫동안 독서에 집중할 수 있는지를 알고 싶어서 도서관 활용 수업을 이용해 학생들에게 마음에 드는 책을 골라오게 한 후 읽게 했다. 각자의 기호에 따라 선택한 책임에도 불구하고 20분을 못 넘기는 경우가 대다수였다. 그나마 20분을 버틴 학생도 잠을 자지 않고 책상을 넘기는 정도의 행동을 보이고 있었을

뿐, 책에 집중하고 있지는 않았다. 예상보다 훨씬 절망적이었다.

책을 읽고 나서 간단하게 정리한 활동지도 수박 겉핥기식의 반응들이 대부분이었다. '새롭게 알게 되었다.' '흥미로웠다.' 등의 형식적이고 무성의한 반응들을 보면서 이 학생들에게 필요한 것이 무엇일지 생각해보았다. 짧은 글이라도 다양한 읽기 전략을 통해 책 속에 담긴 의미를 생각해보고 그 생각을 당당하게 말할 수 있다면, 학생들의 자존감을 높여줄 뿐만 아니라 효율적인 독서를 할 수 있지 않을까 수업에 대한 그림이 조금씩 그려지기 시작했다.

3. 자유로운 표현력을 위해 시의 함축성을 이용하다

모든 학생이 책을 즐겁게 읽고 자신의 생각을 자신 있게 말할 수 있게 해주려면 어떻게 해야 할까? 이런 고민 끝에 계획한 것이 시 수업이다. 시의 가장 큰 특징은 시어의 함축성에 있다. 시에 쓰인 시어들과 각각의 구절은 읽는 사람이 누구냐에 따라 다르게 해석될 수 있다. 함축적이기 때문이다. 서로 다르게 느껴질 수 있다면 학생들 개개인이 어떤 감상평을 내놓더라도 그건 정답이 될 수 있다. 정답을 내놓은 학생에게 나는 자연스레 칭찬을 해줄 수 있고, 그 칭찬은 그 학생에게 유의미하게 닿을 것이다. 또 칭찬을 받은 학생은 자연스럽게 자신감이라는 무기를 장착하고 자유롭게 자신의 생각을 발언할 수 있을 것이다.

수업 대상은 고등학교 1학년 학생으로 정했다. 고등학생은 중학생의 표현력을, 중학생은 초등학생의 표현력을 따라가지 못한다. 순수한 생각에서 나오는 기발한 상상력과 감상평은 듣는 이로 하여금 흐뭇한 웃음을 자아내게 한다. 아직 잘 다듬어지지 않았지만 그런 특성을 가진 학생들을 대상으로 '독서 수업을 통한 긍정적 변화'를 기대한 것이다. 어떻게 보면 변화의 가능성이 제일 크다고 생각했는지도 모른다.

일주일에 5시간 중 한 시간을 독서 시간으로 정했다. 그리고 국어 교과서의 여러 단원 중 '독서의 특성과 방법' 단원을 가르치기로 결정했다. 그 단원의 소단원 내용으로 《윤동주 평전》(송우혜)이 실려 있었기 때문이다. 그동안 학생들은 선생님이 알려주는 배경지식을 듣고, 시어에 밑줄을 치고 그 의미가 무엇인지 메모한 뒤에 열심히 외우며 공부했다. 수능에 나오는 시를 공부할 때도 문제가 요구하는 답을 찾기 위해 시어의 의미를 추론해보는 정도를 반복했을 뿐이다. 그러다 보니 시인이 서정적인 표현을 통해 전달하고자 하는 의미가 무엇인지, 시어들이 가지고 있는 함축적인 의미를 어떻게 다양하게 해석할 수 있는지 등을 상상해볼 기회가 없었던 것 같다.

수업을 시작하기에 앞서 나는 학생들에게 제공할 배경 자료를 수집했다. 《윤동주 평전》만으로는 '윤동주'라는 시인을 설명하기에 부족했다. 그래서 《윤동주 : 순결한 영혼》, 《시인 동주》와 같은 '윤동주' 관련 서적을 참고하여 읽기 자료를 만들었다. 그리고 배경 자료를 바탕으로 학생들이 탐구해볼 만한 시를 열 편 선정하였다. 그 시는 다음과 같다.

1. 슬픈 족속

2. 십자가가 허락된다면

3. 눈 오는 지도

4. 우물 속 자화상

5. 눈 감고 간다

6. 또 다른 고향

7. 별 헤는 밤

8. 서시

9. 참회록

10. 무서운 시간

아직 시 감상에 익숙한 학생들이 아니기 때문에 선정된 시를 바탕으로 감상 순서를 정해 진행하기로 했다. 모둠 만들기, 중요 시어를 찾고 의미 찾기, 모둠 토의 활동, 조별 발표 및 질의응답이 순서대로 이어지도록 계획을 세웠다.

시 수업 첫 시간에 모둠을 만들었는데, 자신이 원하는 시를 고른 후 같은 시를 선택한 학생끼리 모여서 모둠을 만들도록 했다. 같은 시를 선택한 학생끼리 모둠을 형성하면 자신이 시를 선택한 이유를 이야기하며 공감대를 형성할 수 있고, 자연스럽게 토의 활동과 연결할 수 있기 때문이다.

그리고 매 시간 중요 시어를 찾고, 그 의미를 생각해오는 과제를 내주었다. 자료를 이용해서 자신의 생각을 미리 정리해오면 토의 활동 시간에도 능동적으로 참여할 수 있고, 적은 분량의 글이라도 한 편씩 읽는 습관을 길러줄 수 있기 때문이다.

수업 시간에는 바로 발표를 들을 수도 있지만, 책을 읽어오지 않는 학생들이(나는 이 학생들을 예비 독자라고 불렀다) 수업에 참여 하도록 하기 위해 모둠 토의 활동을 먼저 했다. 책을 읽어오지 않은 학생들은 책의 내용을 파악하고, 읽어온 학생들은 책을 읽었을 때 내용을 해석해서 추측한 의미를 정리할 수 있도록 활용했다. 토론한 내용은 '질문 만들기' 형식으로 정리해보도록 했는데, 발표 후 토의 시간에 이때 만든 질문을 서로 주고받으며 다양한 생각을 들어볼 수 있도록 하기 위해서였다.

모둠 토의가 끝나면 조별 발표 시간을 가졌다. 학생들은 조별 발표를 통해 자신의 조에서 맡은 시에 대한 자신들의 분석과 해석을 제시했다. 주요 시어나 구절의 의미를 윤동주의 개인적인 상황이나 시대 상황을 근거로 들어가며 설명해주었다. 다른 학생들은 이런 설명을 들으면서 윤동주의 마음, 상황을 헤아리며 시를 감상할 수 있었다. 조별 발표를 마친 후에는 질의응답을 통해 생각을 서로 공유하는 시간을 가졌다. 이는 심도 있는 감상이 이루어지도록 하기 위함이었다.

첫 시간에는 시범 수업을 진행했다. 배경지식 형성을 위해 읽기 자료를 나눠주었다. 일제강점기에 신촌에서 유학 생활을 하던 윤동주의 입장이 되어 〈슬픈 족속〉을 해석하도록 도움을 주기 위해서였다. 읽기 자료를 읽기 전에 주요 시어라고 생각한 표현에 밑줄을 쳐보라고 했다.

"너희들이 중요하다고 생각한 시어들 있지? 그 시어에 담긴 의미는 무엇일까?"

학생들은 묵묵부답으로 눈만 똥그랗게 뜬 채 내가 정답을 불러주길 바라고 있었다. 그런 반응을 예상하고 있었기 때문에 학생들이 좀 더 쉽게 활동할 수 있도록 밑줄 친 시어 옆에 떠오르는 이미지를 생각나는 대로 3개씩 적어보라고 했다.

"생각이 안 나면 어떻게 해요?", "어려워요." 등의 반응은 고마울 정도였다. "그냥 같이하면 안 돼요?"라며 귀찮다는 반응을 보이는 학생들이 많았다. 배경지식을 바탕으로 나름대로 자신의 생각을 가지고 있던 학생들도 그것을 말하는 것이 부끄러운 눈치였다.

"정답은 없어, 얘들아. 너희들이 읽었던 자료를 바탕으로 잘 생각해봐. 윤동주가 어떤 경험을 하고 이런 표현을 했을까? 읽기 자료와 연결해서 친구들이 고개를 끄덕이게 말할 수 있다면 잘한 거야. 한 명씩 돌아가면서 얘기해볼 거니까 억지스러운 이유라도 찾으려고 노력해 봐."

나의 독려에도 학생들이 무엇을 해야 하는 건지 파악하지 못하는 것 같아 읽기 자료를 함께 읽고 〈슬픈 족속〉을 해석해보기로 했다. 나는 읽기 자료의 내용과 시의 구절을 연관 지어 해석하는 과정을 설명해주었다.

"'흰 저고리 치마가 슬픈 몸집을 가리고'에서 중요한 의미를 담고 있는 시어가 무엇인 것 같아요?"

"'흰 저고리'와 '슬픈 몸집' 같아요.'"

"'저고리'는 우리 민족이 입는 옷이니깐 우리 민족을 상징하고, '슬픈 몸집'은 일본에게 당하는 모습?"

"우리 함께 읽은 읽기 자료에서 윤동주가 본 우리의 '슬픈 몸집'은 어떤 장면일까?"

"기근이 심해져 부쩍 늘어난, 거지 아이들의 모습, 아침부터 저녁까지 쉼 없이 일만 하는 모습이요."

"그 모습을 보고 윤동주는 왜 슬픔을 느꼈을까? 책에서 찾아보자."

"부모가 거두어주지 못했기 때문에 나라에서라도 돌봐줘야 하는데, 도와주라고 말할 나라가 없는 거죠. 그래서 윤동주는 또 나라 잃은 슬픔을 느끼는 거죠."

"나라가 없으니 흉년이 들어도 우리나라 사람들이 배고픔을 해결할 수가 없었어요. 하지만 방에 앉아서 죽을 수만은 없으니 나와서 힘없이 일하는 모습을 윤동주가 보았을 것 같아요."

조별 발표와 토의를 통하여 학생들 서로 간에 다양한 생각을 나눌 수 있도록 하였다.

"여러분이 '슬픈 몸집'을 처음에는 일본에게 당하는 모습이라고 넓게 추론했다면 읽기 자료와 연결하니 버려진 아이들, 배고픔을 참고 일하는 모습 등으로 다양하게 생각할 수 있었죠. 이렇게 그 당시 상황을 파악하고 나면 시를 쓸 당시 윤동주의 마음이 더 잘 이해되고 말하고자 하는 바도 무엇인지 자연스럽게 알게 되죠. 이렇게 시어를 읽은 내용과 연관 지어 다양하게 생각하고 조별로 토의해보세요."

첫 수업에 학생들이 싫어할 줄 알면서도 계속 질문을 던진 이유는 자신의 생각을 말하고, 남의 이야기를 들어주는 수업 분위기를 만들고 싶었기 때문이다. 자신의 생각을 말하거나 듣는 것이 쉬운 일이라고 생각할지 모르겠지만, '잘 말하고 잘 듣는 수업'은 그야말로 꾸준한 훈련 없이는 불가능한 것이다. 우리는 교과와 관련된 기초 지식의 습득은 중요하게 생각하면서 말하기 수업은 '그냥 자기 생각 잘 말하면 되는 거지 뭐.'라며 가볍게 생각한다.

미국에서 유학했던 친구에게 미국식 수업은 어떤지 물어본 적이 있다. 친구는 심드렁하게 답했다.

"토론 수업을 주로 하는데 별것도 아닌 걸 엄청난 내용인 것처럼 말하고, 듣는 애들은 또 그게 엄청난 이야기인 것처럼 들어줘. 나랑 똑같은 걸 읽었는데 저런 이상한 생각을 했다는 것도 신기했는데, 그들의 반응은 더욱더 신기하더라."

우리나라 토론 수업 모습과는 분명히 달랐다. 우리나라는 토론에도 정답이 있다고 생각하고, '남들이 내 말을 듣고 틀렸다고 얘기하면 어떻게 하지?' 하는 우려 때문에 쉽게 말문을 열지 못한다.

내가 아는 내용은 마음 편하게 말하지만, 모르는 내용, 이해가 되지 않는 내용에는 그야말로 꿀 먹은 벙어리가 되기 일쑤다. 더군다나 고등학생들은 남에게 비치는 자신의 모습에 더 예민한 시기이기 때문에 주변 시선을 의식하는 일이 많아 자연스러운 토의·토론 문화 형성에 어려움이 있다.

나는 학생들에게 이런 부담감을 좀 덜어주고 싶었다. 독서 시간만이라도 자신의 생각을 자유롭게 발언할 수 있게 해주고 싶었고, 어떤 말을 해도 비난받지 않을 것이라는 믿음이 생기길 바랐다. 그리고 그런 믿음을 바탕으로 자유롭게 말할 수 있는 용기가 생기길 바랐다. 물론 그러기 위해서는 '말하고 싶은 욕구가 생기는 주제'를 제시할 수 있는 역량을 갖춘 독서지도사가 필요하다. 내가 그런 역량을 갖춘 독서지도사라고 자신 있게 말할 순 없지만, 최소한 학생들이 말하기에 적합한 주제들을 제시하기 위해 많은 시간 연구에 몰두했고 부단히 노력했음을 자신 있게 말할 수 있다.

4. 독서 수업을 즐기는 학생들이 주는 감동

관조적, 고백적, 성찰적, 저항적, 미래지향적.
역설적이며 저항적인 태도.
고난을 짊어지려는 희생 의지.
망국의 욕된 자아.

이러한 단어들은 첫 시간에 학생들이 윤동주의 시 〈십자가〉를 읽고 발표할 때 사용했던 것들이다. 첫 시간 시범 수업을 통해 학생들이 이해했으려니 생각했는데, 원하는 반응이 나오지 않았다. 내가 원한 것은 한 줄이라도 본인들 말로 설명하는 것이었다. 그러나 학생들은 윤동주 시 요약 자습서를 만들어 온 것이다. 인터넷에서 찾거나 국어 자습서에 나온 이야기들을, 발표자는 줄줄 읽고 듣는 학생들은 노트에 적기 바빴다. 학생들은 분명히 배경지식이 되는 자료들을 읽고 이해하는 과정을 마쳤다. 하지만 그것을 자신의 언어로 표현하는 것이 무엇인지 모르고 있는 것 같았다. 학생들의 활동에 교정이 필요했다. 그러기 위해선 학생들이 배경지식과 시의 구절을 어떻게 연결하는지 알아보아야 했다.

첫 시간에는 내가 직접 배경지식을 읽어주고 시어의 의미를 질문하면 답하는 방법으로 시를 감상했다. 그랬더니 학생들이 자신의 생각을 이야기하는 데 어려움을 느끼지 않았다. 하지만 두 번째 시간에는 전에 알려줬던 방법으로 스스로 시를 감상해보라고 하자 어려움을 느꼈다. 바로 내가 문제를 해결해준다면, 학생들이 '잘 안 해와도 선생님이 정리해주겠구나' 하는 생각이 들어 열심히 하지 않을 것 같았다. 그래서 학생들을 믿고 맡겨보기로 했다.

사전에 학생들에게 활동지를 나눠주고 거기에 자신이 중요하다고 생각하는 시어를 정리해오도록 과제를 주었다. 그리고 수업 시간에는 조별로 서로 다른 학생의 활동지를 바꿔서 살펴보게 했다. 다른 학생의 활동지에서 이해가 되지 않는 단어에 밑줄을 쳐보라고 했다. 그리고 조별로 그 단어의 의미가 무엇인지를 토론하여 그 결과를 적도록 했다. 그리고 그렇게 적은 이유를 함께 생각해보는 시간을 줬다. 조별 과제를 주면서 우리가 읽어 온 배경지식과 시를 연결해서 생각해보고, 자신이 찾은 내용을 친구들과 이야기해보라고 했다. 인터넷에서 찾은 답이 정답이 아니라는 것을 알자 학생들은 배경지식에 집중해서 다양한 의미를 상상하기 시작했다.

"쫓아오던 햇빛인데 지금 교회당 꼭대기 십자가에 걸렸습니다. 저희 조는 십자가 뒤로 보이는 햇빛을 본 건데, 윤동주는 햇빛이 십자가에 걸려서 가지 못하는 상황으로 표현했어요. 가고 싶은데 십자가 때문에 갈 수 없다고, 답답하다고 생각했고 우리나라의 답답한 현실에 비유한 것 같아요."

"우리나라의 답답한 현실이라는 건 구체적으로 어떤 것인가요?"

"책에 나와 있진 않지만 제 생각에는 윤동주가 살았던 시대가 일제강점기니까, 독립을 하긴 해야 하는데 어떻게 해야 하나 막막한 마음 같은데요. 그래서 햇빛의 의미까지 생각해봤는데요. 햇빛은 밝은 거니까 밝은 건 좋은 의미로 보고 조국의 독립, 이런 의미로 해석해봤어요."

"선생님, 저희는 좀 다르게 생각했는데요. 〈십자가〉는 윤동주가 자취하던 시절에 쓴 건데 졸업하면 취직해야 되잖아요. 저희는 독립이 되어야 제대로 취직도 하고 그럴 것 같은데 원하는 일을 할 수 없는 것에 대한 불안감? 윤동주의 개인적인 걱정 같은 것으로 봤어요."

내가 의도한 대로 학생들은 자신의 생각이 달랐던 부분에 대해 질문하고 대답하는 과정을 통해 시어의 의미를 다양하게 이해했고, 친구와 다른 해석을 한 것을 자랑스럽게 여기기도 했다. 시에 대한 상상이 풍부해지면서 상황에 대한 이해도 깊어졌다. 시의 의미를 일반적으로 이해하는 데 그치는 것이 아니라 마음으로 감상하고 윤동주의 상황과 그의 마음까지 공감하는 반응을 보였다. 머리로 이해하고 받아들이는 것이 아닌 마음으로 시를 읽는다는 것이 이런 것이 아닐까? 이제 진정한 감성 읽기가 가능해졌다고 생각하니 저절로 입가에 미소가 묻어났다.

이렇게 아홉 편의 시를 감상한 후 학생들은 윤동주 시의 공통된 구조를 알려주지 않았는데도 스스로 찾아냈고, 형식적인 감상문이 아닌 시를 읽고 느낀, 자신의 솔직한 감상을 담은 활동 보고서를 작성했다.

"시인 윤동주라는 이름 앞에 '대단한'이라는 말을 붙여주고 싶다."

"윤동주는 그 당시에는 아무것도 못하는 무기력한 자신을 반성하고 있지만, 이제는 당당하라고 말해주고 싶다. 그의 시를 통해서 우리는 일제강점기 우리의 아픔과 고민들을 알게 되었고, 그 역할을 한 사람이 윤동주이기 때문이다."

"일제강점기에 나를 돌아보기보다는 외면하고 싶었을 것 같다. 하지만 용기 있게 자신을 돌아본 것 같다. 지금 나도 나를 돌아볼 용기가 필요하다."

"자아 성찰이란 단어가 너무 어렵게 느껴졌는데, 시를 읽고 자아 성찰이 무엇인지 어떻게 하는 것인지 알게 되었다."

5. 다양한 관점으로 소설을 재창조하다

시 수업을 통해 자신감을 얻은 학생들이 자유롭게 자신의 생각을 이야기하며 토의하는 모습을 보고 그 능력을 발판 삼아 심화된 독서 수업을 해봐야겠다고 생각했다. 소설 감상도 시 감상에서 했던 것처럼 작품에 숨겨진 의미를 찾고 이해해야 한다는 점에서 맥을 같이한다. 다만, 시에서는 생략되고 함축된 부분이 많기 때문에 배경지식을 적용하여 시어나 시구의 의미를 다양하게 해석할 수 있는 반면, 소설에서는 인물, 사건, 배경 등 더 많은 단서가 주어지기 때문에 그 단서들을 바탕으로 어느 정도 제한된 해석을 해야 한다는 점에서 다르다. 정리하면 소설 수업에서 학생들은 소설 속에 제시된 단서를 바탕으로 통합적 사고를 한 후 그것을 바탕으로 의미를 추론하는 활동을 해야 하는 것이다.

소설 수업을 하기에 앞서 국어 선생님과 협의하여 학생들이 읽어볼 만한 단편소설 여섯 편을 골랐다. 처음에는 학생들이 익숙하고 역할극으로 만들기 쉬운 〈사랑방 손님과 어머니〉, 〈동백꽃〉 같은 소설을 시작으로 〈운수 좋은 날〉, 〈수난이대〉, 〈미스터 방〉처럼 배경지식을 활용하여 의미를 추론해야 하는 소설로 난이도를 조절했다. 마지막으로 〈자전거 도둑〉처럼 복잡한 의미 구조를 갖는 소설을 선택했다.

단편소설 읽기 활동은 '다양한 관점'에서 소설을 읽고 이해하는 활동으로 소설 속 배경, 사건, 인물의 관계·성격 등을 통해 말하고자 하는 바가 무엇인지 파악해보는 활동에 중점을 두어 구상하기로 했다. 그리고 학생들이 다양한 관점에서 소설을 감상할 수 있도록 몇 가지 공통된 읽기 방법을 제시했다.

그래서 학생들에게 인물의 뇌 구조 그리기, 사건에 따른 인물과 독자의 감정 변화를 그려보는 감상 그래프 그리기 활동을 과제로 제시했다. 소설은 그 양이 시보다 많아 학생들이 읽기 전부터 부담을 갖기 때문에 독후 활동으로 감상평 적기 같은 글쓰기 활동을 주면 학생들의 부담이 가중될 것 같아 그리기 활동을 하게 한 것이다. 활동지 역시 읽은 내용을 바탕으로, 추론한 내용을 간단하게 기록해볼 수 있도록 구성했다. 수업을 구상한 후에는 평가에 대한 고민을 했고 국어 교과 선생님들과 협의하여 '소설 읽고 서평 쓰기'를 수행평가에 넣기로 했다.

각 반은 여섯 개의 모둠으로 구성되어 있고 선정된 소설도 여섯 편이었기 때문에 모둠별로 소설 한 편을 골라 발표를 준비했다. 각 모둠은 역할극, 인물의 뇌 구조 그리기, 감상 그래프 그리기, 질문하기 형식으로 단계별 발표를 준비했다.

1단계 역할극은 등장인물의 활동이 묘사된 부분을 대사로 바꾸는 것이다. 소설 내용을 연극 대본 또는 영화 시나리오로 바꾸어 역할극을 하면 전체적인 내용을 한눈에 파악할 수 있는 장점이 있다. 또한 소설 속 상황을 시각화함으로써 각 장면에 대한 이해를 높일 수 있는 단계이기도 하다.

2단계 인물의 뇌 구조 그리기는 소설에 등장하는 주요 인물의 관점에서 소설을 읽은 후 인물의 행동, 사건에 대한 반응 등을 뇌 구조로 그리는 것이다. 이는 인물의 가치관, 생각 등을 추론해보게 하려고 구상한 활동이다. 이러한 인물 분석을 통해 소설 속 인물의 행동에 대한 이해를 높일 수 있다.

3단계 감상 그래프 그리기는 인물의 감정, 소설 속 사건에 대한 독자의 감정을 그래프로 표현하는 것이다. 이 활동으로 각자의 생각을 바탕으로 다양하게 그래프를 그려본 후 그것을 바탕으로 서로 감상한 내용을 비교할 수 있다.

4단계 질문 만들기는 모둠별로 토의한 내용과 역할극, 뇌 구조 그리기, 감상 그래프 그리기를 하면서 궁금했던 점, 친구들과 함께 더 생각하고 싶은 점 등을 질문의 형식을 빌려 이야기하고 내

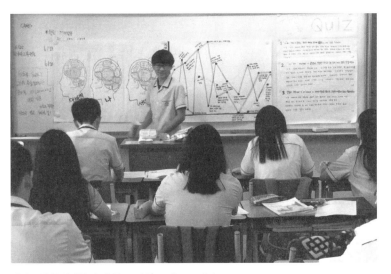

단편소설 등장인물의 뇌 구조, 감상 그래프 그리기

용을 정리하는 단계이다.

수행평가 기간에 학생들이 배웠던 단편소설 〈역마〉로 시범 수업을 진행했다. 역할극을 어려워해서 학습 만화 자료를 활용하여 배역을 정해 읽게 하였다. 또한 파워포인트를 활용해 소설 속 배경을 표현하는 방법을 보여주고(당시 배경을 알 수 있는 사진을 보여주었다), 인물의 감정은 음향 효과를 활용하면 더 효과적으로 전달할 수 있음을 알려주었다. 더불어 역할극이니 시각적으로 보이도록 소설 속 해설이나 묘사 부분을 행동과 대사로 바꿔야 함을 주지시켰다. 친구들 앞에서 발표할 때에는 책의 내용을 그대로 보고 읽기보다는 이해한 내용을 자연스럽게 표현할 수 있도록 해야 한다는 주의 사항도 일러주었다.

〈역마〉의 등장인물 중 한 명을 선정해 뇌 구조를 그려보도록 했는데, 인물이 경험한 사건, 처해진 상황을 바탕으로 인물의 감정을 추론해본 후 그것을 바탕으로 그려보도록 했다. 처음 하는 활동이어서 '엄마', '사랑' 등의 단어로만 뇌 구조를 채웠다. 그래서 그 인물이 자신이 처한 상황을 어떻게 받아들이고 있는지 구체적으로 적어보도록 했다. 시 수업의 경험이 있어서인지 학생들은 조별 과제를 처음보다 담담하게 받아들이는 눈치였다.

역할극을 통해 소설 속 장면이 학생들을 통해 새롭게 재탄생되었다. 단편소설을 재구성하기 위해 책을 꼼꼼히 읽게 되었고, 각 장면의 배경을 찾으면서 소설 속 배경이 되는 시대를 이해하고 더나아가 소설의 전체적인 흐름을 이해하게 되었다. 처음에는 역할극이 어색해서 책을 줄줄 읽었는데, 잘된 역할극을 보여주며 아쉬운 점을 짚어주자 짜임새 있고 창의적인 역할극이 많이 나왔다. 수업을 거듭할수록 학생들의 눈높이에서 재구성된 역할극들이 늘어났고 그런 모습이 매우 신선했다.

등장인물이 되어 이야기를 들려주는 것은 물론, 소설의 중심 소재가 되어 연기하는 학생도 있어서 보는 이로 하여금 그 소재가 주는 의미가 무엇인지 생각해보게 하였다.

"저희 조는 방삼복의 입장에서 〈미스터 방〉의 시나리오를 짰습니다."

"〈동백꽃〉에서 이 친구는 점순이네 닭을 맡았고, 전 주인공의 닭을 맡았습니다."

점순이는 우람한 남학생이, '나'는 새침스런 여학생이 연기하며 반어적 재미를 더한 것이 기억에 남는다.

다양한 소품들도 등장했다. 〈운수 좋은 날〉의 인력거를 어떤 반에서는 줄넘기를 묶어 표현했고, 다른 반에서는 바퀴 의자를 이용하여 표현했다. 마지막 반에서는 자전거까지 등장해 모두를 포복절도하게 했다.

앉아서 발표를 듣는 학생들도 큰 호응을 하여 친구들의 용기를 북돋아 주었다. 연기 지도를 해주거나, 통쾌한 부분에서는 박수를 치는 등 생각하지 못했던 반응들이 나올 땐 나 또한 놀라움을 금치 못했다.

소설 속 주인공의 행동을 근거로 인물의 주된 생각을 세 가지로 요약하게 하고 뇌 구조에는 인물이 되어 해볼 수 있는 생각들을 상상해서 적어보도록 했는데, 처음에는 등장인물 위주의 뻔한 걸

과들이 나왔지만, 점점 갈수록 그 인물이 되어보지 않고서는 나올 수 없는 생각이 나왔다.

등장인물의 입장이 되어 표현한 모둠도 있었고, 소설의 각 구성 단계에 대한 생각을 창의적으로 표현한 모둠도 있었다. 조별로 혹은 개인별로 달라지는 그래프를 보며 감상문을 쓰지 않고서도 그래프를 통해 책에 대한 소감, 생각 등을 말하는 것이 효과적일 수도 있음을 알았다. 그래프의 특징상 생각의 차이가 확실히 드러나 다른 관점에서 생각해보고 남들과 다른 그래프를 그려보려고 노력하는 학생들도 있었다.

"〈미스터 방〉은 방삼복의 몰락으로 인한 비극적 결말이라고 보았고요, 방삼복의 권력에 기대려고 했던 백주사도 함께 몰락했을 것으로 생각하여 그래프를 이렇게 그려보았습니다."

"혹시 다른 그래프를 그린 조 있나요?"

"저희는 방삼복은 몰락으로, 백주사는 성공과 몰락의 중간 지점에 두었어요. 방삼복의 몰락을 본 백주사가 자신을 도와줄 만한 권력을 가진 사람을 계속 찾아볼 것이라고 생각했거든요."

학생들은 다양한 답이 많이 나올 수 있는 의외의 질문들을 많이 만들어 왔고, 그 질문에 대한 답변을 바탕으로 토의도 자연스럽게 진행됐다.

"〈운수 좋은 날〉을 읽으면서 아픈 아내를 두고 돈을 벌러 나간 김첨지의 행동이 맞는지 틀린지 대답해볼 사람?"

"집에 돈이 없어요. 돈을 벌어야 개똥이 우유도 사고, 아내가 먹고 싶다는 설렁탕도 사죠. 돈을 벌러 나가는 게 맞지."

"첫 부분에 보면 아내는 김첨지에게 오늘 나가지 말라고 부탁했어요. 설렁탕이 먹고 싶기도 했지만, 몸이 아픈데 혼자 있는 게 얼마나 무서웠겠어요. 또 개똥이가 울면 아무것도 못해주니깐 얼마나 불안했겠어요. 같이 있어주길 원했으니 같이 집에 있어줘야죠."

"아픈 아내 얼굴만 보고 있으면 행복할까요? 김첨지는 하루 종일 무능력한 가장이라는 생각으로 더 괴로웠을 것 같아요."

"돈을 벌어야 능력 있는 가장인가요? 아내가 체했어요. 손도 따주고 등도 두들겨주고, 아내는 그런 것을 원했을 거예요."

"전 돈을 벌러 나간 건 괜찮은데 친구 치삼이하고 술을 먹은 게 잘못인 것 같아요. 술만 안 먹고 일찍 들어왔다면 아내가 살아있었을 수도 있었죠."

"김첨지는 가장이에요. 비가 와서 하루 종일 인력거를 끌고 다니기가 더 힘들었겠죠. 우리 아빠들도 그러잖아. 술 한 잔 먹으면서 하루의 피로를 푸는 거예요. 그 정도는 이해해줘야지."

김첨지를 옹호하는 남학생들과 아내의 편인 여학생들 간에 감정이 담긴 논쟁의 목소리가 커졌다.

"아내가 오늘은 나가지 않으면 안 되냐고 했는데 어떻게 그래?"

내가 수업을 할 때는 뭘 해도 무덤덤한 학생들이 청소년 소설도 아닌 〈운수 좋은 날〉에 등장하는 각 인물들에게 감정이 이입되어 흥분하는 모습이 낯설게 느껴졌다. 소설의 구석에 있는 글까지 찾아 인용하거나 같은 시대를 살았던 윤동주에 대한 배경지식을 활용하는 등 다양한 근거를 찾아 가며 다른 생각을 가진 친구를 설득하려는 열정들이 대단했다. 내 역할은 고작 학생들이 놓친 부분을 질문하고 학생들의 발표를 연결해서 토론을 이어가도록 도와주는 것이었다. 내가 모든 것을 힘겹게 이끌어갔던 처음 수업과는 많은 점들이 달라져 있었다.

6. 교실 안의 독서 수업은 살아있다

수학이나 영어를 배울 때 단계가 있는 것처럼 독서도 단계가 있다. 기본적으로 책을 좋아하고, 토의를 많이 해왔던 사람들인 경우에는 독후 활동이 자연스럽게 이루어지지만, 그렇지 못한 경우에는 기본을 알려주어야 한다.

고등학생들의 사고력은 성인과 다르지 않지만 그에 비해 읽기 능력은 현저히 떨어진다. 하지만 기초를 쌓는다는 명목으로 중학교 수준의 책을 읽게 하면 책에 대한 흥미를 떨어뜨릴 수 있다. 또한 읽기 능력이 부족하다고 해서 읽기만 해서도 안 된다.

한 학기 동안 이루어진 문학작품의 감정 읽기, 의미 찾기 수업을 통해 깨달은 바가 있다.

첫째, 대상에 대한 이해의 중요성이다.

〈동백꽃〉 역할극을 보는데, 뭔가 이상했다. 닭싸움에 초점이 맞춰져 있었다. 남학생들로만 구성된 조여서 역할극이 좀 과격해진 건가 했는데, 끝까지 보니 점순이와 '나'의 미묘한 관계를 전혀 읽지 못하고 한 마을에 있었던 닭싸움 이야기로 동백꽃이 바뀌어 있었다.

"얘들아, 점순이는 닭싸움을 왜 걸었을까?" 역할극이 끝나고 조원들에게 물어보았다.

"그러게요…….."

역할극을 본 여학생들은 답답하다는 듯 한숨을 쉬고 있었다.

"누가 설명해볼 사람?"

"좋아하니깐 그렇지."

"그런 거야? 아~~~"

시 읽기 수업의 영향에서 비롯된 것인지 몰라도 한편으론, 학생들이 자신의 생각으로 〈동백꽃〉을 이해해보려 했던 것 같아 기특한 마음도 들었다. 수업을 마치고 나오면서 우리 학교 학생들이 그동안 어떻게 책을 읽어왔는지를 미루어 짐작해 볼 수 있었다. 그리고 학생들이 왜 독서를 어려워하는지 그 이유 중 하나를 찾은 것 같았다. 그동안 학생들은 일차원적인 책 읽기를 한 것이다. 다시 말하면 책 속의 숨겨진 의미를 찾고, 인물을 이해하고 공감하며 읽으려고 하기보다는 '그냥' 읽기만 한 것이다. 그런 학생들에게 토론을 시키고, 의미하는 바를 말해보라고 하니 난감할 수밖에 없었겠구나 하는 생각이 들었다. 짧은 지문이라도 그것에서 의미를 찾고, 앞뒤의 내용을 연결 지어 생각할 수 있는 활동을 할 수 있는 능숙한 독자가 되게 하려면, 다양한 읽기 방법을 이용한 수업이 필요하다는 생각을 하게 되었다. 더불어 독서 수업을 진행하기 전에 학생들에 대한 관찰을 바탕으로 그에 맞는 수업 방향과 독서프로그램을 만들어야겠다는 생각도 들었다.

둘째, 시각화하는 활동의 중요성이다.

고등학생 정도가 되면 추상적인 부분이나 생략된 부분을 머릿속으로 그려가며 읽는 능력 정도는 있을 것이라고 생각했다. 하지만 그건 큰 오산이었다. 대부분의 학생들은 앞서 언급했듯이 책 속에 적힌 내용 그대로를 받아들이는 것으로 책 읽기 활동을 마쳤다.

이 때문에 역할극을 계획한 것은 '신의 한수'였던 것 같다. 왜냐하면 역할극을 함으로써 학생들이 소설 속 인물의 감정에 이입하게 되었고 그로 인해 내용에 대한 이해도를 높여 주었기 때문이다. 또한 학생들이 역할극 장면을 다양한 독후 활동에 인용하는 것을 보며 시각화하는 활동이 정말 중요하다는 것을 느꼈다.

〈미스터 방〉의 마지막에는 방삼복이 S 소위에게 어퍼컷을 맞으면서도 싹싹 비는 장면이 나온다. 발표자들의 역할극을 보며 학생들은 권력에 빌붙어 살아가기 위해 한없이 비굴해지는 방삼복의 모습에 충격을 받은 것 같았다. 그리고 굴욕감이 무엇인지 말로 하지 않아도 느끼게 되었던 것 같다.

독후 활동 시간에는 신문 사설을 나누어 준 후 사설에서 비판하는 점이 소설 속에서는 어떻게 풍자되었는지 찾아보게 했다. 학생들은 정답을 말해주지 않아도 역할극의 장면과 연결하며 답을 잘 찾아냈다.

"땅콩회항과 백화점 모녀 갑질 사건이 소설의 마지막 장면과 비슷하다고 생각했어요."

"어떤 점에서?"

"마지막에 보면 S 소위에게 방삼복이 무릎을 꿇고 싹싹 빌잖아요? 땅콩회항 사건에서도 승무원들이 사장 앞에서 무릎을 꿇고 백화점 직원도 부자 사모님 앞에서 무릎 꿇을 수밖에 없었잖아요. 그런 점이 비슷한 것 같아요."

셋째, 다양성과 자발성이 돋보인 독후 활동의 중요성이다.

다양한 관점에서 소설을 읽으면서 창의적인 생각을 하는 학생들이 나왔고, 그런 생각을 인정해주는 분위기가 형성되었다. 그런 분위기는 다양한 주제의 토의 수업을 가능하게 해주었고 그 주제 역시 학생들의 머릿속에서 나왔다.

"저희 조는 '점순이'와 '나'의 관계를 바탕으로 뒷이야기 짓기를 토의 주제로 선정했습니다."

대부분 해피엔딩과 새드엔딩으로 이야기를 지었는데, 둘 다 아니라는 의견이 나온 조가 있어서 들어보기로 했다.

"점순이가 닭 죽인 걸 말하지 않는다고 했잖아요. 근데 그걸 아빠한테 들켜요."

"어떻게 들켰는데요?"

"음, 아빠가 닭이 어디 갔냐고 점순이한테 물어봤는데 점순이의 눈동자가 막 흔들리고 말을 얼버무려요. 그래서……, 아빠가 눈치를 채요. 결국 '내'가 닭을 죽인 걸 알게 되서 점순이네서 따지러 오고, 결국 '나'는 혼이 나요. 그 뒤로 약속을 안 지킨 점순이를 '나'는 더 싫어하게 되고 동네에서 볼 때마다 째려보는 사이가 되는 거예요."

"선생님, 〈동백꽃〉에서 보면 섬순이가 '나'를 좋아하면서 오히려 '나'가 싫어하는 행동들을 막 하잖아요. '나'의 성격을 고려해서 점순이가 효과적으로 자기 마음을 전달할 수 있는 사랑 전략 짜기, 이런 거 질문으로 만들어도 돼요?"

학생들이 스스로 만들어낸 의외의 토론 주제들을 보면서, 다양한 생각을 인정해줌으로써 생각의 힘을 길러주는 것이 무엇보다 중요하다는 것을 깨닫게 된 유의미한 시간이었다.

7. 숨겨진 가능성, 생각의 씨앗은 오늘도 자란다

시와 소설을 읽고 발표하며 서로 소통하는 수업을 진행하면서, 독서 수업을 통해 느낄 수 있는 즐거움을 모두 맛본 것 같다. 그것은 바로 '함께 읽는 즐거움'이다. 다시 말하면 다양성이 주는 재미이다. 교실 안에는 다양한 생각이 있다. 독서를 통해 학생들은 새로 알게 된 것, 글과 관련된 나의 경험담, 내가 상상할 수 없는 종류와 범위의 것들을 생각한다. 이렇듯 독서 토론 수업은 학생들로 하여금 다양한 생각들을 끌어내주고, 상호작용을 통한 배움의 기회를 제공하는 가치 있는 수업이다.

또한 독서 토론 수업을 하면서 학생들의 새로운 모습을 발견하는 재미도 느낄 수 있다. 독서 토론 시간에 활발하게 자신의 생각을 발표하며 수업을 이끄는 학생들에 대해 선생님들은 대부분 이렇게 반응한다.

"현수의 재발견인데요, 원래 수업 시간에는 저러지 않아요. 조용한 학생이에요."

"지수는 윤동주 시 발표 때는 하지 않겠다고 고집을 부려 조원을 울렸는데, 저렇게 발표를 잘하는 학생인 줄 몰랐어요."

독서 토론 시간에는 일반 교과 시간에서 볼 수 없는 색다른 모습으로 변화를 시도하는 학생들이 많았고, 대부분 긍정적인 쪽으로의 변화였다. 그 변화가 나에겐 형언할 수 없는 기쁨으로 다가왔다. 학생 개개인의 숨겨진 재능을 보았을 때 나의 느낌은 금광을 발견한 광부의 심정이라고 할까?

수업 시간이 끝난 후에도 독서는 계속됐다. 발표 자료를 만들기 위해 조별 모임을 갖고 토의하는 학생들의 모습, 방과 후 학교 원탁에 둘러앉아 삼삼오오 모여 책을 펴놓고 토의하며 그래프를 그리고 뇌 구조를 채우고 꾸미는 모습, 카톡방을 만들어 과제에 대해 자유롭게 이야기를 주고받는 모습 등을 통해 그들의 독서가 수업 시간 이후에도 계속되고 있음을 여실히 느낄 수 있었다.

졸업 후에도 독서 활동은 계속된다. 동아리 학생들과 함께했던 문화 연계 독서 프로그램은 학생 스스로 좋은 공연을 찾아보고 관련 도서를 찾아 읽을 수 있는 습관을 만들어 주었고, 그 습관은 아이들이 학교를 졸업하고 대학생이 되어서도 없어지지 않았다.

독서를 통한 결과물은 빨리 나오지 않을뿐더러 그 모습을 예측하기도 어렵다. 그래서 독서지도사로서 학생들을 가르친다는 것은 그 종류와 특성을 알 수 없는 씨앗을 땅에 심어 놓고 기다리는 인고의 행위가 아닐까 생각한다. 나는 다양한 독서 수업을 통해 학생 개개인이 유의미한 경험을 하고 그것을 토대로 싹을 틔우길 바라며 더 나아가서는 아름다운 열매를 맺길 바란다.

학생들이 내가 제공한 씨앗을 그들의 필요에 따라 유용하게 싹 틔운다면, 그리고 그 순간에 나와 함께했던 수업들을 한 번이라도 떠올려 준다면, 그것만으로도 난 가슴 벅찬 감동을 느낄 수 있을 것이다. 너무 큰 걸 바라고 있나?

수학 교과 연계 협력수업

소인수분해를
활용한 암호 수업

최윤민

1. 독서교육을 수학으로 넓히다

독서지도사로서 독서교육의 씨앗을 심기 위해 노력했던 시간들이 어느새 흐르고 흘러, 마지막 5년 차가 되는 2015년도 1학기 시작과 함께 교과 협력수업과 관련하여 혁신부장님과 회의를 했다. 학교의 연간 교육과정에 맞추어 3월 말 정도로 일정을 결정했다. 새로운 학기가 시작이 되는 시기라 선생님들에게 다소 부담이 될 수도 있지만 교과 협력수업의 시작을 되도록 빨리 선생님들에게 알리기 위함이었다. 일정을 결정하고 나서 연계 과목을 어떤 과목으로 정할지가 화두로 떠올랐다. 학교에서는 많은 선생님들이 독서교육과 연계된 교과 협력수업은 교과 교사가 먼저 제안해야 한다고 생각했는데, 나도 마찬가지로 생각했다. 나는 교과 담당 선생님들이 여러 가지 업무로 바쁜 학기 초에 독서지도사가 협력수업을 먼저 제안하는 것은 부담을 주는 것이라는 생각을 가지고 있었다. 결국 혁신부장님과의 몇 번의 회의 끝에 교과 선생님들로부터 수업 제안을 기다려보다가 들어오지 않으면 혁신부장님과 협력수업을 하는 것으로 의견을 모았다. 그로부터 며칠 후 전혀 예상하지 못한 전화 한 통을 받았다.

"선생님, 이번에 수학을 담당하시는 선생님께서 수업을 해보고 싶다고 하셨어요."

"수, 수학……이요?"

"네. 이과 계열 과목과의 협력수업이 처음이라 힘드시겠지만 이번 수업으로 이과 계열 과목 선생님들의 교과 협력수업에 대한 참여를 이끌어 낼 수 있는 기회로 삼았으면 좋겠어요."

"아, 네. 알겠습니다. 저도 교과 연계에서 수학은 처음이지만 새로운 배움의 기회로 생각하고 열심히 준비하겠습니다."

통화가 끝나고 여러 생각에 머리가 어지러웠다. 지금까지 교과 협력수업에서 접해보지 않았던 과목인 만큼 새로운 것에 대한 기대감과 함께 처음 하는 것이기 때문에 잘해야 한다는 부담감이 동시에 들었기 때문이다.

그동안 우리 학교에서는 교과 협력수업은 교과의 특성상 독서와 접점을 찾기 쉬운 문과 계열 교과를 중심으로 이루어졌다. 독서지도사와 교과 교사가 협력해서 수업을 함께 만들어가는 것은 우리나라에서 시흥시 혁신교육지구 사업에 참여하고 있는 학교들이 처음 시도하는 것이었다. 우리나라 어디에서도 그 사례를 찾아볼 수 없는, 모두에게 생소한 상황이다 보니 조금이라도 시행착오를 줄여보자는 이유에서 일반적으로 독서와 관련성이 떨어진다고 여기는 교과는 판단의 중심에서 벗어나 있었다. 수업이 만들어지는 과정에서 많은 어려움들이 있었지만 그렇게 산고 끝에 만들어진 수업들이 하나둘씩 쌓여가면서 교과 협력수업에 대한 문과 계열 선생님들의 관심과 인식이 차츰 나아지고 있었다. 반면에 지난 4년 동안 이과 계열 교과와의 협력수업은 이루어진 적이 없다. 독서교육과 연계된 협력수업에 대한 이과 계열 선생님들의 반응은 과거와 별반 다르지 않았다.

2. '협동'을 통한 수업모형 준비

수학 교과와의 교과 협력수업이 결정되자 수업에 대한 선생님의 생각을 들어보고 협의회 일정을 잡기 위해 연락을 했다. 선생님은 소인수분해 단원을 활용한 암호 수업을 해보고 싶다고 했다. 소수가 굉장히 재미있는 수인데, 수업에선 학생들이 재미없어 하고, 많이 어려워하는 모습을 보이는 것이 안타깝다고 말했다. 그래서 학생들에게 재미를 부여할 수 있는 방법으로 현대사회에 없어서는 안 되는 암호를 주제로 수업에 활용하고 싶다고 말했다. 수업에 대한 생각을 간단히 주고받고 첫 협의회에서는 각자 준비한 수업모형을 가지고 이야기하기로 했다.

며칠 뒤 수학 선생님과 만나 각자 준비한 수업모형에 대해서 서로 이야기하는데 놀라운 일이 생겼다. 서로 준비해온 수업모형이 놀랄 만큼 비슷한 것이 아닌가. 독서 수업은 책이든 읽기 자료든 수업 안에서 무언가를 읽는 활동이 기본이 된다. 그러다 보니 다소 정적일 수밖에 없다. 그런 부분이 혈기왕성한 우리 아이들에게는 간혹 고문의 시간이 되기도 한다. 그래서 나는 되도록 독서 수업을 준비할 때 아이들이 몸을 움직일 수 있는 활동을 넣으려고 노력하는 편이다. 이번에도 마지막 과제로 암호를 각 모둠에 제시하고 모둠 구성원들이 함께 암호를 해결하는 방식으로 활동적인 상황을 넣을 생각이었는데 선생님도 같은 생각이었다. 그리고 준비한 전체적인 수업의 진행 과정도 거의 같은 생각이었다. 읽기 자료를 활용하여 암호 해독에 관하여 알려주는 도입부와 마지막 모둠별 과제 활동을 내가 맡고, 소인수분해를 활용하여 암호를 해독하는 중간 부분은 선생님이 맡기로 했다.

비록 긴 시간은 아니었지만 협의를 해나가며 했던 선생님과의 대화를 통해 선생님이 가지고 있는 교육에 대한 가치관과 목표가 나와 통하는 부분이 많았다. 그래서 그랬는지 협의는 크게 막히는 어려움 없이 원활하게 진행되었다. 원래 목표로 했던 전체적인 수업 모형에 대한 논의는 쉽게 정리가 되었고 그 외에도 세부적인 이야기까지 많이 나눌 수 있었다.

우리 학교뿐만 아니라 다른 학교들(시흥시 혁신교육지구 사업에 참여하고 있는 학교들)에서도 참고할 만한 수학과 독서의 연계 수업 사례는 많지 않았다. 그로 인해 준비하는 과정에서 짙은 안개 속을 거니는 듯 막막함을 느끼기도 했다. 하지만 그렇게 부정적으로만 생각해서는 안 될 일이었다. 자료의 부족함이 한편으로는 기존의 수업들에 얽매이지 않고 수학과 독서가 협력한 수업 모형을 새롭게 만들어볼 수 있는 좋은 기회가 될 수 있을 것이라고 스스로를 위로했다. 그렇게 막막하지만 한 줄기 빛과 같은 희망을 가지고 겨우겨우 버티며 수업을 준비해 나가기 시작했다.

수업을 준비하는 과정에서 가장 어려웠던 것은 읽기 자료를 준비하는 것이었다. 일단 수업에 사용할 읽기 자료는 다른 교과에 비해 수학에 대한 학생들의 흥미와 수준의 차이가 더 크다는 점을 고려해야 했다. 수업에 대한 많은 학생들의 동기를 이끌어낼 수 있으면서도, 모두가 시도해볼 수 있는 수준의 자료를 준비해야 했다.

먼저 학교 도서관에 비치되어 있는 암호 관련 도서들을 모두 꺼내보았다. 하지만 암호 관련 도서의 수는 많지 않았고, 존재하는 책들도 살펴봤을 때 대부분 수준이 상당히 높았다. 1차시라는 제한된 시간 안에 소화하기에 불가능한 내용들이 많았다. 수학이라는 교과의 목적은 학생의 지식 습득뿐만 아니라 생각하는 능력, 즉 사고력을 향상시키는 데 있다. 협력수업의 읽기 자료도 그러한 목적에 맞게 학생들이 소인수분해를 활용하여 효율적이고 논리적으로 주어진 암호 문제를 해결하는 데 도움을 줄 수 있는 것이 필요했다.

그래서 수업의 기본 방향인 '소인수분해를 이용한 암호 해독'에 부합하면서도, 암호에 대해 쉽게 설명하는 내용으로 자료를 재편집하기로 했다. 《암호 수학》(자넷 베시너 · 베라 플리스)과 《해리포터 수학카페 2》(명백훈 · 정은주)를 읽기 자료를 만드는 데 사용했다. 내가 이 두 책을 선택한 데에는 두 가지 이유가 있다. 첫 번째 이유는 《암호 수학》과 《해리포터 수학카페 2》는 그 나름의 스토리를 가지고 있다는 점이다. 《암호 수학》은 10대의 주인공들이 친구들과 암호로 된 메시지를 주고받거나 보물찾기 놀이를 하는 등 일상의 모습을 보여주고, 여기에 2천여 년 전 율리우스 시저가 자신의 심복들과 비밀 메시지를 주고받기 위해 사용했던 암호인 시저 암호부터 현대 사회에서 가장 많이 사용되고 있는 RSA암호까지 다양한 암호들을 접목하여 흥미롭게 이야기한다. 《해리포터 수학카페 2》는 소설 《해리포터》 속 환상적인 마법 세계의 이야기를 수학의 원리와 개념을 이용해 파헤쳐 보는 재미를 준다. 두 번째 이유는 이 두 책들은 이야기 전개에 맞추어 각각 적절하게 수학과 암호에 대하여 체계적으로 정리하고 있다는 점이었다. 《암호 수학》은 고대부터 근대, 현대까지 시대별로 암호들을 정리하고 있으며, 《해리포터 수학카페 2》는 챕터별 주제에 따라 적절한 소설 속 장면을 활용하여 내용을 전개해 나간다. 이 두 책은 협력수업을 설계하는 과정에서 모둠 활동의 아이디어를 얻는 등 많은 도움이 되었다. 예를 들자면 협력수업의 마무리 활동에서 사용했던 마법 상자의 봉인을 해제하는 내용은 《해리포터 수학카페 2》를 살펴보다가 떠오른 생각이었다.

읽기 자료를 준비하는 과정에서 하나둘씩 의문들이 생겨나기 시작했다. 1차시라는 제한된 수업에서 재편집된 읽기 자료를 활용한 수업 모형에 대한 것이었다. 주어진 수업의 조건에서는 읽기 자료의 재편집이 필요했고 그러한 상황을 수학 선생님도 충분히 알고 있었기 때문에 동의를 해주셨다. 하지만 과연 짧은 읽기 자료를 읽는 것을 독서 활동이라고 할 수 있는지, 그렇다면 독서의 범위를 어디까지로 정의해야 하는지, 이러한 읽기 활동이 아이들의 독서 능력 향상에 근본적인 도움이 되는지 등의 의문들이 끊이지 않았다. 그때까지 이루어졌던 대부분의 교과 협력수업의 형태는 주어진 수업 차시가 많든 적든 한 권의 책을 수업 목적에 따라 읽기 자료로 삼아 학생의 능력껏 읽어내는 것이었다. 수업을 준비하며 계속해서 고민을 했지만 이에 대한 결론을 명확하게 내릴 수는 없었다. 어찌 보면 그것이 당연할지 모른다. 우리는 아직 그 정답을 찾아가는 과정 속에 있었다.

수학 선생님과 협의회를 이어가면서 전체적인 수업 모형에서부터 세부적인 진행 과정까지 계획을 세워나갔다. 계속되는 협의회를 통해서 교과 협력수업에서는 무엇보다 함께 준비하는 교사 간의 이해가 중요하다는 것을 확인했다. 각자의 전문 분야에 대한 이해와 존중을 바탕으로 역할 분담이 정확하게 이루어져야 수업을 준비하는 과정에서도 시행착오를 줄일 수 있음을 알게 됐다. 당연한 얘기지만 아무리 내가 밤을 새워가며 수학을 공부한다고 하더라도 수학의 전공자인 선생님의 수학에 대한 지식이나 통찰력을 넘어설 수 없다. 사실 나는 우리가 일상생활에서 사용하는 암호가 소인수로 만들어진다는 사실을 이번에 수업을 준비하면서 처음 알게 됐다. 독서지도사라는 역할에 맞는 수학에 대한 접근법이 필요했다. 이는 교과 선생님의 입장에서도 마찬가지다. 자료 해석력이나 책에 나온 사실을 다양하게 융합하는 힘은 독서지도사의 전문성을 인정해야 한다.

수업에 사용할 자료를 선정하기 위한 협의를 할 때였다. 선생님이 제시하는 수업과 관련한 자료들은 학술적으로 세련되고 다양했다. 선생님은 그중에서 영상 자료를 활용하는 것에 대해 내 생각을 물었다. 내가 보기에는 수업에 해당하는 영상 자료를 살펴봤을 때 수업 내용과 맞지 않는 내용이 다소 포함되어 있었고 수업 시간에도 부담이 될 것 같았다. 요즘 아이들에게 읽기 자료보다 영상 자료가 수업 내용에 대한 흥미를 더 일으킬 수는 있겠지만 그러한 이유로 영상 자료를 보여주게 되면 독서와 연계하려는 수업 취지에 부합하지 않을 수도 있다는 생각이 들기도 했다. 그래서 영상 자료보다는 기존의 읽기 자료를 활용하는 것이 좋을 것 같다고 말씀드렸다. 우리는 재편집한 읽기 자료를 활용하는 것으로 결론지었다. 그 이후에도 서로가 제시한 자료에 대해 같이 논의하고 판단하며 아이들의 흥미를 유발하면서도 아이들의 읽기 활동에 적합한 내용으로 창의적으로 재해석하고 활동을 만들어갔다.

수학 선생님과의 협의를 통해 마지막 과제 활동 부분을 내가 맡는 것으로 결정한 후, 어떤 방식으로 진행을 할 것인지 고민이 쌓였다. 수학 선생님은 평소에 많이 해왔던 것처럼 모둠별로 암호를 빨리 맞춰 등수를 매기는 방식으로 하는 것이 좋지 않겠냐고 제안했고 나도 그렇게 하는 것에 동의했다. 그런데 진행 방식에 대해서 뭔가 부족한 것 같은 찜찜한 느낌이 계속 들었다. 그래서 혹시나 하는 마음으로 대학원 과정에서 공부했던 이론서를 뒤적이다 보니 비고츠키(Lev S. Vygotsky)의 근접발달 이론이 눈에 들어왔다. 이 근접발달 이론에서는 사람은 다른 사람과의 상호작용을 통해 그 영향을 받아 성장하는 사회적 존재로서 특히 아동의 인지 발달은 교사와 학생, 학생과 학생 사이에서 이루어지는 사회적 상호작용이 중요하다고 말한다. 또한 아이들은 보다 뛰어난 성숙된 부모, 교사, 동료들과의 상호작용을 통해 더 높은 발달 수준에 도달할 수 있다고 보았다. 이 이론을 보고 문득 모둠별로 '경쟁'을 시키는 방식에서 '협동'을 중심으로 하는 활동으로 방향을 바꿔보는 것이 어떨까 하는 생각이 들었다.

그래서 수업에 들어가기 전 '먼저 암호를 해결한 모둠의 아이들은 아직 암호를 해독하지 못한 다른 모둠에 가서 함께 도와줄 수 있다'는 규칙 하나를 더했다. 솔직히 고백하자면 '이 규칙 하나로 뭐가 그리 달라지겠어?'라는 생각을 스스로 했을 만큼 별다른 기대를 하지 않았다. 그런데 그 별거 아닐 것 같았던 규칙 하나가 가져온 반응은 계획을 세웠던 나도, 수업을 함께했던 수학 선생님도 깜짝 놀랄 만큼 뜨거웠다.

〈표 1〉 수학 교과 협력수업 개요

목 적		암호 해독을 통한 소인수분해 이해 및 활용 능력 향상	
대 상		중학교 1학년 6개 반	
연계 단원		I-1. 소인수분해	
총 차시		총 1차시	
내 용	생각 열기	1. '암호'에 관한 읽기 자료를 먼저 나누어주고 읽게 한다. 2. 파워포인트 자료를 보면서 읽기 자료의 내용을 함께 정리한다. 3. 시저 암호를 풀어본다(모둠 활동).	독서지도사
	본활동	1. 소인수분해를 이용한 암호 해독에 대하여 설명한다. 2. 계산기를 이용하여 예제 문제에 나와 있는 암호를 해독해본다(모둠 활동).	교과 교사
		3. 마지막 과제를 제시하고 해결 과정을 진행한다.	독서지도사
	마무리	1. 소수가 우리의 실생활에서 어떻게 쓰이는지에 대해 알아보고 정리한다.	교과 교사

3. 암호 해독 수업 : 암호 7개를 해독해서 봉인을 풀어라!

"어? 사서 샘이다."

"아니야, 도서관 선생님이야."

"사물놀이 선생님이시네. 또 홍보하러 오셨나?"

"지금은 수학 시간인데, 왜 오셨어요?"

수학 선생님과 함께 수업에 처음 들어갔을 때의 아이들의 일반적인 반응이었다. 내가 학교로 처음 배정받은 2011년부터 2014년까지 창의적 체험활동 수업으로 일주일에 한 번씩 정기적으로 아이들을 만나왔다. 하지만 올해 1학기에는 교과 협력수업에 더욱 초점을 맞추기 위해 창의적 체험활동 수업을 하지 않게 됐다. 그러다 보니 1학년 아이들 같은 경우는 독서지도사와 하는 수업이 이번이 처음이었기에 나란 존재에 대하여 모르는 것이 어찌 보면 당연했다. 다만 학교에서 사물놀이 동아리를 맡아서 학기 초에 한 번씩 동아리 홍보를 위해 들어갔던 나를 기억하는 고마운 아이들이 일부 있었다.

아이들이 웅성거리고 있을 때 수학 선생님이 설명을 시작했다.

"자, 여러분, 그동안 선생님과 소인수분해를 배웠죠?"

"네~~~~."

"그래서 오늘은 독서지도사 선생님과 함께 재미있는 암호를 통해서 소인수분해를 활용해보는 수업을 할 거예요."

"우와~."

앞서 수학 선생님이 오늘 할 수업 내용과 나에 대한 소개를 간단하게 한 후, 내가 앞으로 나서자 선생님을 향했던 시선들이 내게 쏠렸다. 중학교에 입학하여 처음 접해보는 교과 협력수업에 대한 기대감과 궁금함이 아이들의 초롱초롱한 눈빛에서 강하게 느껴졌다. 살짝 신상이 됐시만 내색하시 않고 오늘 함께할 활동에 대해 설명을 하며 바로 읽기 자료가 포함된 활동지를 나눠줬다.

수업에서 내가 맡은 부분은 암호에 대한 기본적인 내용을 알려주고 암호의 한 종류인 시저 암호를 직접 풀어보는 도입 부분과 마지막 모둠별 과제 해결 부분이었다. 내가 도입 부분을 마치면 이어서 선생님이 소인수분해를 활용한 암호에 대해 설명하고 예제를 풀어본다. 이렇게 부분별로 역할이 나누어져 있다 보니 무엇보다 정해진 시간을 잘 지키는 것도 중요했다. 이렇게 약간의 떨림과 약간의 긴장감으로 아이들과 낯선 선생님과의 수업은 시작됐다.

활동지를 나누어 주고 아이들이 내용을 읽을 수 있는 시간을 5분 정도 주었다. 활동지의 내용은 암호의 정의, 암호의 종류, 시저 암호 이렇게 세 부분으로 구성되었다. A4 용지 한 장 정도의 분량인데 아이들이 눈으로 읽어 나가는 것을 살펴보니 쉽게 넘어가는 듯했다. 걱정했던 읽기 자료의 수준은 괜찮은 듯했다. 주어진 시간인 5분이 다 되지도 않았는데 대부분의 아이들이 내용을 모두 읽고 활동지에 나와 있는 암호문을 풀고 있었다. 굳이 5분을 채울 필요가 없다고 생각해서 일단 흐름을 끊고 준비한 프레젠테이션 자료를 활용하여 활동지 내용을 설명해주기 시작했다.

"오늘 선생님과 함께 풀어볼 암호는 사이퍼 암호 중에 오랜 역사를 가지고 있고 많이 쓰이기도 했던 시저 암호입니다. 이 시저 암호는……."

아이들은 활동지를 먼저 읽어 내용을 알고 있음에도 시저 암호의 기원과 관련된 일화를 손짓발짓을 해가며 이야기해주자 마치 처음 듣는 것처럼 집중하는 모습을 보였다. 집중된 분위기를 살려서 바로 시저 암호를 푸는 방법에 대해 설명하고 간단한 문제를 같이 풀었다. 그 후에 활동지에 나와 있는 암호문을 풀도록 했는데 주어진 문제가 약간 긴 문장이어서 모둠 활동을 통해 해결하게 했다.

생각 열기 : 시저 암호에 대한 이해

아이들은 시작이라는 말이 떨어지기가 무섭게 모둠 형태로 책상을 돌리고 문제를 풀기 시작했다. "이건 B가 맞아", "그건 아닌 것 같은데", "이게 무슨 뜻이지?" 아이들은 자연스럽게 서로 묻고 답하며 문제를 해결해나갔다. 수학 선생님과 나는 아이들이 모둠 활동을 하는 동안에 모둠 사이를 돌아다니면서 어려움을 겪는 모둠은 없는지 수업에서 빠져 나가는 아이는 없는지를 확인했다.

다행히 도움을 줄 필요가 없을 만큼 아이들은 자신들의 힘으로 잘하고 있었고, 활동에서 소외된 아이도 없었다. 어느 정도 문제를 다 풀었음을 확인하고 정답을 반 전체가 함께 맞춰 보았다. 이후 활용 문제 하나를 더 풀어보는 것으로 도입 단계를 마무리했다.

본활동 : 소인수분해를 이용한 암호 해독

수학 선생님이 맡은 소인수분해를 이용한 암호 해독에 관한 중간 단계 과정이 마무리되고, 내가 맡은 마지막 과제 해결 단계로 접어들었다. 수업 시간이 10분 정도 남으면 보통 아이들의 집중력이 떨어지기 마련인데 놀라울 정도로 유지가 잘되고 있었다. 좋은 흐름을 끊지 않기 위해 곧바로 활동으로 들어갔다. 먼저 아이들에게 과제 내용을 설명했다.

"여러분, 지금 선생님에게는 보물이 숨겨져 있는 비밀 상자가 있습니다. 이 비밀 상자를 열기 위해서는 모두 7개의 봉인을 해제해야만 합니다. 그런 후에야 그 안에 있는 보물을 차지할 수 있습니다. 각 봉인들은 오늘 여러분들이 배운 소인수로 만들어진 암호로 잠겨 있습니다. 모둠별로 하나씩 맡은 암호를 모두 해독해야만 이 상자를 열 수 있습니다. 한 모둠이라도 실패할 경우에는 이 상자는 영원히 열리지 않습니다."

아이들의 눈이 번쩍이며 분위기가 술렁거리기 시작했다. 분위기를 짐작하고 아이들과 활동지에 나와 있는 게임 규칙을 다 같이 읽기 시작했다.

게임이나 놀이를 활용한 활동을 진행할 때 중요한 것은 참여하는 아이들에게 활동의 규칙을 정확하게 인지시키고 그것을 지키도록 하는 것이다. 그렇지 않으면 자칫 활동은 수업의 목적을 달성하기 위한 하나의 과정이 아닌 단순한 놀이로 전락할 수 있다. 그리고 그것이 원인이 되어 수업 자체가 무너지게 되는 결과를 낳을 수도 있다. 그래서 나는 활동을 시작하기 전에 항상 아이들과 규칙을 다 같이 읽는다. 모두 읽고 나서는 아이들에게 스스로 규칙을 제대로 준수하지 않으면 모두가 함께하는 수업이 의미를 한순간에 잃을 수도 있음을 이야기한다. 이러한 방식으로 왜 규칙을 잘 지켜야 하는지를 아이들에게 설명을 해주면 아이들은 이후에 특별히 다시 말하지 않더라도 스스로 규칙을 잘 지켜 나간다.

"규칙 1. 암호를 푸는 데 주어진 시간은 5분이다."

"규칙 2. 암호를 풀고 해당되는 물건을 선생님에게 가지고 와야 한다.”

“규칙 3. 절대 정답을 이야기하지 않는다.”

“규칙 4. 정답을 맞힌 모둠의 구성원들은 암호를 풀지 못한 다른 모둠에 가서 도와줄 수 있다.”

“만약 네 가지 규칙을 지키지 않으면 이 과제는 곧바로 실패로 끝이 납니다. 반드시 규칙을 지키세요.”

규칙을 모두 읽고 나서 다시 한 번 아이들에게 규칙을 확인시키고 시작을 외쳤다. 아이들은 나의 시작 신호와 함께 모둠별로 분주히 움직였다. 각 모둠에서는 주어진 암호를 확인하고 각자 역할을 나누었다. 열심히 계산기를 두드리며 소인수분해를 시작했다. 시간이 지나감에 따라 하나둘씩 암호를 풀어 해당하는 물건을 가지고 나오는 모둠들이 생기기 시작했다. 그런데 이때부터 이 활동을 계획한 나조차도 기대하지 않았던 아이들의 놀라운 모습을 볼 수 있었다.

암호를 해독한 모둠의 아이들은 약속이나 한 듯 누가 먼저라고 할 것 없이 아직 해결하지 못한 모둠으로 흩어져 함께 암호를 풀기 시작했다. 이 과정에서 당연히 교실 안은 굉장히 시끌벅적했다. 그 시끌벅적함은 아이들의 움직임에서 나오는 효과음이었고, 누구 하나 큰 목소리로 소리치거나 딴전을 부리지 않았다. 모두가 하나의 목표를 달성하기 위해 서로 힘을 합치고 있었다. 아이들은 시종일관 진지한 분위기 속에서 과제에 임하고 있었다. 그런 진지한 분위기 속에도 아이들의 얼굴에는 한 줄기 빛나는 미소가 머물고 있었다. 아이들은 수업을 진정 즐기고 있었다. 나는 그

교과를 꿈꾸게하는
독서 수업

린 모습을 지켜보면서 이 수업은 그것만으로도 가치 있는 수업이라는 생각이 들었다. 수업이 끝나고 선생님은 수학 시간에 아이들이 이렇게 웃는 것을 처음 봤다고 말하기도 했다.

나는 마지막 과제에 대한 긴장감을 높이기 위해 남은 시간을 아이들에게 계속해서 알려주었다. 사실 제한 시간인 5분은 진작 지났다. 그래도 끊지 않고 계속 진행한 것은 이 수업에서 아이들의 과제를 해결하는 성공 여부가 중요한 것이 아니라고 생각했기 때문이다. 그 이전까지 혼자서 문제를 풀고 해결해 나가는 데 익숙했던 아이들에게 함께 고민하고 도와가며 해결해보는 경험이 얼마나 소중한 것인지를 알게 해주는 것이 내가 준비한 수업에서 또 하나의 목적이었다. 마지막 남은 7모둠의 상황을 살펴가며 마지막 10초를 세기 시작했다.

"10, 9, 8 ……."

"잠깐만요, 잠깐만요, 다 됐어요. 이거 맞죠?"

"자아, 확인해보겠습니다. 네, 7모둠의 정답 안경 맞습니다. 마지막 7모둠까지 암호를 해결하면서 비밀 상자를 열 수 있게 되었습니다."

"와아~!"

아이들은 마치 올림픽에서 나가서 금메달이라도 딴 것처럼 기뻐했다. 상자 속 보물을 꺼내보이자 아이들의 함성은 더욱 커졌다.

마무리: 암호 해독을 통한 7개의 봉인 해제

과제 활동이 마무리되고 선생님께서 왜 소수를 이용해서 암호를 만드는지에 대해서 아이들과 이야기를 간단히 나누고 나서 45분간의 짧고도 길었던 수업은 이렇게 끝이 났다. 수업이 끝이 났을 때는 마치 체육 시간을 끝낸 것처럼 아이들, 선생님 누구 하나 할 것 없이 얼굴이 모두 발갛게 상기되어 있었다.

4. 협동과 대화의 힘을 느낀 수업!

과거의 우리 사회는 우리가 처해 있는 시대적 상황과 열악한 조건을 이유로 '협동'보다는 '경쟁'을 강조하며 발전을 중요시했다. 이러한 시대적 이념은 교육에도 그대로 반영되어 왔다. 거기에 전 세계적으로도 유명한 교육열까지 더해져 짧은 기간 동안 뛰어난 인적자원들을 훌륭히 키워냈다. 그것을 원동력으로 우리나라는 성장을 거듭했고 지금과 같은 눈부신 발전을 이뤄 낼 수 있었다. 하지만 화려한 이면을 돌아보면 청소년 자살률 세계 1위, 공교육의 붕괴, 교육 불평등과 같은 교육에 관한 안타까운 소식을 심심치 않게 접하게 된 것이 요즘 우리 교육의 현실이다. '입시와 경쟁'만을 우선시하는 교육제도가 가질 수밖에 없는 문제점들이 안에서 곪고 곪다가 결국엔 하나둘씩 터져 나오고 있는 것이다.

이제는 과거에 걸어왔던 우리 교육의 발자취를 되돌아보고 반성하며 앞으로 걸어가야 할 새로운 지향점에 대한 진지한 고민이 필요하다. 모두 23명의 독서지도사가 학교라는 공교육 속으로 들어올 수 있도록 한 시흥시의 시도도 우리 교육의 문제를 해결해보고자 하는 노력 중 하나라는 생각이 든다. 수학 교과 협력수업에서 보여준 아이들의 모습을 지켜보면서 우리 교육이 추구해야 할 가치가 무엇인지에 대한 답을 조금은 알 수 있었다.

"선생님, 오늘 수업하면서 한 여학생이 이런 말을 했어요. 책을 읽었더니 관련 부분이 머릿속에 생생하게 떠오른다고요. 그래서 제가 교과서는 대표적인 사실들만 뽑아놓은 것이라 다른 여러가지 책을 읽으면 많은 도움이 된다고 했죠. 그리고 초등학교 4학년 이후로 책을 읽지 않은 저희 반 아이가 있는데, 요즘 중국어와 역사 시간에 책을 읽으면서 다시 책을 읽어 보려고 한다고 하더군요. 이것이 대다수 아이들의 마음이 아닐 수도 있지만, 비록 수행평가 때문에 책을 읽게 되더라도 책 한 권을 처음부터 끝까지 읽어보는 것은 매우 중요한 경험인 것 같습니다."

이것은 교과 협력수업을 함께했던 역사 선생님이 수업이 끝난 후에 내게 보내주신 메시지의 내용이다. 나는 선생님이 보내주신 메시지를 보면서 우리가 힘든 과정 속에서도 독서와 교과의 협력수업을 해나가려는 이유가 이 짧은 메시지 안에 모두 담겨있다는 생각이 들었다. 당시에 나 스스로도 교과 협력수업에 대한 목적에 관해 고민하던 시기였는데, 뜻이 있는 곳에 길이 있다 했던가, 선생님이 보내주신 이 짧은 메시지를 읽으면서 복잡했던 머리가 한순간에 정리되는 느낌을 받았다. 앞으로도 독서와 교과 간의 협력수업에 대한 노력이 지속적으로 이루어진다면, 시험만 끝나면 흐릿하고 어릿어릿해지던 교과서 내용이 아이들의 머리와 마음속에 자리 잡아 오래도록 살아 숨 쉴 수 있을 것이다.

이번에 수학과 연계한 수업은 나에게 큰 의미로 남아 있다. 이전에도 교과와 연계한 수업을 했었고 준비를 해나가는 과정에서 많은 부담과 걱정들이 있었다. 그런데 앞선 수업들과 비교를 했을 때 적어도 그 곱절의 마음고생을 했던 것 같다. 수학 교과와 연계 수업은 처음으로 하는 것이다 보니 수업에서 독서지도사와 교과 교사 간 역할에 대한 고민부터 수업 모형, 수업 자료 등 해결해나가야 할 걱정거리들이 산재해 있었다.

그렇게 나의 심신을 괴롭히던 지뢰들을 하나하나 제거할 수 있었던 것은 함께했던 선생님과의 진심 어린 대화가 중요한 열쇠가 되어주었기 때문이다. 바쁜 일정 때문에 매번 긴 시간을 할애하지는 못했지만 주어진 시간 안에서는 최대한 수업 구성에 대한 생각이나 필요한 자료를 공유하려고 노력했다. 그것뿐만 아니라 수업과 관련된 것이라면 경중을 따지지 않고 어떠한 고민이나 의문까지도 서로 솔직하게 이야기하고 해결책을 찾기 위해 함께 노력했다. 그러한 노력 덕분에 자연스럽게 서로에 대한 이해가 잘 이루어졌고, 그것이 수업으로 이어져 좋은 결과를 낼 수 있었다고 생각한다.

비밀의 상자를 열어라

1. 1보다 큰 자연수 중에서 1과 그 자신만을 약수로 가지는 수를 소수라고
   한다. 가장 작은 소수 2부터 시작해서 순서대로 한글의 자음과 모음을 의
   미하는 소수를 다음 표와 같이 정한다.

자음	ㄱ	ㄴ	ㄷ	ㄹ	ㅁ	ㅂ	ㅅ	ㅇ	ㅈ	ㅊ	ㅋ	ㅌ	ㅍ	ㅎ
부호	2	3	5	7	11	13	17	19	23	29	31	37	41	43

모음	ㅏ	ㅑ	ㅓ	ㅕ	ㅗ	ㅛ	ㅜ	ㅠ	ㅡ	ㅣ	ㅔ	ㅐ
부호	47	53	59	61	67	71	73	79	83	89	97	101

2. 위의 표를 이용하여 문자를 암호화해보자.
   예) 수학 – $(17 \times 73, 43 \times 47 \times 2) = (1241, 4042)$

3. 암호화된 숫자를 소인수분해를 이용하여 해독해보자. – 계산기 사용

1241 ☐ ☐	4042 ☐ ☐ ☐
1241를 소인수분해 하면 1241 =	4042를 소인수분해 하면 4042 =

따라서 = (1241, 4042) = (☐, ☐) = (ㅅㅜ, ㅎㅏㄱ) = 수학

예제문제 : 계산기를 이용하여 주어진 암호를 해독해보자.
   (29963, 268)

[암호 해독 미션] — 비밀의 상자를 열어라.

여기 비밀의 상자가 있다. 이 상자는 7개의 문이 잠겨져 있고, 상자 안에는 우리가 좋아하는 맛있는 간식이 들어있다. 이 비밀의 상자를 열기 위해서는 7개의 비밀의 열쇠를 가진 7명의 사람을 찾아야 한다. 여기 비밀의 열쇠를 가지고 있는 사람이 이름이 적힌 암호가 있다. 이 암호를 해결하여 7개의 열쇠를 가진 사람을 찾아라. 단 암호를 해결하는 데에는 다음과 같은 규칙이 있다.

1. 제한 시간은 5분이다. 5분 안에 7개의 열쇠를 다 찾아야 한다.
2. 암호를 해결하면 암호표와 함께 암호에 해당되는 사람과 함께 비밀의 문을 열어야 한다.
3. 7개의 암호를 다 해결해야 하므로 미션을 해결한 모둠은 암호를 풀지 못한 다른 모둠에 가서 도와줄 수 있다.
4. 이제 암호를 해독하여 비밀의 열쇠를 가진 사람을 찾으러 가자.

[생각해보기]

(1) 앞의 시저 암호와 소수로 이루어진 암호 중에서 어떤 암호가 해독하기 어려운가?

(2) 소수를 사용해서 암호를 만들면 좋은 점은 무엇일까?

교과를 꿈 피제에 독서 수업

역사 교과 독서 토론 수업

책과 함께 떠나는
시간 여행

강인숙

1. 책, 알면 사랑하게 된다

〈맹자〉에 사람이 어질다는 것이 무엇인지를 설명하는 일화가 나온다.

제나라 선왕이 제물로 끌고 가는 소의 처연한 울음소리를 듣고 소를 보니 가슴이 저미는 듯하여 소 대신 양으로 바꾸라는 명령을 하였다.

"소는 가련하고 양은 가련하지 않습니까?" 하는 사람들의 말에 맹자는 이렇게 답한다.

"소를 측은히 여기셨으나 양을 헤아리지 못하신 것은 소의 울음소리를 들었으되 양의 울음소리는 듣지 못했기 때문입니다. 이치와 사리를 논하기 이전에 눈앞에 있는 것을 측은히 여기는 마음, 그것이 곧 어짊, '인을 실천하는 방법'[仁術]인 것입니다."

나는 이 일화를 읽으면서 '알면 사랑하게 된다'는 말이 생각났다. 교사가 학생을 알면 학생을 사랑하게 되고, 교실 속 친구가 친구를 알면 친구를 사랑하게 되고, 책을 알면 책을 사랑하게 되지 않을까 하고 말이다. 학생들의 활동지 글 중에서 "아는 책이 많아졌다."라고 답한 학생의 말에 많이 고무되었다. 좋은 음악도 자꾸 들어야 감흥이 일어나고 어려운 클래식 음악도 귀에 익은 것은 듣기가 좋다. 책을 선택할 때 학생들은 제목이라도 들어본 책, 선생님이나 친구들이 소개한 책에 관심을 보인다. 알면 보이고 사랑하게 되는 것이다. 나도 그저 수업 시간에 눈길 한 번 주는 학생보다 개인 상황을 알게 되었거나 나와 대화 몇 마디라도 더 나눈 학생에게 더 관심이 가는 것을 경험했다. 그래서 '교실 속에는 다수의 학생이 아니라 오직 학생 하나하나가 있을 뿐임을 인식하는 일이 수업 혁신의 시작'이라고 말하는 사람들의 이야기에 공감한다.

'독서 토론 논술 지도교사'라는 긴 명칭을 달고 혁신교육지구 사업을 위해 파견되었기에 독서교육이 수업 변화를 위해 연계할 수 있는 일이 무엇이 있을까 하는 고민을 많이 하였다. 학생들이 책을 많이 알게 되면 책을 사랑할 수 있지 않을까 하는 것이 나의 생각이다. 학생이 자신을 표현하고 '나'를 교실 속에서 이야기하면 대상화된 한 개체가 아닌 살아 숨 쉬는 친구로 서로에게 다가갈 수 있을 것이라는 생각이 들었다.

세상에 무수히 많은 사람들의 사연과 생각이 책을 통해 전달된다면, 세상 사람들이 내가 사는 세상의 배경으로 존재하는 것이 아니라 함께 살아가는 사람으로 인식되지 않을까. 이것이 수업 속에서 우리가 읽고, 듣고 말하고(표현하고) 쓰는 이유가 아닐까. 사랑하기 위해서, 서로 사랑하고 사랑받기 위해서, 사랑할 수 있는 세상을 만들기 위해서……. 그 연장선에서 독서와 연계한 역사 수업을 기획하게 되었다.

2. 책으로 역사를 느끼는 수업 계획

왜 역사가는 '죽은' 과거를 연구하는가? 오늘날 우리들 가운데서
그것이 얼마나 살아있는지 드러내기 위해서이다.
《가르칠 수 있는 용기》 중에서

역사 교과와 독서 수업 연계를 생각하면서 제일 먼저 생각한 것은 역사를 박제화된 지식으로서가 아니라 당대를 살아가던 사람들이 살아 숨 쉬던 공간이었음을 학생들과 함께 느끼고 싶었다. 그 속에서 웃고, 울고, 기쁘고, 슬프고, 아프고, 행복했던 사람들이 살고 있었다는 것, 그 감정들을 함께 공유하고자 하였다. 대상화된 사람이 아닌 소통이 가능한 살아있는 인물로 만나게 된다면 역사가 단지 지난 일이 아니라 현재까지 이어지는 진행형이라는 사실을 느끼게 될 것이다. 현재 함께 살아가고 있는 이들과 내 삶이 역사가 된다는 지극히 당연한 사실로부터 자신의 삶을 성찰하고 주위를 둘러보는 삶으로, 내가 사는 삶의 현장을 함께 만들어 가는 삶으로 연결할 수 있지 않을까 하는 기대를 가져보았다.

"2014년 4월 16일 인천을 출발해 제주도 도착 예정이었던 세월호는 전라남도 진도 섬에서 서남쪽으로 약 3km 떨어진 곳에서 전복되었습니다."

세월호의 아픔이, 진실이 '사실'만으로는 전달되지 않는다. 사실에 담긴 사람과 삶이 보일 때 우리는 아픔의 감각을 느끼고 그 비극의 원인에 분노하고 다시는 그 같은 일이 일어나지 않도록 이 시점에서 무엇을 해야 하는지 고민하고 행동하게 될 것이다. 역사는 시험을 위해 외워야 하는 과거의 이야기가 아니다. "역사는 과거와 현재와의 부단한 대화"라는, 그 유명한 말처럼 오늘을 사는 학생들과 관계를 맺는 것이다.

그래서 역사 속 사람들의 삶이 이야기가 된 도서를 선정하여 읽고 나누는 시간을 마련해보았다. 이를 위해 역사적 사실에 대한 전문적인 글보다는 시대와 구체적 인물이 살아가는 삶의 모습이 그려지는 통권 읽기를 선택하였다. 통권 읽기의 성취는 역사 교육을 위해서만이 아니라 독서 영역과 독서 경험의 확대를 꾀하는 것이다. 그래서 학생들이 자기 주도적 독서 능력을 향상시켜 자기 앎을 스스로 설계하고 자기 삶의 문제를 해결하는 능력을 키우는 능동적인 독자로 성장하기를 희망해 보았다.

학생들은 책을 읽으며 느끼고, 생각하고, 자신의 경험을 떠올린다. 나름대로 책과 관계를 맺는다. 책만 아이들의 손에 쥐어 줄수 있다면, 책을 읽을 여유를 줄 수 있다면, 책의 힘은 아이들에게 긍정적으로 작용한다. 여기에 바로 수업 시간 책 읽기의 당위성이 있는 것이다.

역사를 왜 배우는가? 이론적으로 누가 설명해주지 않아도 역사책을 읽은 학생들은 그 답을 찾아 나간다. 5.18 민주화운동은 당시를 경험한 어른들에겐 어제의 일처럼 생생한 현재의 기억이지만, 학생들에겐 임진왜란만큼이나 나와 상관없어 보이는 오래된일이다. 그런 학생들이 과거의 역사를 가슴에 담기 시작한다. 그시절의 인물들과 만난다. 그 인물의 아픔에 공감하며 아픔의 원인을 찾기 시작한다. 무엇이 잘못되었나 따져보기 시작한다. 우리는 앞으로 어떻게 하면 잘살 수 있을까 생각한다.

<표 1> 역사 독서 연계 수업 계획

차시	학습 주제	학습목표	학습활동	자료 및 유의점
1	역사 시간에 책 읽기	― 역사의 주체인 인물의 삶을 통해 구체적 역사 사실을 이해할 수 있다. ― 인물의 삶에 시대가 미친 영향을 중심으로 과거의 역사를 조명하고 판단할 수 있다. ― 내가 읽은 책의 시대적 배경을 구체적으로 이해할 수 있다.	― 수업 안내 ― 동기 유발(동영상 시청) (말모이 대작전) ― 읽을 책 선정하기 예측하기를 통한 책 고르기(표지, 제목 보고 고르기) ― 읽고 싶은 책을 고른다. ― 모둠 형성(책 기준) ― 읽을 책 선정 기록하기	― 역사 관련 도서 전체 31종 177권 (역사 동화, 역사소설, 역사서) 각 반 20~22종 57~61권 ― 독서 활동지 (책과 함께 역사 속으로) ― 모둠 명단표 ― 동영상 (말모이 대작전)
2 3 4 5			― 자유로운 독서 활동 ― 모둠별 책 읽기 ― 인상 깊은 문장, 이유와 함께 기록하기 ― 내적 대화를 하면서 책을 읽는다. ― 시대적 배경에 대한 이해를 넓히며 책 읽기 ― 배경지식을 활성화하며 책을 읽기 ― 활동지 작성하기	― 분량에 따라, 읽기 능력에 따라 읽기 속도가 다르기 때문에 일찍 다 읽은 학생들은 활동지를 작성하고 추가로 책을 읽도록 지도한다. ― 선정 도서 ― 교사는 독서 진도를 확인하고 적절한 발문으로 사고를 활성화시킨다.
6	읽기와 토론을 통해 소통하기	― 읽은 책의 내용을 토대로 생각 나누기를 한다(독서 토론하기). ― 타인의 말에 주의를 기울이고 열린 마음으로 경청하는 토론 태도를 실천한다. ― 주어진 역사 주제에 대한 자기 이해를 높인다.	― 모둠별 생각 나누기 1) 모둠 구성원 역할 정하기 2) 책 읽은 소감 나누기 3) 토론할 문제 선정 4) 생각 나누기(독서 토론) 5) 토론 소감 나누기	― 독서 토론 기록지 ― 독서 토론 발표지

차시	학습 주제	학습목표	학습활동	자료 및 유의점
7		— 친구들에게 읽은 책을 소개하는 즐거운 경험을 한다. — 역사에 대한 서로 다른 생각이 있음을 인식하고, 이를 통해 역사에 대한 자기 판단력을 기르도록 한다.	— 우리 모둠이 읽은 책 소개하기 — 모둠별 역사 독서 토론 내용 전체 공유하기	— 독서 토론 발표지 — 경청 기록지
8		— 읽은 책의 내용으로 노래 가사를 쓰고 적당한 곡에 맞추어 부를 수 있다.	— 노래 가사 바꾸기 활동 소개 — 노가바 사례 제시로 이해 돕기 — 모둠별로 노래 가사 주제 선정 — 모둠별 노래 곡목 선정 — 협동하여 곡에 가사 붙이기 — 노가바 한 곡 연습하기 — 모둠별로 전체 반 앞에서 발표하기 (곡 내용 설명과 함께)	— 노가바 활동지

3. 책 선택은 학생들이 자유롭게

1차시는 책 고르는 시간이다. 우선 나는 학생들의 동기를 유발하기 위해 학생들이 함께 시청하는 시간을 배치했다. 동영상은 지상파 프로그램인 〈서프라이즈〉에서 방영한 '말모이 대작전'이었다. 일제강점기에 조선어 편찬을 위해 세상에 존재하는 조선어를 모으는 활동이 조선어학회를 중심으로 펼쳐졌다. 우리가 항상 곁에 두고 사용하는 우리말과 우리글에 대한 이야기이고 평범한 아이로부터 학생, 아낙네, 학자들까지 망라한 각계각층의 인물들이 등장하는 이야기라 학생들이 흥미 있게 보았다. 더욱이 잘 알려져 있지 않은 이야기라 학생들의 호기심이 자극을 받는 듯했다. 역사적 사건 속에는 이름이 알려진 몇 명만이 존재하는 것이 아니라 함께 그 시대를 살아가던 많은 이들이 있었다는 것을 강조했다. 이런 삶의 이야기를 책 속에서도 만나보자는 내 이야기를 들으며 아이들은 책을 골랐다.

역사와 연계되어 있고 학생들의 읽기 수준에 적절한 내용의 책을 미리 준비하였다. 동일한 책으로 독서 토론을 진행해야 하기 때문에 모둠별로 함께 읽을 책을 확보하였다. 연성중학교는 역사 집중이수제로 일주일에 5시간씩 2학년 역사 수업을 진행하고 있으며 세 분의 역사 선생님이 담당하고 있다. 그래서 1~3반, 4~6반, 7~10반으로 나누어 각각 도서를 선정하였다. 그룹별로 20~22종 57~61권의 역사 도서를, 전체 31종 177권을 선정해 준비하였다. 책의 내용은 동학농민운동부터 대한민국의 발전 단원까지 관련된 역사 동화, 역사소설, 역사서로 하였다. 그룹별로 9종의 기본 도서는 모둠별 도서로 선정할 수 있도록 4권씩 준비하고 나머지는 책을 먼저 읽은 친구들이 추가로 읽을 수 있도록 배치하였다.

기본 도서 9종 39권을 도서관 책상 하나에 펼쳐 두고 각자 읽고 싶은 책을 고르게 하였다. 혼잡하지 않게 우선 임의로 앉은 모둠별로 역사 퀴즈를 맞히는 순서대로 고를 수 있게 하였다. 책을 고른 후에는 기본 도서 삼각 표지판을 모둠 책상 위에 놓아두고 고른 책별로 모여 모둠을 형성하였다. 모둠을 형성한 후에는 모둠별 명단을 작성하여 학생들의 책 읽기를 점검할 수 있게 하였다.

〈표 2〉 '책과 함께 역사 속으로' 기본 도서 목록

	도서명	저자	출판사	권수	비고
1	에네껜 아이들	문영숙	푸른책들	4	기본 읽기 도서
2	지리산 소년병	김하늘	별숲	4	
3	4.19혁명	윤석연	한겨레 틴틴	4	
4	백두산 정계비의 비밀	김병렬	사계절	5	
5	방울새는 울지 않는다	박완규	푸른책들	5	
6	잠들지 못하는 뼈	선안나	미세기	4	
7	이야기 동학농민운동	송기숙	창비	4	
8	모래시계가 된 위안부 할머니	이규희	푸른책들	4	
9	김구 전태일 박종철이 들려주는 현대사 이야기	함규진	철수와 영희	5	
10	검은 바다	문영숙	문학동네	2	추가 읽기 도서
11	마사코의 질문	손연자	푸른책들	1	
12	1945 철원	이현	창비	2	
13	야시골 미륵이	김정희	사계절	1	
14	큰애기 복순이	김하늘	문학동네	2	
15	제암리를 아십니까?	장경선	푸른책들	2	
16	식민지 노동자의 벗 이재유	안재성	사계절	2	
17	26년	강풀	재미주의	3	
18	전쟁과 소년	윤정모	푸른나무	1	
19	순이	이경자	사계절	1	
20	밤꽃	최인석외	이룸	2	
21	대추리 아이들	홍정신	사계절	1	
22	100도씨	최규석	창비	2	
			계	61	

학생들은 자신이 고른 책을 읽기 시작했다. 자기가 고른 책의 내용을 예측하는 활동을 먼저 수행하고 활동지에 기록한 후 자유롭게 책을 읽게 하였다. 1학년 때 배운 읽기 전략을 활용하며 책

책과 함께 역사 속을 여행하는 학생들

을 읽고 읽는 도중 편한 시간에 '책과 함께 역사 속으로' 활동지를
작성하게 하였다. 책의 분량, 학생별 읽기 능력 등에 따라 책 읽기
의 편차가 심했다. 일찍 다 읽은 학생은 정리 활동지를 작성하고
추가로 여분의 책을 읽게 하였다.

　1차시가 끝날 때마다 모둠 기록이가 그날그날 읽은 쪽수를 기
록하게 하여 학생들의 책 읽기 진도를 점검하였고 추가로 읽는 책
제목도 써 넣게 하였다. 좀 소란스러운 활동 뒤 자신의 모둠에 앉
아 책 읽기를 시작하자 갑자기 고요의 바다에 온 것 같았다. 책에
빠져 교사의 발걸음조차 부담스럽게 하는 학생들이 사랑스러웠
다. 아무 방해 말라며 책을 읽는 학생들의 모습에 교사의 개입을
최대한 자제했다. 개입 시점과, 개입 내용에 대해 깊게 고민하며

개인별, 모둠별 독서 활동을 살폈다. 모둠별 책 읽기 명단표가 학생들의 독서 활동을 살피기에 많이 유용하였다.

더 강조하지 않아도 우리는 누구나 책이 얼마나 소중한지 학생들에게 독서교육이 얼마나 중요한지 알고 있다. 하지만 우리의 독서교육은 독서의 당위성과 필요성을 강조하며 "읽어라."라는 말만 되풀이해왔다.

"틈틈이, 짬 내서 읽어라. 시간 없어 읽지 못한다는 것은 핑계다." 이렇게 말한다. 하지만 우리의 교육 현실에서 그 말이 단지 핑계가 아니라 정말로 시간이 부족하다는 사실을 우린 알고 있다. "읽어라."라는 일방적인 지시가 아닌 읽을 수 있는 물리적 시간과 공간이 주어져야 한다. 학생들이 하루 중 가장 많이 보내는 학교에서, 그리고 수업 속에서 책을 읽을 수는 없을까? 이 같은 고민에 대해 학생들은 수업 시간에 책 읽기에 몰입하는 모습을 보여주며 답한 것이다.

"책이라면 쥐약으로 생각하였던 내가 이 책을 끝까지 읽어 보고 싶다는 생각이 들었다. 앞으로 몇 권이나 읽을는지 모르겠지만 책을 읽고 친구들과 토론하는 이런 활동이라면 흔쾌히 할 수 있을 것 같다."

"여러 역사 사실에 대해 알 수 있어 좋았고 가슴 아픈 사건들을 들으니 슬프다. 일어나지 말아야 할 일이 일어나니 마음이 아팠다."

"이 책을 읽고 난 후 일제강점기 당시 일본이 우리 민족에게 한 만행에 대해서 자세히 알게 되었고 꼭 사과를 받아냈으면 좋겠다고 생각하였다."

　구름 속 햇살처럼 문득문득 보이는, 역사 속 인물의 삶에 공감하고 호흡하며 역사가 우리에게 주는 의미를 생각하고 성찰하는 학생들의 모습이 나를 들뜨게 하였다. 하지만 책의 시대적 배경을 이해하지 못하고 책의 줄거리와 인물만을 기억하는 학생들도 있어서 많이 아쉬웠다. 그림을 볼 때 배경을 보지 못하고 인물만을 보듯 말이다. 역사적 사실을 인물의 삶 속에서 이해할 수 있게 프로그램이 설계되어야 한다는 생각이 들었다. 또한 인물의 삶 속에 시대가 충실히 반영되어 역사적 사실이 자연스레 보이는 책도 많이 출간되었으면 하는 기대를 가져본다.

4. 역사 속에서 '만약'을 이야기한다

　역사에는 '만약'이 없다고 이야기를 하지만 나는 역사 공부를 하며 '만약 ~했다면'이라는 문장을 완성해 보아야 한다고 생각한다. 우리가 역사를 공부하는 이유는 과거를 바꾸기 위해서가 아니다. 그런 차원이라면 '만약'은 필요 없다. 하지만 역사를 배우는 이유가 더 나은 현재와 미래를 살기 위함이라면, 과거 역사 상황을 이해하고 그때 어떻게 하는 것이 가장 현명했을까 생각해보는 과정은 현재 우리가 안고 있는 문제해결의 실마리를 제시해 줄 것이다. 등장인물의 삶에 공감하는 역사 읽기는 쉽게 '내가 만일'이라는 생각으로 연결되었다. 학생들이 뽑은 토론 주제에 그런 내용이 많이 보였다.

- 4.19혁명이 우리나라 역사에 도움이 되었을까?
- 통일은 어떤 방법으로 해야 할까?
- 내가 1960년대에 살았다면 4.19혁명에 참여할 것인가?
- 동학농민운동이 성공했다면 우리나라는 어떻게 변했을까?
- 김구가 암살당하지 않았다면 우리나라는 어떻게 변하였을까?
- 《너는 스무살, 아니 만 열아홉살》에서 아들이 죽은 후 어머니의 행동이 바람직했나?
- 《모래시계가 된 위안부 할머니》에서 은비가 위험한 상황을 겪은 후에 부모님께 말씀드리지 않은 행동은 옳은 선택이었나?
- 일본은 위안부 할머니들에게 어떻게, 무슨 배상을 해야 할까?
- 간도는 우리 땅일까?
- 현재 일어나고 있는 노동문제는 무엇이 있으며 해결 방안은 무엇일까?
- 통일의 방법으로 전쟁을 하는 것을 어떻게 생각하는가?
- 우리나라 현대사의 긍정적인 면과 부정적인 면을 이야기해보자.
- 남한만의 단독 선거를 한 이유는 무엇일까?
- 내가 만일 5.18 민주화운동 당시 진압 군인이었다면 광주 시민을 도와주었을까?
- 1980년 5.18 민주화운동 시기에 살았다면 우리는 어떻게 위기를 극복했을까?
- 《에네껜 아이들》처럼 만약 우리가 억울하게 다른 나라로 팔려

갔다면 어떻게 했을까?

• 우리나라 사람들이 반대하는 정책을 정부가 강행해도 되는가?

• 동학농민운동이 일어난 것은 바람직한 일이었나?

• 통일은 해야 할까?

• 박정희 대통령은 좋은 대통령이었나?

• 남북 이산가족 문제의 해결 방법은 무엇인가?

　책을 읽고 난 후 읽은 내용을 토대로 모둠별로 독서 토론을 하였다. 모둠별로 같은 책을 읽었기 때문에 그 책을 토대로 독서 토론을 하며 생각을 나누었다. 먼저 모둠별로 구성원의 역할을 나누어 기록이, 발표자, 사회자를 정하였다. 읽은 책에 대한 소감을 나누고 함께 토론할 주제를 선정하게 하였다. 독서 토론은 반별, 모둠별 차이가 많이 나는 활동이다. 찬반식 토론만이 아니라 이야기식 토론이 될 수 있도록 주제를 찬반식으로 한정하지 않았다. 토론 후에는 토론 소감을 나누는 것으로 마무리하게 하였다. 책을 읽고 함께 토론하는 시간은 모두가 발언할 수 있는 기회가 되었다. 반 전체 토론보다 모둠별 토론은 발표에 대한 부담감이 적어 전체 모둠원이 모두 발언하는 장이 되었다. 아이들 스스로 소극적인 아이에게 발언할 수 있도록 시간을 주고 발언을 독려하였다.

　어머니들은 자식 입에 밥 들어가는 모습을 보고 행복하다고 말한다. 나는 학생들이 책을 읽고 말하는 모습을 보며 문득 아름다운 새들의 지저귐이 떠올랐다. 아름다운 관현악 연주도 이처럼 나를 행복하게 하지는 못하리라. 책 읽은 소감을 아이들은 돌아가며 말했다.

혜은이는 국창이 되지 못하고 죽은 방울이가 불쌍하고 우리 국민들을 공격하는 군인들에게 큰 분노를 느꼈다고 한다. 내가 군인이었다면 우리나라 국민들을 몰래 도와주었을 것이라고 강하게 말했다. 서현이는 방울이처럼 어린 학생들이 무고하게 희생당하는 것을 보니 그 시대에 태어났다면 나도 그렇게 될 수 있었을 거라는 생각이 들어 소름이 끼쳤다고 말했다. 경민이도 우리나라 군인이 지켜줘야 할 국민의 편을 들지 않고 광주 사람들을 무참히 죽이는 것을 보고 몹시 화가 났으며 만약 자신이 그 시대의 군인이었다면 나를 희생하더라도 시민들을 도왔을 거라고 말했다. 다연이는 현재 우리나라 민주화 과정이 수많은 사람들의 피와 눈물로 만들어졌다는 것을 알게 되어 민주화를 위해 애쓴 분들께 고맙다는 말씀을 드리고 싶고 우리는 5.18 민주화 운동을 절대 잊어서는 안 된다고 말했다.

"우리나라 역사에 대해 직접 입으로 말하니까 내가 대한민국 사람인 것이 뿌듯했다."

"우리나라 역사에 관한 책을 읽으면서 숙연해지고 더 자세히 알게 되었다. 그리고 모둠끼리 같은 책을 읽고 의견도 나누면서 소감도 이야기해보니 느낌이 새로웠다. 유익한 시간이었다."

"평소 어렵고 지루하게만 느꼈던 역사를 이렇게 친구들과 책도 읽고 자신의 생각을 말하면서 진행하니까 수업 시간이 졸리지도 않고 신나서 좋다. 앞으로 이런 수업을 많이 해보고 싶다."

소감을 나누고 토론을 하면서 학생들은 많은 이야기를 나눈다. 요즈음 아이들의 특징은 개인주의적인 성향이 강하다는 것이다. 그리고 솔직하다. 학생들의 토론은 서툴지만 역사와 현실을 나름 대로 접목하고, 세련되지는 않지만 솔직하고 직설적인 주제로 진행되었다. 무엇이 정답인지 알지만 정답만을 말하지는 않는다. 당위만을 이야기하지 않고 자신들의 솔직한 심정을 가감 없이 이야기하는 학생들의 모습이 사뭇 진지하고 기특하였다. "나라면 못했을 거야"라고 말하지만 그 속에 담긴 고민과 성찰이 감동적이었다.

"옳은 건 알지만, 난 독립운동은 못할 거 같아."

"항쟁도 중요하지만 아빠라면 가족을 돌봐야 하지 않았을까?"

아이들은 힘든 역사적 상황을 만나면서 나라면 어떻게 했을까를 고민한다. 쉽게 결정을 하지 못한다. 그런 결정의 순간을 피하고 싶은 마음이 느껴진다. 당위와 현실 속에서의 갈등이리라. 당위를 부정하는 마음도 보인다. 그 고민의 시간이 모여 학생들이 만나는 상황, 시대의 행동 양식을 찾아 갈 것이다. 그때 역사 속 앞선 조상들의 선택이 지침이 되어주리라.

독서 토론을 마치고 7차시에는 모둠별로 읽은 책, 모둠별로 진행한 독서 토론 내용을 반 전체가 공유하는 시간을 가졌다. 모둠별로 읽은 책의 내용과 진행한 독서 토론 내용을 모둠별 발표자가 앞에 나와 반 전체 친구들과 공유하는 시간이다. 모둠별 발표자가 발표하는 동안 다른 아이들은 경청 기록지에 내용을 기록하며 친구의 발표에 집중하게 하였다. 친구의 발표에 대해 궁금한 점은 질문도 할 수 있었다.

"나는 우리 조에서 《대추리 아이들》이라는 책으로 발표를 하였다. 난 발표를 못해서 떨렸지만 이번 기회에 조금 더 발표력이 발전한 거 같다. 다른 사람의 발표를 들으니 다른 책도 읽어 보고 싶다는 생각이 든다."

학급 전체 공유를 위해 발표한 학생이 쓴 수업 후 소감문이다.

"우리 역사에 대해 자세히 알게 되었고 책을 읽으며 재미있었다. 다른 책을 읽은 친구들의 이야기를 들으니 더 많은 책들을 읽어보고 싶었다."

"이 활동을 하고 나니 3학년 때 역사를 배우지 못하는 것이 아쉽다."

"우리나라 역사를 되돌아보았고 왜곡된 역사에 대해 새로운 사실을 많이 알게 되어 뭔가 뿌듯했다."

"참으로 뜻 깊었고 이런 시간으로 인해 우리나라에 대해 더 잘 알게 되었고 내년에 2학년이 되는 1학년 아이들도 이런 시간을 가졌으면 좋겠다."

다른 모둠 발표자들의 발표를 듣고 난 후에 학생들의 반응이다. 역시 학생들은 누구보다도 같은 반 학생을 신뢰한다. 친구가 재미있다는 책에 가장 많은 관심을 보인다. 익숙한 책에 흥미를 보인다. 한 번이라도, 제목이라도 들어본 책에 손길이 간다. 책을 학생들에게 가까이 두고 가까이 할 시간을 확보해 주어야 하는 이유가 여기에 있다.

8차시에는 모둠별로 읽은 책의 내용을 바탕으로 익숙한 노래

한 곡을 선정하여 노래 가사 바꾸기 활동을 하였다. 노래를 선정하고 가사를 쓰고 노래 연습을 하고 친구들 앞에서 모둠별로 발표를 하였다.

원곡 : 〈첫눈〉

야시골에는 미륵이 살아 모스크바 삼상회의 때문에 마을 사람들을 오해해 서로 의심하기 시작해 이런 오해들 속에 미륵이 자기 가족들 지키려했지 하지만 가족을 잃었어.
점점 더 멀리멀리 보이던 그리운 가족.

《야시골 미륵이》를 읽고

원곡 : 〈비비디 바비디부〉

이승만 정부 재집권 위해 3.15 부정선거 김주열 최루탄 맞아 죽어 계기가 되었어요. 사사오입 개헌 말도 안 되는 소리 한 번 더 한단 말은 이제 그만 4.19혁명 발생. 4.19혁명 최초의 민주주의를 위한 노력. 이 일을 계기로 이승만은 재집권포기를 재집권 포기를 재집권 포기를 해~

《4.19혁명》을 읽고

5. 현실 문제에 다가가는 힘, 책의 여정이다

대다수의 학생들이 책을 재미있게 읽고 친구와 독서 토론을 하는 일련의 과정에 대해 참신하고 즐거운 경험으로 인식하며 이 프로그램이 계속되었으면 좋겠다고 희망했다. 하지만 아쉬운 점도 많다. 역사 수업은 집중이수제로 진행되므로 진도가 매우 빠르다. 그래서 학습 부담이 적은 학기 말에 수업을 진행하게 되어 수업 밀도가 다소 떨어지는 것이 아쉽다. 학기 말에 성적에 반영되지 않기 때문에 수업은 자유로운 분위기에서 진행될 수 있다는 장점이 있지만 긴장감이 떨어진다는 점에서 느슨하다. 지속가능한 형태로 시대 배경을 좀 더 세분화하여 독서 활동을 한다면 더 바람직하지 않을까 하는 생각이 든다. 교과와 연계된 독서는 일회적인 교육의 효과가 아니라 자기 주도의 독서를 통해 자신의 앎을 설계할 수 있는 단초를 형성할 수 있을 것이다. 또한 책 읽기를 통해 읽기 능력을 향상시키고, 토론을 통해 세상과 교류하고 소통하는 능력을 향상시키는 것은 '나와 세계'를 읽는 활동을 효과적으로 수행하며 학생들이 자신의 삶을 주체적으로 설계해 나가는 토대를 형성할 수 있을 것이다.

교과 연계 독서는 수업에 대한 패러다임이 변해야만 그 지속성을 담보할 수 있다. 수업에 대한 패러다임의 변화 없이는 일회적이고 행사적인 성격으로 운영되다 여건이 달라지면 사라질 수 있다. 여건이란 독서 교사의 배치 상황, 도서 확보를 위한 예산 편성 등이다. 변화하는 시대와 학생들의 특성 변화를 고려하면 일제식 수업보다는 자기주도학습을 이끌어내는 수업이 되어야 한다. 개별 학생들의 특성을 고려한 개별 지도가 이루어지는 학습 모형이 창출되어야 한다. 스스로 앎을 설계할 수 있는 학생들로 성장시켜야 한다. 학생들이 수업 시간에 선생님의 설명을 통해서만 배운다는 인식은 변해야 한다. 선생님이 상세한 설명을 하지 않으면 수업한 것 같지 않다고 느끼는 생각도 변해야 한다. 이같이 변화된 패러다임의 수업을 창출하는 데 독서는 이제 필요조건이 아닌 충분조건이다. 수업의 패러다임 변화는 교과 연계 독서로 이어져 교과별, 단원별, 학교별 학생들의 특성을 고려한 수업설계로 나타나야 한다. 그런 의미에서 역사 시간에 책 읽기 활동은, 독서를 활용한 수업설계가 조금 더 체계적이고 조직적으로 이루어지는 지속적인 시스템 구축이 필요한 이유를 보여준 것이었다고 생각한다.

내게는 눈을 감으면 그려지는 교실이 있다. 알고 싶은 내용을 찾기 위해 책을 뒤적이고, 읽고, 인터넷을 검색하고, 선생님의 질문에 학생들이 자유롭게 대답하고, 학생의 대답에 교사의 개입 없이 바로 학생들이 반론하고, 보충하고, 질문하는 교실, 웃고, 떠드는 소리가 가득 찬 교실, 이성 교제부터 세계관에 관한 이야기까지 진지하게 펼쳐지고, 어제 저녁 드라마부터 지난 주 읽은 책, 최근 뉴스까지 소재가 되어 열띤 토론이 전개되고 작은 실천들이 토의되고 조직되는 그런 교실, 지식이 지식 그 자체로 존재하는 것이 아니라 삶과 연계되는 그런 교실 말이다. 격렬하게 토론하지만 유쾌하게 마무리되는 신명나는 교실, 학생과 배움이 대상화되지 않고 개성 있는 학생들이 독립적으로 존재하지만 절연되지 않고 함께 움직이는 교실, 그런 교실을 꿈꾼다.

하지만 현실 속 교실은 달랐다.

"성적에 들어가나요?"

"그냥요."

"그게 나랑 무슨 상관이에요?"

"엄마한테 물어봐야 해요."

"학원 가야 해요."

"책이요? 졸려요."

"말해도 들어주지도 않을 거면서, 그냥 어른들 마음대로 하세요."

"책 읽을 시간 없어요."

두 교실의 간격을 메우기 위해 필요한 첫걸음이 책 읽기 수업이라고 생각한다,

책을 왜 읽어야 하는가? 책을 읽지 않으면 안 되는가? 꼭 책을 통해야만 책을 통해 얻을 수 있다고 말하는 것들을 얻을 수 있는가? 책을 많이 읽었어도 세상에 하나도 도움을 줄 것 같지 않은 사람도 있고 책을 읽지 않았어도 삶을 통해 지혜를 보여주는 사람도 있는데, 우리는 왜 이 시점에서 책을 고집하고 있는가?

맞다. 분명 책 이외에도 인간의 삶을 성숙하게 하고, 지혜를 주고, 정보를 주는 것들이 많다. TV, 인터넷, 동영상 등 다양한 매체를 통해서 우리는 정보를 얻는다. 그럼에도 불구하고 우리가 독서와 책의 가치를 말하는 이유는 책은 내면의 경험을 풍요롭게 하고 스스로 자신을 들여다보는 성찰의 시간을 우리에게 부여하기 때문이다. 책을 읽으면 다양한 생각이 떠오르면서 내 속의 나와 대화를 하게 된다.

어떤 사람들은 책 읽기가 돋보이는 이유를 버튼만 누르면 할 수 있는 휴대전화 문자 메시지나 카카오톡, 넬레ㄱ램, 트위터, 페이

스북 등에서 찾는다. 음성언어가 아닌 문자언어로 인류가 소통해야 하는 이유는 분명히 있다. 그러나 그것은 단지 시간적, 공간적 제약을 극복하기 위한 방편이 아니다. 그 제약은 이미 전화라는 기계가 발명된 이후 많이 사라졌다. 기록의 문제도 녹음이라는 형태로 해소할 수 있다. 앞서 제기한 문제들이 모두 사라졌다고, 문자언어의 중요성이 이제는 없다고 주장하려는 것은 아니다. 그럼에도 문자로 소통하는 매력이 사람들 사이에 있다는 것을 강조하려 함이다. 말의 힘과는 다른 글의 힘이 존재한다는 것이다. 순전히 소통의 관점에서 그렇다는 것이다. 그 글의 덩어리가 책이니 책의 유효성은 문자와 글이 주는 소통이 극대화되는 지점이 아닐까 생각한다.

살며 부딪치는 문제의 해결 능력을 키워주며, 사고력의 발달을 위한 가장 효과적이고 경제적인 훈련 도구, 함께 살아가는 사람들의 삶을 공감하고 이해하고 소통하게 해주는 메신저, 타인의 사고를 미리 재단하고 방어하는 일상 언어(말)의 한계를 넘어 평정심을 가지고 끝까지 남의 말을 듣게 만드는 인내의 기자재가 책이기 때문이다.

이 책을 읽으며 치열한 경쟁 속에서 아등바등 발버둥 치는, 우리 가까이에 있는 한 사람이 생각났다. 이런 상황에서 떠오르는 한 사람 '아빠!' 가족들을 위해 살아남으려는 의지를 가지고 열심히 일하는 아빠가 고마워진다.

한 학생이 책을 읽고 쓴 소감문의 일부이다. 나는 이 소감문을 보며 '이것이 우리가 책을 읽는 이유이다.'라고 혼잣말로 중얼거렸다. '나', '나와 함께 살아가는 사람', 그리고 사회에 시선을 던지고 성찰하고 조망하며 그 속에 사는 사람들에게 연민을 느끼고, 그 속에 존재하는 문제를 파악하고 그 해결책을 찾아가는 길, 그 길이 책의 여정이다. 그 여정을 위해 우리는 책을 통한 수업을 꿈꾼다.

'책과 함께 역사 속으로' 활동지 작성 사례

책과 함께 역사 속으로

읽은 책	아시달 미득이		2학년 반 번
지은이	김정희	이름	
출판사	사계절	기록한 날	2013. 12. 25

내가 읽은 책의 인물은 어떤 시대에 살았나요?

이해를 넓히기 위하여 내가 읽은 책의 **역사적 배경**을 조사하여 기록하세요.

(인터넷, 백과사전, 역사서적, 교과서 등을 이용해 조사 활동을 진행하세요.)

이책의 역사적 배경은 일제강점기의 해방후에 혼란기가 왔을때이다. 이책의 첫
부분을 보면 모스크바 3국회의에서 미국과 소련이 우리나라를 신탁통치
한다는 내용이 나왔다. 이런정책이 되면서 좌우간의 대립을 더욱 격하
겠다는 것을 아랫마을 사람들이 그저 항쟁하는 사람들을 보면 반역자라고 같은
존재로 착급하는 모습을 보여 왔다. 그리고 한국전쟁 바로 6.2내선쟁은 우리
민족의 4.2아픈 역사적배경을 보여주기도한다.

책 속 인물의 삶을 시대가 미친 영향을 중심으로 소개하는 글을 써보세요.

(줄거리, 느낀점 포함)

책육의 주인공인 미득이는 산에서 동생들과 어머니할아버지와 살고있다. 미득이는
경대라는 가장 친한 친구가있는데 세상이 사건에 의해연어지지를못하지만 묘라방
친해진다. 사람들은 신탁통치가 또 야제 위를 독재하는것 않고 좌축 세력은 모독
싫애지고하기도한다. 이릭해져 좌와 우축간에 대립이 성라됨에서 미득이는 가족들을
반을잃게되다. 결국 방화된좌와 대립때문에 한국전쟁이 일어나고 미득이가 살던 야시곡
아래도 잃게된다. 이렇게 양지에서 해방 된후미득 위민족은 계속해서 고통을 받
았다. 이렇게 가족들을 하나 둘 씩 잃어가는 미득이를 보면서 참 안타까워도 발상
했다. 그러나 나라면 모든 상황들을 포기한 채 그냥 살았을텐데 미득이는 동생들
을가꺼담는 그마음에 대견하고 배워야겠다 는 생각을 했다. 그리고 이득이네
아버지가 나는 왠지원망스러웠다. 왜냐하면 아됐인 미득이와 가족들을보니
라도 조금은 항쟁하려 가지만안아야 국가 같았을 거 라는 생각이들었기때문이다.
그리고 만약 우리나라에 이러한사건들이 이 일이 나지 않았더라면 미득이는 조금 더

계속 뒷면 사용하세요

토론주제	내가 만약 5·18 민주화운동 당시의 군인이었다면 시민을 도와줬을까?
생각 나누기 (선정된 주제토론)	나는 5·18민주화운동 당시의 군인이었다면 국민을 도와줬을 것이다. 왜냐하면 아무리 군인의 임무가 우리나라 사람을 우선으로 탄압하는 것이라도 우리나라 군인은 엄연히 우리나라 사람이기때문에 우리나라를 위해서라도 우리나라 사람을 도와줄 것이다. · 군대상관이 명령을 선다면 우회할 방법이 없기 때문에 국민을 도와주지 못하였을 것 같다. · 찬성한다. 군대도 국민을 지키기위해 존재하는 것이기때문에 만약에 시민이 죽는다면 그것은 군인들의 살인육대에 지나지않을것이다. 군인의 의무를 지키기위해 시민을 도와줄것이다. · 반대편이다 왜냐하면 군인은 상관의 명령에 따라야 하고 만약 내가 국민을 도와주게된다면 그 때 우리 군인이 아니게될것이다. 반대한다. 상관들은 우리에게 명령을 내린다면, 국민을 죽이면 하면된고 반역자들을 죽이라고 할것이다 아무것도 모르고 반역자라고 생각하여 죽었다면 국가의 이익이 있겠는가 누가 반역자를 도와줄까. 국민을 반역자라고 한다면 어쩔수 없이 죽일것같다.
토론 소감 나누기	그 시대에 들어갔을 때 나는 어쩔 수 없이 권력에닿았다면 도움을 줬을지 않았을 것을 선택하기 너무 슬프고 친구들과 다양한 의견을 나누게 되면서 여기까지 의견과 생각이 있다는 것을 뭔가 자랑스럽게 되었고 토론을 한시간이 나에게 매우 큰 도움을 준것같다는 생각이 들기 했다. 다시 이런 책을 읽고 이렇게 도움을 나눌 수 있는 기회가 우리에게 주어진다면 더욱 더없이 유익하게 될것같다.

책 읽고 기록한 날	12 월 22 일	읽은 쪽수	~~50~~ ~ 125

| 읽은 부분까지 기록하세요 | • 새롭게 알게 된 내용

• 책을 읽으며 떠오른 생각, 느낀 점

• 기억에 남는 문장 및 이유

• 읽은 내용 중 중심 내용

자유롭게 기록하세요 | 동학농민운동은 여기에서 멈추지 않고 계속 전진했다. 저도자인 전봉준은 동학농민군을 이끌고 이용태를 맞았지만 이용태는 5명시켜 바쳤다. 전봉준 부의 농민군들과 합세해 족히 20만 대군비 넘는 농민들로 양방해 최후의 전투를 대비했다. 놀란 정부는 거창지점 청과 일본의 군대들에게 도움을 청했다. 그 사이에 농민들은 최후의 결전기인 공주로 올라갔다. 농민군들이 전세를 완전히 뒤덮어 공격을 재개하고 나머지 섬을 모두 점령하여 거의 이긴싸움이 없다. 하지만 때를 맞춰 일본이 도착하였다. 를 일본군과 관군의 최신식 무기를 당해내지못한 전봉준은 정부와 12조 폐정개혁을 맺고, 정부는 청과 일본에게서 붉의 각각 돌아가 달라고 명령을 내렸다. 그러나 일본군은 우리나라에서 청, 일 전쟁을 벌이고, 심지어 명성황후를 경복궁에서 내리고 고종의 아버지인 흥선대원군을 외세에 맞섰다. 마지막 전투에서 연달아 패배를 맛본 농민들은 후퇴하여 천보를 기약하며 정봉현 동무에게 도움을 청했다. 정봉현은 그를을 반갑게 맞았다. 그러나 그는 곧 전봉준을 일본에게 넘겼다. 그리고 전봉준과 동무들은 일 마지 죽음을 맞게되는 이야기이다. |

책 읽고 기록한 날	12 월 26 일	읽은 쪽수	6 ~ 171

| 읽은 부분까지 기록하세요 | • 새롭게 알게 된 내용

• 책을 읽으며 떠오른 생각, 느낀 점

• 기억에 남는 문장 및 이유

• 읽은 내용 중 중심 내용

자유롭게 기록하세요 | 6월민주항쟁에 대한 이야기이다. (100°C 책의 내용) 어릴 때 방방이 대모를 하던 대학생들의 시위를 지켜본 영호와 아버지는 이에 대해 이야기가 안되었다. 영호가 대학생이 된 뒤, 시위가 실린 신문을 보고 자신도 민주항쟁을 벌이게된다. 하루는 시위를 벌이러 그만 경찰에서 잡히게 된다. 그런영호를 안쓰러워하는 아버지와 민주항쟁을 주장하는 어머니, 영호의 어머니께서는 민주항쟁으로 머린 시위를하신다. 그런어머니를 잡아가지도 가두지도 못하는 경찰은 어머니의 입을 막혀 줘 해준다. 다른 시인들도 합세해 애원해온다. 하루, 이틀... 날이 지나갈수록 시위에 나갈수는 나갔다. 하루를 최후단으로 제안하면 그다음날 더많은 사람들이 시위에 나섰다. 시위하러 옷나가는 사람들은 창문앞으로 손수건과 휴지등을 전달해주고, 장사꾼들은 음식과 각종 물건들을 더나누며 시위가 계속되었다. 마침내 국민을 제압하던 최후단도 그만 바닥이나고, 전두환정권은 6월 29일 에 항복을 연언하게 된다. 우리나라의 뜻깊은 민주항쟁인 " 6월 민주항쟁 "에 대한 글을 쓴 책 100°C 였다. |

독서교육, 편견을
넘어 세상 읽기

김마리아

1. 주제 중심 토론 수업의 패턴을 창안하다

2011년 독서지도사로 내가 처음 발령을 받은 고등학교는, 도시의 이름을 갖고 있지만 농촌의 고즈넉함이 배어 있는 풍경을 가지고 있었다. 고속도로가 지나가는 고가도로가 학교 옆에 있었고, 그 주변은 논과 밭으로 둘러싸여 있었다. 목가적인 풍경은 착하고 순박해 보이는 학생들과 잘 어울렸다. 이런 모습을 보면서 수도권에서 찾아보기 드물게 여유로운 곳이라는 생각이 들었다. 이곳 학생들은 입시에 시달리는 학생들이라는 느낌이 들지 않을 정도였다.

그러나 자세히 들여다보니 이들도 입시 지옥에 시달리는 것은 다르지 않았다. 3학년 수업은 수능 문제 풀이 위주로 진행되고 있었다. 독서 토론 수업에 관심이 있는 선생님들은 있었지만 학생들은 그런 수업을 들어본 적이 없다고 말하는 경우가 대부분이었다. 다른 학교에 비해 도서관 시설도 열악했다. 도서관은 책을 보관하고 그 책을 읽을 수 있는 책상이 있는 곳에 지나지 않았다. 책을 빌리기 위한 검색용 컴퓨터는 너무 낡아 부팅도 잘되지 않았다. 도서관 예산을 받아 모두 최첨단 시설로 바꾸는 다른 학교들과 달리 그 예산을 위클래스(WeeClass) 공간을 마련하는 데 모두 사용했다는 말도 들었다. 그래서 사서 선생님은 책을 대출하기 위해 방문하는 학생들의 출납을 확인하는 일과 여러 행정 업무 때문에 독서교육을 활성화하는 일을 하기 힘들어 보였다.

그밖에도 처음 시작할 때 여러 문제들이 나를 당혹스럽게 만들었다. "이런 프로젝트를 왜 하는지 모르겠다."는 반응도 있었다.

학교에서는 주로 토론 수업에 기대를 걸고 있는 것 같았다. 교사들은 이름표를 달고 다니게 되어 있었는데, 내 이름표에는 '토론 교사'(독서지도사는 독서, 토론, 논술 수업을 연계하여 진행한다.)라는 명칭이 들어가 있었다. 이것은 나에게 토론 역량을 기대한다는 의미라고 생각했다. 교과 수업들과는 달리 독서 토론 수업을 경험해보지 못한 학생들은 나를 신기한 사람으로 바라보았다. 여러 교과를 융합한, 독서 토론 수업은 학생들에게 생소하게 느껴지는 듯했다. 수업 중에 모둠 학습 시간을 주고 학생들을 둘러보러 다니면 이렇게 질문하는 경우도 있었다.

"선생님, 어디서 오셨어요?"

"선생님, 월급은 받으세요?"

"무슨 공부를 하면 선생님 같은 직업을 얻을 수 있나요?"

"토론 교사도 직업이 될 수 있어요?"

토론 수업을 중심으로 계획을 잡아야겠다는 생각을 했다. 교과별로 수업을 배정하는 회의에서는 '토론 교사'의 역할을 두고 우왕좌왕하는 분위기였다. 많은 분들이 교과 수업을 누군가와 같이 하며 조율한다는 것에 익숙하지 않았다. 독서지도사의 역할이 교과 수업을 보조하는 것으로 잘못 이해되는 경우도 있었다. 그래서 교육청 연수에서 배운 대로 수업 분위기를 바꾸고, 학생이 참여하는 토론 중심 수업, 배움 중심 수업이 진행되는 데 도움이 되는 '안내자' 역할을 하려고 한다고 생각을 밝혔다.

교과 담당 교사와 사전 협의를 통해 수업을 조율하고 수업의 시간을 나누고 나름대로의 전문 분야를 공유한다는 이론을 현실에 적용하는 것은 어려웠다. 어떻게 공조해야 하는지 모르고 해본 적이 없는 상황에서 새로운 패턴을 창안해야 했다. 처음 배정된 교과는 '국어'였는데, 국어 선생님도 어떤 특별한 계획을 가지고 있는 것은 아니었다. 국어 수업은 일주일에 5시간 정도의 시수가 있어 시간 여유가 있을 때 도서관에 가서 책 읽는 시간을 갖기도 하지만 무언가 다른 패턴을 기획해볼 엄두가 나지 않는다고 말했다. 그리고 학교에서 40명이 넘는 학생들에게 이 수업 체제를 적용할 방법을 찾는 것도 쉽지 않았다. 이때는 이미 3월 중순이었기 때문에 교과 수업 일정 계획이 이미 마무리된 뒤였다. 새로운 것을 기획하여 시작하기는 어려운 상황이었다. 그래서 국어 시간에 주제별 독서 토론 수업을 진행하기로 결정했다. 주제를 정하고 거기에 맞는 도서, 시사 자료, 미디어 자료를 연계하여 수업을 진행하는 기획이었다. 토론이나 글쓰기로 수업을 마무리하는 방식이어서 국어와 독서 토론 수업이 잘 조화된 것 같기도 했다. 하지만 어떤 것은 사교육에서 소그룹 형식으로 하는 것을 그대로 공교육으로 가져와서 대그룹으로 하는 것과 같다는 생각이 들기도 했다. 교과 연계 수업을 기획하기 위해서는 조금 더 노력이 필요했다.

수업을 기획할 때부터 독서 교사가 먼저 교재의 패턴과 수업 내용을 교재를 통해 분석하고 교과 교사에게 제안하는 방식을 택했다. 교과서를 분석하면서 교과서의 내용이 참 잘 기획되었다는 점을 새삼스럽게 느꼈다. 교육과정 자체는 주입식이 아니었지만 여러 가지 여건이 안 되어서 주입식 전달 교육을 하는 것으로 보였다. 토론을 활용하고 소통하며 배움 중심 수업을 해야 하는 교재를 지식 위주로 전달하다 보니 시간은 부족하고 학생들은 지루한 수업이 반복되는 것이라는 생각이 들었다.

사실 교사용 교재에는 수업에 활용할 수 있는 토론 자료들이 부가적으로 많이 들어가 있었다. 문제는 수업 시간이 부족하고 수업 유형에 대해 여러 교사가 합의하기 어렵다는 점 때문에 토론 수업이 이루어지고 있지 않은 것이었다. 그래서 교과서에 들어 있는 토론 자료를 가져오고 거기에 독서 교사가 마련한 시사 자료, 도서 자료, 미디어 자료 등을 모아 하나씩 수업 패턴과 형식을 만들어 갔다. 요즘 학생들이 책을 읽지 않는 이유 중의 하나로 영상 자극이 많다는 것을 꼽을 수 있다. 영상에 익숙한 아이들에게 종이와 활자로 되어 있는 책을 읽는 것은 재미없기 때문이다. 그래서 수업에 미디어 자료를 활용하여 미디어 읽기의 방법도 알려주어야겠다는 계획도 세웠다.

이렇게 창안한 '교과 연계 독서 토론 수업'이 결국 중요한 수업 패턴이 되었다. 교과서에 있는 주제를 가지고 평소 교과 담당 교사가 하지 못하던 토론 수업을 하는 것이었다. 그래서 주제 중심 수업이 기획되었다. 이것은 어떤 주제를 정하면 거기에 맞는 교과 영역에 관련된 연계 도서를 찾고, 시사 자료, 미디어 자료 등을 가지고 수업을 진행하는 것이다. 교과서 지식을 현실 생활과 전혀 관련이 없다고 생각하는 학생들이 그때나 지금이나 많다. 실생활에 접목시키지 못하는 학생들이 토론을 진행할 수 있도록 독서 교사와 교과 담당 교사의 역할을 나누는 패턴을 만들어갔다.

2. 토론 대회 준비와 성과

토론 수업을 진행하다 보니 학교에서 토론과 관계되는 일은 모두 맡게 되었다. 토론 동아리, 교내 토론 대회, 교외 토론 대회 등. 그래서 토론의 기본부터 시작하여 토론 대회의 진행까지 계속하며 학생들과 많은 접촉과 유대를 형성할 수 있었다.

교내 토론 대회는 소수 학생의 참여로 조용히 진행되고 있었다. 토론의 특성상 재능이 있다고 생각하는 학생들만 관심이 있었다. 학교 행사가 대부분 소수 상위권 학생들의 참여로 이루어지는 경우가 많다 보니 조용한 행사로 끝나버렸다. 대회라면 참가자뿐만 아니라 다른 학생들과 교사들의 관심을 받아야 한다고 생각했는데, 현실은 그렇지 못했다.

주제 선정도 마음대로 하기 어려웠다. 학교가 해양 연구학교 프로젝트를 진행 중이어서 바다와 관계되는 주제를 정할 수밖에 없다는 것이었다. 그래서 부장급 이상 선생님들의 회의에서 결정된 주제가 '갯벌, 개발해야 하나 보존해야 하나'였다. 그런데 이 주제는 오래전부터 되풀이되던 것이었다. 학생들의 관심을 끌고, 많은 참여를 유도하기에는 부족하다는 판단이 들었다. 그래서 새로운 주제를 고민하게 되었다.

시흥 지역은 시화호와 가까운 곳이다. 시화호는 개발 단계부터 완성 이후까지 논쟁거리였고 지금도 해결해야 할 문제가 남아 있는 사안이다. 그래서 토론 주제를 이것과 연결하여 정하면 학교의 프로젝트와도 맞고 학생들의 관심을 끌 수 있을 것이라고 생각했다. '시화호 개발 필요했나'를 주제로 제안했다. 다행히 교장 선생님을 포함해서 다른 선생님들로부터도 좋은 평가를 받았다.

이렇게 주제를 결정하고 본선 대회 방청객을 모집했다. 넓은 시청각실에서 토론 대회 본선을 진행하며 많은 학생이 관람할 수 있는 행사로 마련하였다. 시간 남는 학생들이 그냥 참석하면 소란스럽고 참여의 의미가 부족할 것 같았다. 그래서 담임교사를 통해 미리 신청하도록 하고 방청객 명단도 작성하였다. 그리고 방청객도 토론 중간에 참여하여 질문과 반대 토론을 할 수 있도록 하고 선물도 주는 이벤트를 마련했다.

방청객 접수에 학생들의 호응이 대단했다. 조그만 선물(문구류)이었지만 이벤트를 즐겼고 단상에 있는 패널들에게 질문하고 반론 할 수 있다는 점에 즐거워하는 분위기였다. 대회 참가 학생들도 많은 학생과 교사들의 시선에 부담을 느꼈지만 축제처럼 진행되는 토론 대회를 보며 더 잘해야겠다는 책임감을 느꼈다. 이런 준비를 거쳐 진행된 토론 대회는 성황리에 마치게 되었고 토론 대회가 재미있는 행사라는 인식이 생기게 되었다. 대회 진행 현장도 녹화하여 대입 자료로 활용할 수 있게 만들었다. 1학기에 방청객으로 참여한 학생이 2학기 토론 대회에 패널로 참여하는 경우도 있었다. 이런 과정을 거치며 토론 대회는 학기마다 진행되는 중요한 행사로 자리 잡았다.

교내 토론 대회 입상자들이 중심이 되어 교육청 주최 토론 대회에 참가하게 되었다. 나는 방학 동안 논술 특강을 하고 있었던 터라 도론 대회에 참가하는 학생들과 연습 시간을 맞추기가 어려웠다. 그렇지만 학생들은 나와 함께 준비해야 한다며 자신들의 시간을 조절하여 나의 시간에 맞추었다. 한편으로는 부담스럽기도 했지만 다른 한편으로는 고마운 생각이 들었다.

교육청 주최 대회의 주제는 '노인복지, 정부가 책임져야 한다'였는데, 이미 교내 대회를 통과한 학생들이라 많은 열의를 가지고 준비했고, 그 결과 최우수상을 받았다. 이후 독서지도사의 역할에 대한 인식도 변했다. 회의적으로 바라보던 분들도 독서지도사의 중요성을 재발견하게 되었다. 이 대회는 최우수상을 받은 팀의 교사에게 지도교사상을 주는 대회이나 독서지도사의 이름은 전혀 언급되지도 않았지만 선생님들로부터 많은 격려를 받는 기회가 되었다. 처음에는 이 사업을 달갑지 않게 생각하던 분들도 생각을 고쳤다. "독서지도사라고 해서 사서의 역할을 보조하는 사람인가? 무엇에 써야 하는 사람인가? 했는데 학교에 정말 필요한 교사라는 것을 알게 되었다."며 고마움을 전하는 분도 있었다. 이후 교과 선생님들은 자신의 교과와 연계해서 수업하고 싶다는 의견을 적극 나타내기 시작했고, 이를 통해 더 긴밀히 수업을 협의하여 준비할 수 있는 분위기가 마련되었다.

3. 사회 교과 협력수업을 위한 주제 협의

토론 대회 이후 처음 교과 교사와 사전 협의로 수업을 준비했다. 사회는 토론 수업이 많이 이루어지는 교과이다. 교과 특성상

교과를 꽃피게 하는
독서 수업

시사 문제나 이슈가 되는 주제를 많이 접하기 때문이다. 사회 선생님들이 요청한 협력수업[1]을 위해 준비 단계부터 함께 협의했다. 이를 통해 교재 내용을 분석하며 독서 토론 논술 수업과 교과 수업의 연계점을 찾으면서 기획을 해갔다.

사회 교과 선생님들은 열의가 많은 분들이었다. 그분들로부터 교육청에서 주관하는 독서 토론 연수를 받았지만 경험이 부족하고, 수업이 시험에 쫓기는 상황이었기 때문에 실제 수업에 적용할 엄두가 나지 않았다는 말을 들었다

일주일에 한 시간씩 진행하는 구성으로 시간을 잡았다. 처음 교과 연계 수업을 하는 경우이기 때문에 독서 교사가 교과서를 분석하고 주제를 잡고 기획하여 수업의 내용을 조율하는 형태로 진행했다. 교과서에서 주제 5개를 선정했다. '차이와 차별', '다문화의 이해', '환경과 인간', '고령화 문제', '빈부 격차'를 주제로 정했다. 교과서를 통해 학생들은 이미 지식과 이론에 대해서는 수업을 한 상태여서 이런 주제가 친근하게 다가갈 수 있을 것이라고 생각했다. 그래서 주제별로 시사 자료, 미디어 자료, 도서 등을 모아 교재의 형태로 제작하였다. 독서 수업을 위한 교재가 없다 보니 독서지도사가 직접 모두 만들어야 했다. 수업 자료를 학생들에게 유인물 낱장 형태로 나누어주면 학생들이 보관하지 않고 쓰레기로 버리는 경우가 많다. 나름대로 중요한 자료라고 정리해서 주었는데 이러면 안 되겠다는 생각에서 교재를 직접 제작하게 된 것

---

1. 두 명 혹은 그 이상의 교사가 함께 학생을 가르치는 수업 방법을 말한다.

〈표 1〉 '다문화의 이해' 수업 전개

학습목표	나를 둘러싸고 있는 다문화 사회를 안다		
대　　상	고등학교 1학년 12개 반		
연계 단원	일반사회 / 관용과 소통으로 다문화를 이해한다(천재교육)		
수업 자료	영화 〈마이 리틀 히어로〉 감독 김성훈 / 2013 도서 《커피우유와 소보로빵》《완득이》 그 외 시사 자료		
차　　시	총 4차시		
차시별 수업 내용	1차시	다문화에 대한 개요 설명 영화 〈마이 리틀 히어로〉 편집분 감상(30분 정도)	독서지도사
	2차시	도서 《커피우유와 소보로빵》《완득이》 내용 확인 세계 여러 나라의 다문화 모습 알아보기	독서지도사 교과 교사
	3차시	멜딩팟, 샐러드볼 이론 설명 안산시의 다문화 모습(시사 자료 확인하기) 글쓰기 과제 : 다문화 사회의 이해	교과 교사 독서지도사
	4차시	활동하기: 전지에 다문화에 대한 질문 정책 제안 붙이기 (모둠 활동) 토론하기: 조별로 완성한 전지로 발표하며 토론	독서지도사

이다. 여기에 주제별 교과 내용을 첨가했다. 이렇게 만들어 보니 그럴듯한 교과 연계 독서 교재가 되었다.

　그중 '다문화의 이해'는 요즘 우리 사회의 화두이다. 여러 가지 교육 방법이 모색되고 있는 주제이기도 하다. 특히 시흥 지역은 다문화 인구가 많은 안산과 가까운 곳으로, 외국에서 온 노동자들과 결혼 이민자들을 흔히 볼 수 있는 곳이다. 그래서 다문화를 이해하기 위한 수업이 학생들에게 꼭 필요하다고 생각했다. 사회 교과에서도 중요한 부분으로 다루어지기 때문에 적지 않은 분량을 차지하고 있다. 그런데 이런 교과 수업은 학생들에게 지식의 전달에 그치는 경우가 많다. 그래서 교과 연계 독서 수업이 실생활에 도움을 줄 수 있는 수업이 되어야 한다는 목표를 세우는 것에 의견이 모아졌다. 학생들이 교과의 지식을 현실 생활에서 어떻게 활용해야 하는지, 다양한 문화와 언어를 가진 이웃을 어떻게 바라봐야 하는지 생각하며 세상에 대한 시야를 넓히는데 기회를 마련하는 데 주력하기로 하였다.

　다문화가정은 요즘 갑자기 생긴 것이 아니다. 역사를 거슬러 올라가면 가야의 시조인 김수로왕도 인도의 아유타 공주와 혼인했다는 기록이 있고, 고려가요 〈쌍화점〉에는 '회회아비'가 등장한다. 이 사람은 이슬람을 믿는 외국인이었다는 분석이 있다. 가깝게는 뮤지컬 감독으로 유명한 박칼린, 추성훈과 야노 시호의 딸 사랑이도 있다. 이들은 인기인이기 때문에 선망의 대상이고 그렇지 않은 사람은 차별의 대상이 된다는 것은 우리 사회의 이중 잣대가 작용하는 대표적인 모순이라고 볼 수 있다. 다문화 가정의 자녀와 어우러져 살아야 하는 한국인 가정의 아이들은 이들을 이방인으로 보고 있다. 지금은 다수를 차지하는 한국인 가정의 자녀가 그들을 차별하는 모습이지만 세월이 지나 다문화 가정의 사람들이 다수가 될 가능성이 많이 있다. 그러면 또 다른 차별의 사회가 될 가능성이 많아진다. 이런 차별의 악순환을 개선하기 위한 사회분위기와 정책이 반드시 필요하다. 그래서 다문화 가정의 사람들을 위한 교육이나 정책이 그들만을 위한 것이 아니라 그들을 받아들이는 한국인들의 미래 행복을 위한 것임을 알려주는 데 주력하였다.

4. 학생들 자기 의견을 말하기 시작하다

첫 반의 수업에 들어갔다. 교과 담당 선생님이 학생들에게 '다문화'에 대해 교과 수업의 내용을 요약하여 상기시켜주고 첫 시간의 안내를 하였다. 카리스마 넘치는 선생님 덕분인지 학생들은 바른 자세로 앉아 있었다. 학생들의 시선은 신기한 것을 보는 듯했다. 방과 후 수업으로 독서·토론·논술 수업을 한 학생들도 있었지만 반 전체의 1~2% 정도에 불과했고 대부분 처음 접하는 수업이었다. 교과를 맡은 선생님은 학교에서 가장 무서운 선생님으로 꼽히는 분이었다. 교실에 들어가니 학생들의 자세가 달라지는 분위기였다. 토론 수업을 진행하는데 너무 경직된 모습은 바람직하지 않지만 산만한 분위기가 있는 반들보다는 수업하기가 수월했다. 교과 선생님이 악역을 해주시니 독서 토론 교사는 부드러운 미소를 보이며 분위기를 풀어주면서, 자연스럽게 발표를 유도할 수 있었다.

수업을 진행하며 학생들에게 질문을 하면 깜짝 놀라며 경기를 일으키는 듯한 모습을 보이는 학생들이 있었다. 단답형으로 교과서의 지식을 푸는 데 익숙한 학생들에게 한 번 더 생각해서 자신의 의견을 발표해야 하는 질문은 평소에 해보지 않은 사고력을 필요로 하는 것이기 때문이다. 그래서 자신의 의견을 말해보지 않은 학생들에게는 어렵게 느껴진다는 것이었다. 자신의 의견을 말해본 적이 없는 고등학생! 이것이 우리나라 교육의 문제라는 생각이 들었다. 그래서 질문을 할 때는 예고제를 실시했다. 미리 발표할 번호를 알려주고 준비하게 하거나 답변을 하지 못했을 때는 시간을 두고 다시 물어보는 시간을 가졌다. 그랬더니 질문에 당황하는 학생의 빈도수가 줄어들었고, 문장을 연결하여 자기 의견을 말하는 학생이 늘어났다.

2차시 '다문화 시대의 우리 모습'을 토론하기 위해 영화 〈마이 리틀 히어로〉와 소설 《완득이》의 내용을 확인해갔다. 영화 속 주인공 '영광'이와 '완득이'는 다문화 가정의 아이들이다. 이들이 우리 사회에서 살아야 하는 이유, 당위성 등에 관하여 설명하였다. 〈마이 리틀 히어로〉를 선택한 첫 번째 이유는 많이 알려지지 않은 내용이었기 때문이다. 학생들이 많이 본 영화를 다시 보게 되면 흥미도가 떨어질 수밖에 없다. 그렇지만 주인공이 아픔과 역경을 극복하는 모습에 공감하기 좋은 내용이었다. 잘 알려진 《완득이》는 책과 영화로 제작되었기 때문에 내용을 알고 있는 학생이 많았다. 책을 읽지 않았어도 영화를 보았다면 수업에 참여하기 쉬운 내용이어서 선택하였다. 《커피우유와 소보로빵》은 외국의 다문화 사례를 볼 수 있었다. 다른 나라의 사례를 보고 우리의 다문화에 대해 객관적인 시각을 가질 수 있는 계기가 될 것이라 여겨졌다. 책을 미리 읽어 오라고 했지만 많은 학생이 읽어 오지 않아서 책의 일부 내용을 발췌하여 프린트해서 나누어주고 읽게 했다. 그래서 절반 정도의 학생이 책의 내용을 알고 수업에 참여하게 되었다.

〈마이 리틀 히어로〉에서 영화 주인공인 영광이는 뮤지컬 '조선의 왕 정조'의 주연을 뽑는 오디션에 참여하고 있다. 정조 역을 다문화 가정 혼혈아인 영광이가 해도 되는지에 대한 자유로운 집단 토론을 하였다. 감동적인 영화를 본 후이기 때문인지 해도 된다는 의견이 70% 이상이었다. 어느 반은 90%가 넘기도 했다. 이것이 일반적인 경향이라 생각하기에는 어려움이 있었다. 어떤 학생은 영화니까 이런 감동적인 스토리가 가능한 것이지 실제로는 그러기 어렵다는 현실적인 이야기를 하는 경우도 있었다. 교육의 효과를 확실하게 확인하는 시간이었다.

3차시는 지난 시간의 수업 내용을 되새기며 다문화 이해의 필요성에 대해 이야기했다. 다문화에 대한 이해는 그들만을 위한 것이 아니라 우리를 위한 것이라는 점을 강조했다. 인종차별이 있을 때, 우리나라 사람도 다른 상황에서 차별을 받을 수 있는 빌미가 된다는 점, 중국이나 동남아에서 우리나라 사람들이 범죄의 대상이 되는 이유도 우리나라 안에서 외국인들에 대한 차별이 원인이라는 것 등을 알려 주었다.

'길을 가다가 동남아시아 사람들의 무리를 만나면 나는 어떤 행동을 보이나?' 이런 질문에 여러 학생들이 피해 간다는 반응을 보였다. "우리나라에서 그들을 왜 피해 다니냐?"고 반문하는 학생도 있었다. 피부색에 따른 차별에 대한 이야기도 하였다.

"지나가던 백인이 무언가 질문을 하면 어떤 기분이 드나요?"

"영어로 말해야 하면 겁나서 도망가요."

"우리말로 물어보면 친절하게 답해요."

비슷한 또 다른 질문을 했다.

"피부가 검은 사람들이 질문하면 어떤 생각이 드나요?"

학생들은 '무서워서, 기분 나빠서 피하는 경우가 있다.'고 답하는 경우가 많았다. "그 사람들을 보면 어떤 단어가 떠오르나요?"라는 질문에는 '겁난다', '무섭다', '범죄자', '조선족', '가난한 사람들' 등등 긍정적 말보다는 부정적이 말이 더 생각난다는 반응이었다.

조금 많은 양의 교재 내용을 살피며 우리나라에서 하고 있는 다문화 정책에 대하여 설명하였다. 안산 '국경 없는 마을'의 활동과 상황 등을 이야기하며 다문화 가정과 우리나라 사람들과의 역차별에 대하여 이야기했다. 가까운 안산의 원곡동을 예로 들며 설명하니 지역적인 상황 때문에 이해도가 더 높았다.

수업의 마무리로 다문화가정 문제와 정책을 제안하는 '주장하는 글쓰기' 과제를 주었다. 내가 들어가서 검사할 시간이 없었기 때문에 학생들에게 메일로 제출하도록 하였다. 메일로 수거된 글을 첨삭하는 일도 많은 품을 필요로 했다. 글을 열심히 쓰는 학생도 있지만 남의 글을 그대로 퍼오는 친구도 있었다. 학생들이 수업을 얼마나 이해했는지, 자신의 의견을 글로 표현 했는지를 보면서 첨삭하여 다시 나누어주었다. 다음 학생의 글은 수업 내용을 잘 이해하면서도, 정책 제안도 담고 있었다.

다문화 사회에 대처하는 우리의 자세

강시은

버스를 타면 특정 정거장에서 외국인들이 많이 탑승한다. 흑인, 몽고인, 동남아인... 피부색이 우리보다 까맣고 눈망울이 또

렷한 사람들이 버스에 오를 때마다 갑자기 몸이 경직되면서 그 사람들을 경계의 눈초리로 쳐다보곤 한다. '내 옆에 오지 마라.' 싶은 눈빛 말이다. 그렇게 행동해서는 안 된다는 것을 알면서도 내 몸이 일단 본능적으로 반응하게 되는 것은 어쩔 수 없다. 그러다 그 사람들이 내 옆에 앉거나 오게 되면 티나게 뒤로 가거나 몸을 트는데, 나의 그런 행동을 인식한 그 사람들은 나에게서 일부러 멀리 떨어져 있거나 일어서서 간다. 그럴 때마다 미안하기는 하지만 왠지 안심되는 나 스스로도 '이건 아닌데……'할 때가 종종 있다.

앞에서 미리 언급된 일화는 내 경험담이다. 물론 나만 그런 것은 아닐 것이다. 대부분의 한국인은 한국은 단일민족의 국가라는 인식이 강하다. 게다가 꾸준히 다른 민족과 함께 살아왔던 것이 아니라 '급속도'로 이루어진 다문화 사회이기 때문에 더더욱 배척의식이 강할 수밖에 없다. 결론부터 이야기하자. 그럼에도 우리는 다름을 존중하고 사회적 소수인 외국인들을 차별해서는 안 된다. 우리는 지속적으로 문화교류를 이루어 나가며 문화 공존을 이루는 이상적 사회를 만들어야 한다. 이것은 이 글 전체를 이끌어 갈 기본 원칙이자 나의 가장 핵심적인 주장이다.

다문화 사회에서 소수문화 배척은 곧 그들의 인권을 보장해주지 않는 행위가 된다. 왜냐하면 인권에는 차별받지 않을 권리가 포함되어 있기 때문이다. 인권은 흔히 천부인권 또는 자연권이라고도 불린다. 인간이라면 태어날 때부터 가지고 있는 당연한 권리라는 것이다. 심지어 나라의 최고법인 헌법에서도 기본권으로서 인권을 명시하고 있다. 그때 '이 권리는 대한민국 국적을 가진 자에게만 해당함.' 이라던가 '이 권리는 순수 한국혈통에게만 해당함'이라는 조항은 눈을 씻고 찾아봐도 결코 볼 수 없다. 이 말은 즉 다문화 사회에서의 외국인 차별은 그들의 인권을 무시하는 행위로서 헌법을 거스르며 최소한의 도덕을 지키지 않는 몰

상식한 짓이라는 것이다. 심지어 이렇게 모든 것의 근간을 이루는 기본적인 것에서도 다문화 사회에서 우리가 어떻게 행동해야 하는지 그 원칙을 이끌어낼 수 있다. 이것뿐일까? 다문화 시대에서의 소수문화에 대한 차별과 멸시는 문화 충돌을 야기한다. 문화 충돌은 곧 다양한 사회 혼란을 낳는다. 그 피해는 누구한테 올까? 우리에게 온다. 더 있다. 가는 짓이 고와야 오는 짓이 곱다. 우리 한국인이 해외로 나갈 때는 우리가 외국인이 된다. 그 때 차별을 받고 차가운 시선을 받는 것을 원하는 사람은 없다. 누구나 공평한 대우를 원할 것이다. 우리가 자국 내에서 외국인을 차별한다면, 평등을 바랄 자격이 없다.

그렇다. 우리는 타문화를 배척해서는 안 된다는, 모두 다 한데 어우러져 다양한 문화를 안고 살아야 한다는 것을 알 수 있다. 그럼 어떻게 그렇게 할 수 있을까? 가장 기본적으로 가치관 자체가 개방적으로 변화해야 하기 때문에 다문화 공동체 교육을 실시해야 한다고 생각한다. 다문화 교육은 다수자에게 다양한 문화를 이해라고 수용할 줄 아는 관용의 힘을 길러준다. 그런 의미에서 우리를 위한 교육이라고도 볼 수 있다. 이는 획일적 역사관을 극복하고 민족 우월주의를 극복하는데 큰 효과를 낼 수 있다. 다양한 문화에 대한 객관적 이해, 인류 인권 존중에 대한 인식과 실천 의지 형성 등의 과정을 겪는다면 가장 기본적인 우리의 가치관을 변화시킬 수 있다.

또한 지속적으로 이주 아동들에 대해서 연구와 이해가 진행되어야 하고, 그들을 위한 교육 프로그램도 개발해야 한다. 예를 들자면 이주 아동에게 취학 전 한국어 교육을 시킨다든지 한국의 문화와 예절을 가르친다든지 할 수 있다. 여기서, 자신의 나라의 문화를 잊고 동화되는 것은 그렇게 바람직하지 않으므로 모국 문화에 대한 정체성을 길러주는 것도 염두에 두고 교육을 진행해야 한다. 더불어 한국 아이들과 교사들에게도 교육이 진행된다면 시너지 효과를 발휘할 수 있다. 인권 교육과 국제 이해교육 그리고 공동체 교육은 다문화 사회에 대처하는데도 도움이 될 것이고 다른 많은 분야에서도 좋은 양분이 될 것이다.

틀림이 아니라 다름으로서 그들을 이해하고 존중함으로, 다가오는 다문화 사회에 힘써 준비할 때 한국은 성숙하고 발전할 수 있을 것이다. 큰 혼란 없이 모두가 공평히 대우 받는 사회가 우리의 사회 모습이 되었으면 좋겠다.

5. 포스트잇을 활용한 다문화 정책 제안과 토론

4차시 다문화에 대한 수업을 진행한 후 학생들의 이해도를 확인하고 창의적인 정책을 제안하는 시간을 가졌다. 그냥 책에 질문이나 정책을 쓸 수도 있겠지만 그러면 학생들의 흥미를 끌 수 없고, 집중력을 발휘하기 힘들 것이라고 생각했다. 그래서 조별 집중력을 키우기 위한 활동이 전지 프로젝트였다.

수업에서 질문과 답변을 하며 여러 가지 의견을 이미 나누었고 개인 작업이 아니라 팀 활동이기 때문에 어렵지 않을 것이라 생각했다. 하지만 기대와 달리 무엇을 하라고 했는지 모르는 학생들도 있었다.

"한 사람이 두 개씩 다문화에 대한 질문과 정책을 포스트잇에 써서 붙이세요. 그러면 한 팀에 8개의 포스트잇이 붙어 있겠죠. 그것을 전지에 붙이고 멋있게 꾸미기도 하세요."

포스트잇을 붙이라고 한 것은 전지에 쓰는 것을 부담스러워 하는 학생들이 있을까 봐 조금만 쓰면 된다는 느낌을 주기 위한 것이었고, 꾸미기를 하라고 한 것은 조금의 여유와 즐거움을 위해서였다. 모든 학생이 두 개의 포스트잇을 사용해서 전지는 귀여운 꾸밈지가 되었다.

4인이 한 조이니 놀고 있는 사람을 찾기 어려웠다. 다문화에 대한 질문은 평범한 것들이 많았지만 정책 제안은 다양하고 기발하고 창의적인 것도 있었다. '다문화 가정 모두에게 한달에 100만 원씩 지급하자', '다문화 가족만 사는 마을을 만든다', '다문화 체험관을 만든다', '외국인 근로자의 임금 차별은 타당하다' 등 완성된 전지를 가지고 조별로 2명이 같이 나와 발표하였다. 8개 이상의 포스트잇 중에서 2개의 질문이나 정책을 발표하고 자신의 의견을 말하며 다른 학생들과 토론을 진행하였다. 발표의 부담을 줄이기 위해 발표자를 팀당 2명씩으로 했다. 그랬더니 4명의 학생이 모두 나온 경우도 있었다.

교사 붙어 있는 질문과 정책 중에 어떤 것을 발표하고 싶은가요?
발표자1 '다문화 가족이 사는 마을을 만들자'를 발표하고 싶습니다.
교사 다문화 가족이 사는 마을을 만들면 어떤 좋은 점이 있을지 말해주세요.
발표자1 다문화 가족을 이상한 눈으로 바라보는 사람들의 시선이 불편하고 차별이 싫다는 경우가 있어 이런 문제를 해결할 수 있을 것 같습니다. 그들끼리 모여 살면 이런 신경을 쓰지 않아도 되니까요.
교사 다른 팀 학생들에게 질문할게요. 이런 마을을 만들면 좋은 점은 무엇이고 문제점은 무엇일까요?

학생1 이런 마을이 있으면 다른 사람들의 차별을 덜 받을 수 있겠지만 한국 사회에 적응하기는 어려울 수 있을 것 같습니다.

학생2 그런 마을을 만들면 거기에서는 한국말을 많이 안 쓸 수도 있을 거 같은데요.

교사 미국에 한국 사람들이 모여 사는 한인 타운이 있는데 우리나라에도 이런 곳이 생기는 걸 수도 있네요.

학생3 그런 곳 생기면 안 돼요. 안산에도 외국인이 많은 거리가 있는데 기분 나빠요. 우리나란데~

발표자2 다문화 가정에 100만 원씩 다달이 주는 정책을 만들었으면 좋겠습니다. 그러면 그들의 경제적 어려움이 줄어들 것입니다.

교사 이 문제에 대해 질문이나 반론 있나요?

학생4 그 돈은 어디서 나오나요?

발표자2 나라에서 주는 거지요.

학생4 그러면 세금이 많이 나가는 거고, 우리나라가 힘들어질 수 있네요. 안돼~ 안돼~

교사 한국 태생만 사는 가정에서 역차별이라고 할 수도 있겠네요. 하지만 고려해볼 수 있는 정책이네요.

이렇게 발표와 토론이 진행되면서 지식 전달에서 이해하지 못했던 다문화의 사회, 국가의 문제와 정책에 대해 이해하고 생각하는 시간이 되었다. 팀마다 공통된 질문이나 정책 제안이 있었지만 우리 팀원만의 의견을 30명 이상의 생각과 아이디어로 뭉쳐 만들어 내니 단순하게 지식으로만 가지고 있던 다문화에 대한 생각을 내면화하고 깊이 있게 생각하는 계기가 되었다. 2인 1조로

포스트잇에 자신의 의견 쓰기

발표하니 좀 더 많은 학생들이 적극적으로 참여하는 기회가 되었다. 다른 조에서 하는 질문에 앉아 있는 다른 팀원들이 답변하며 화기애애한 팀워크를 보여주었다.

다문화 정책에 대한 조별 발표와 질의응답

수업 자료 전시회

6. 통합 수업의 답은 독서 수업이다

4차시 수업을 마무리하면서 학생들에게 새로 알게 된 것은 무엇인지, 좋았던 점, 아쉬웠던 점 등. 수업에 대한 소감을 물었다. 평소에 해보지 못한 주제로 토론을 하다 보니 교과 시간에는 생각하지 못했던 것들을 알게 되었다며 색다른 경험을 했다고 여기는 친구도 있었다. 다른 학생들도 "즐거웠어요.", "독서 수업 맨날 했으면 좋겠어요.", "모두가 말할 수 있는 시간이어서 신났어요." 등 재미있었다는 소감을 이야기했다. 이 프로젝트 수업을 처음 시작

교과를 꽃 피게하는
독서 수업

할 때 "왜 이런 토론 수업을 굳이 해야 되냐?"고 반문하던 학생도 "필요한 것 같긴 하다."며 태도가 달라졌다. 아이들의 반응은 대부분 긍정적이었다.

같이 수업에 참여한 교과 선생님들의 반응도 좋았다.

"학생들이 하나도 자지 않고 수업하는 모습이 좋았어요."

"무언지 정확히 모르면서도 학생들이 매우 즐거워했어요."

"제가 혼자 이런 수업을 진행할 수 있을까요?"

'교과 연계 독서 수업'이라는 이름을 따로 지을 필요 없이 교과 수업 속에 독서가 녹아들어 있어야 한다고 생각한다. 교과 수업이 지식의 전달만으로 끝나서는 안 된다. 학교 수업을 현실 생활에 접목시키지 못하는 학생들의 모습은 그들만의 책임이라고 말하기 어렵다. 원론적인 개념을 배우고 나면 그것을 활용하는 현실 상황을 보여주어야 한다. 그 방법으로 독서 토론 논술 수업이 가장 합당한 방법이라고 생각한다. 통합 수업, 융합 수업, 교과 연계 수업의 답은 독서 수업이다. 알고 있는 방법은 실천으로 이어져야 한다.

교과를 꽃 피게하는
독서 수업

과학 교과 연계 독서 수업

신기한
인체 모험

이승희

1. 새로운 도전

10년 이상 아이들을 가르치던 나는 우연히 데이비드 허친슨의 《레밍 딜레마》를 읽고 우화 속 주인공 에미의 매력에 빠져들었다. 우화 속 레밍이라는 두더지쥐들은 특별한 이유나 목적도 없이 무조건 절벽에서 뛰어내리는 습성을 가지고 있다. 그러나 에미는 절벽에서 뛰어내리는 대신에 친구 레니의 도움으로 반대편 절벽으로 날아가는 용기 있는 행동을 보여준다. 그런 에미의 모습을 보면서 매너리즘에 빠져 있던 내 모습을 다시 들여다보게 되었고 새로운 도전을 향한 다짐을 할 수 있었다. 나에게 《레밍 딜레마》는 이런 내 상황에 꼭 맞는 책이었다.

중학교에서의 독서 수업은 나에게 새로운 도전이었다. 처음 시작은 에미처럼 반대편 절벽으로 날아가는 것이고 나중에는 더 큰 숲을 보고 싶었다. 하지만 현실 속에서 과거와는 너무나도 달라진 모습들로 인해 놀라기도 했고 당황하기도 하였다. 아이들이 좋아 가르치는 일을 선택했고, 그 일이 좋아 10년 넘게 아이들을 가르쳤던 내게 요즘 아이들의 모습은 충격적이었다. 어느 정도 아이들을 알고 있다고 생각했던 내게 상대방의 기분을 생각하지 않고 거침없이 표현하며 여과 없이 뱉어내는 모습들은 큰 두려움으로 다가왔다.

"샘, 왜 과학 시간인데 책을 읽어요? 책은 국어 시간에 읽어야 되는 거 아니에요?"

"헐~ 과학책도 어려운데 무슨 책까지 읽어야 돼?"

"난 책만 읽으면 잠이 오는데~ 꼭 읽어야 돼요?"

과학 시간에 이뤄지는 독서 수업에 대한 거부의 몸짓과 외면은 수업을 진행해야 하는 내 입장에서는 당황스러울 수밖에 없었다. 하지만 이런 공격을 하는 아이들의 내면에는 동전의 양면과 같이 자신을 보호하고자 하는 여린 마음이 있다는 것을 독서심리 과목을 통해 알고 있었기에 교과 교사가 아닌 독서지도사의 관점에서 한 아이씩 다가가려고 노력하였다.

"책만 보면 잠이 온다."고 말하며 독서 시간 중에는 잠만 자는 대부분 아이들의 독서 태도를 변화시키기 위해서는, 단순히 읽고 글을 쓰는 결과 중심의 독서 수업이 아니라, 읽기 과정 중에도 자신의 읽기에 대해 쓰기와 말하기 등이 이루어지는 활동 중심의 독서 수업이 필요하다고 생각했다. 이러한 활동 중심의 독서 수업을 통해 읽기 전 단계에서 책의 내용에 대해 소개하여 호기심을 자극하는 텍스트 미리 보기[1]와 내용을 미리 생각해보는 내용 예측하기[2]를 통해 흥미를 유발하였더니 독서에 대한 태도 변화가 서서히 나타났다. 특히 다른 아이들에게도 상처가 되는 말을 거침없이 내뱉고 수업 시간에는 잠만 자던 아이들에게도 책 내용을 소개하고 스스로 읽을 책을 선정할 수 있는 기회를 주었더니 독

---

1. 텍스트 미리 보기(Text Preview)는 읽기 전에 주제에 대한 학생의 배경지식을 구축하고 학생의 동기를 높여 텍스트를 이해하기 위한 읽기 전략이다. 시사적 텍스트와 설명적 텍스트에 효율적인 이 전략을 이용하는 방법으로 본 수업에는 '책팔이'라는 방법으로 책의 표지와 내용, 저자 등을 소개하는 방식을 이용하였다.

2. 내용 예측하기(Anticipation)는 텍스트를 읽기 전에 배경지식을 활성화시켜 학생에게 지속적인 독서가 이뤄지도록 동기를 유발하는 전략이다. 본 수업에서는 읽기 전 단계에서 책 표지를 보며 책 내용을 예측해보며 책에 대한 흥미를 유발시켰다.

서 전 활동부터 책 읽기에 조금씩 관심을 보였다. 또한 독서 중 활동에서는 모둠 활동을 적극적으로 하기 위해 책상 위에 몸을 눕히다시피 하였으며 그로 인해 만들어진 독서 후 활동의 결과물은 어느 모둠보다 훌륭하게 나타났다. 이런 활동들이 계기가 되어 다른 수업에서 이루어지는 독서 수업에 대해서도 조금씩 마음을 열고 독서 태도에 변화를 보이는 아이들이 많아졌다.

2. 수업에 들어가며

과학 교과는 과목의 특성상 실험 실습이 많았다. 그런데 주당 수업 시수는 3시수밖에 되지 않았다. 실험 실습도 힘든 과학 교사가 독서를 연계하기에는 시수에 대한 부담이 가장 큰 문제였다. 하지만 과학 교사와의 교과 협력 회의를 통해 근본적인 읽기 능력이 형성되지 않으면 학업성취뿐만 아니라 읽기 부진으로 이어진다는 판단을 하게 되자 읽기 능력을 향상시키고 과학 교과의 이해도를 향상시키기 위해 과학 교과와 독서 연계 수업을 계획하게 되었다.

최근 과학 교과에서는 STS 학습 모형이 활성화되고 있다. STS(Science & Technology & Society) 학습 모형[3]은 과학-기술-사회의 상호 작용을 다루는 것으로 과학 지식이 단순히 앎에서 그

---

3. 박선영(2011), 〈고등학교 과학 및 화학 I 교과서의 STS적 접근의 비교분석〉, 숙명여자대학교 교육대학원, 석사학위논문.

치지 않고 과학기술을 통해 사회에 적용해야 된다는 학습 모형이다. 우리 사회가 당면한 과학과 기술에 관련된 여러 문제들을 학생들에게 인지시킴으로써 이러한 문제들에 대해 학생들이 현명하게 판단하고 해결할 수 있도록 과학 지식을 함양하는 교수-학습 방식인 것이다. STS 학습 모형으로 아이들은 교과에서 실생활과 관련된 과학의 내용들을 교과서의 한 부분에 편성하여 심화 과정으로 학습하고 있었다. 이러한 부분은 평생 독자를 양성하여 삶 속에서 문제해결 능력을 기른다는 독서교육의 목적과 일치하고 있었다. 과학 교사는 이러한 교수-학습 모형을 적용하기 위해 그 동안 신문이나 책의 내용을 발췌하여 읽히거나 논술 평가를 과학 교과와 연계하기 위해 많은 노력을 하였다고 한다. 그러나 책에 대한 다양한 경험과 선정 도서에 대한 이해가 필요하기에 과학 교사에게는 수업을 진행하며 다른 분야를 추가적으로 연구한다는 점이 어려움으로 작용하였다.

따라서 아이들의 독서에 대한 태도와 흥미를 결정하는 도서 선정은 중요한 과정이었다. 도서 선정이 잘못될 경우 수업이 힘들 수도 있다는 생각에 신경이 쓰였다. 특히 구도심에 위치한 우리 지역은 더욱 어려운 환경의 아이들이 많은 편이었다. 부모들도 과학보다는 국영수 교과가 중요하다는 인식이 강했다. 배경지식 없이는 이해가 힘든 과학은 이 지역 아이들에게는 제일 어렵고 이해하기 힘든 과목이었다. 교과가 이러한데 하물며 교과 연계 독서가 가능했겠는가? 과학 선생님은 교육청에서 추천한 도서목록을 참고로 제시하였지만, 수업 준비로 시간이 쫓기는 현실에 있었고, 목록에 나온 과학 도서를 이해하는 데 아이들의 수준과 독서능력은 격차가 너무 심했다. 그래서 과학 교사와의 협의를 통해 수준을 조절하여 학교 현실에 맞는 도서 선정이 필요하다고 결정했다.

"샘~ 인체를 어떻게 책으로 배워요?"

"과학 시간에 교과서로 하면 되지 왜 책까지 읽어야 돼요?"

"샘! 책 속에 야한 그림들이 많아요."

중학교 2학년은 참 애매한 수준의 아이들이다. 질풍노도의 시기를 보내는 아이들이기에 독서 능력은 천차만별이었다. 과학 선생님은 과학 교과에 대한 아이들의 성취 수준을 알려주셨고 이를 바탕으로 수업 시작 전 독서지도사에 의해 이뤄진 독서 진단 검사를 통해 기본적인 독서 태도와 독서량, 독서 수준 정도를 알 수 있었다. 물론 독서지도사는 교과 교사가 아니다. 전문적인 과학 지식은 과학 교사가 아니기에 설명하기 힘들 수도 있다. 하지만 독서교육 전문가로서 과학의 포괄적인 내용이나 사회와의 연계 등 독서에 관한 방향은 정확히 제시할 수 있다.

독서지도사의 시각에서 바라볼 때 중학교 2학년 'Ⅳ. 소화와 순환, Ⅶ. 호흡과 배설' 단원은 초등학교 때부터 다뤄진 교과 내용이기에 아이들에게 너무나 익숙한 단원이었다. 하지만 교과서 내용을 이해하는 수준의 인지적 독서에 의해 훈련된 아이들은 인체에 관한 내용을 시험을 위한 잠깐의 단기기억으로 생각할 뿐, 이를 생활에 활용하고 문제 상황에 대처하기 위한 방법으로는 생각하지 못했다. 따라서 쉽고 기억에 남는 수업을 위해 과학 교과 진도에 맞춰 8차시 과학 교과 연계 독서 수업이 기획되었다.

〈표 1〉 과학 교과 연계 독서 수업 개요

목 적	독서를 통한 인체 관련 교과 내용 이해		
대 상	중학교 2학년 6개 반		
연계 단원	IV. 소화와 순환, VII. 호흡과 배설		
총 차시	총 8차시		
내 용	읽기 전	책 소개하기(파워포인트) 배경지식 활성화 (신기한 스쿨버스-인체편)	1차시
	읽기 중	중심 내용 파악하여 기록하며 책 읽기	2, 3, 4, 5차시
	읽기 후	인체도를 만들고 내용 소개하기 생활과 관련된 인체 내용 소개하기 조별 발표 후 상호 평가하기	6, 7, 8차시

3. 읽기 전 - 책 소개하기(1차시)

아이들은 모든 책에 처음부터 겁을 먹는다.

"샘! 어려워요."

"다 읽어야 돼요?"

"너무 두꺼워요."

오히려 이러한 상황에서 정말 두려운 아이들은 대답조차 하지 않고 책 자체를 외면한다. 책이 무슨 벌레라도 되는 양 아이들은 쳐다보지 않고 만지려고도 하지 않았다. 그래서 첫 시간에는 일명 '책팔이(책소개)'를 한다. 이 과정은 텍스트 미리보기 읽기 전략으로 제일 중요하다. 책을 읽기 위한 흥미도를 높이는 방법으로 파워포인트를 통한 책의 소개가 들어간다. '쉽고도 재미있는 과학 시간'을 위해 이지유 작가의 《별똥별 아줌마가 들려주는 우리 몸 이야기》(이지유), 《쉿! 귀신도 모르는 인체의 비밀》(조현진, 현기훈), 《나노의 인체 탐험 1》(디트리히 그뢰네마이어), 《만화로 배우는 인체 백과》(신나는 과학을 만드는 사람들), 《Why? 인체》(허순봉)'를 과학 교과 연계 도서로 선정하였다. 독서지도사를 소개한 다음 이렇게 5권으로 정해진 도서는 아이들의 자유로운 선택을 통해 모둠별로 결정하였다.

이 과정에서 가끔씩 아이들 사이에 보이지 않는 압력이 작용하여 도서 선정에서 피해를 보는 학생이 있었다. 이때는 내용 예측하기 전략이 잘 표현된 활동지를 중심으로 왜 그 책이 읽고 싶은지 타당한 근거 제시를 요구하였다. 이러한 몇 번의 시행착오 끝에 아이들은 스스로 도서 선정의 기준을 결정하였다.

처음 도서를 선정할 때 아이들은 겉표지와 두께를 보고 결정했다. 책을 소개하는 과정에서도 아이들은 글밥이 작고 그림이나 사진이 많이 들어간 책

1차시 활동지

을 선호했다. 특히 과학 관련 도서의 경우 아이들은 그림이나 사진이 많이 들어간 내용이 쉬운 책을 읽기 원했다. 그래서 '경기도 도민을 위한 일상의 책, 100권', '시흥시 독서지도사의 교과 연계 도서 목록', '교보문고 추천도서' 등을 참고하여 《별똥별 아줌마가 들려주는 우리 몸 이야기》, 《나노의 인체 탐험 1》, 《쉿! 귀신도 모르는 인체 이야기》, 《Why? 인체》, 《만화로 배우는 인체 백과》를 도서로 선정하였다. 《별똥별 아줌마가 들려주는 우리 몸 이야기》는 별똥별 아줌마 시리즈 중 하나로 이지유 작가가 자신의 딸에게 인체에 대해 알려주기 위한 대화체의 쉬운 문장으로 쓰여 있어, 아이들이 크게 어려워하지 않았다. 또한 《나노의 인체 탐험1》는 수업 중 잠깐 시청하게 된 《신기한 스쿨버스-인체편》과 같은 맥락이었기에 아이들의 흥미를 이끌어내기 충분했다. 《쉿! 귀신도 모르는 인체 이야기》는 귀신이라는 소재에 흥미를 보였고, 《Why? 인체》와 《만화로 배우는 인체 백과》는 만화라는 이유 만으로도 많은 아이들이 선호하였다.

자신이 읽을 책을 선정한 아이들은 'Ⅳ. 소화와 순환, Ⅶ. 호흡과 배설' 단원에 관한 과학 교사의 설명을 10분 동안 들으며 개괄적인 내용 정리를 하였다. 이 시간을 통해 아이들은 과학 시간에 배운 학습내용이 독서하는 데 배경지식으로 활용된다는 점을 확인하였다. 그런 다음 《신기한 스쿨버스-인체편》을 보며 주인공의 인간의 몸으로 들어가 겪는 모험을 소화계에 대한 배경지식으로 떠올릴 수 있었다. 과학 교과 속 배경 지식을 통해 어려운 과학 도서를 이해하며 아이들은 자신의 선택을 나시 한 번 활농지에 정리하였다. 이는 독후활동에서 자신이 선택한 책의 전문가가 되어 모둠 아이들에게 책 내용을 소개할 수 있는 동기로 나타났다.

4. 읽기 중 ─ 읽으며 생각하여 기록하기(2~5차시)

2차시부터 아이들은 자신이 선택한 책을 조용히 읽기 시작하였다. 수업 시간 전 자기 모둠의 파일을 가져와 읽는 중간중간 이해를 돕기 위해 내용(단어, 의미, 정보 등)을 정리하며 자기 주도적으로 읽어나갔다. 물론 모든 아이들이 책을 완벽하게 읽어내지는 못한다. 게다가 과학 교과 내용은 이미 시험이라는 과정을 통해서도 나타나듯 아이들에게는 어려운 내용이었다. 그래서 과학 교사와 독서지도사는 KWL 읽기 전략[4]을 이용했다. 아이들 사이사이 자리를 잡아 책 내용을 어려워하는 아이들에게 과학 교사와 독서지도사는 각자 교과 내용과 도서 내용을 이해시키고 아이들 스스로가 질문하고 답할 수 있도록 지도하며 2~5차시를 읽기로 진행하였다.

"선생님, 뭘 적어야 되요?"

"자, 상빈이가 방금 읽었던 부분에 대해 생각나는 건 뭐가 있어?"

---

4. KWL(What I Know, What I Want to Learn, What I Learned)은 내가 알고 싶은 것 표현하기(K), 내가 배우고 싶은 것 결정하기(W), 읽고 나서 내가 학습한 것 회상하기(L) 단계로 이뤄지는 읽기 전략이다. 본 수업에서는 읽기 중 활동으로 스스로 내가 읽는 것에 대해 KWL 단계를 이루도록 교사와 독서지도사가 계속해서 조언과 질문을 유도하였다.

"소화기관이요. 위, 식도, 대장, 항문⋯⋯."

"그 부분에서 상빈이가 생각한 점은 없어?"

"항문이 웃겼어요. 그리고 소화기관에 입도 들어간다는 걸 처음 봤어요."

"왜 그렇게 생각했는데?"

"기관이라고 하면 뭔가 큰 걸 말하는 것 같잖아요. 근데 입은 왠지 작아 보여요."

"맨날 봐서 그런가?"

"그럼 입이 없으면 어떻게 소화할까?"

"아예 몸속으로 들어가지 않으니까 처음부터 소화를 못하겠죠."

"그럼 입이 소중하긴 하겠지? 입과 관련된 병도 엄청 많아."

"상빈이는 할머니 계셔? 할머니들은 대부분 이빨이 없어서 입 안에 틀니를 넣고 계시는데, 이 틀니도 인체에는 중요한 거겠지?"

"헐~ 맨날 할머니 틀니 놀렸는데~ 나도 입 속 관리에 신경 써야겠네?"

이러한 읽기 전략을 통한 지도와 아이들의 눈높이에 맞춘 지도는 아이들에게 읽기에 대한 자신감을 심어주었다. 처음에는 만화만을 선호하던 상빈이와 같은 아이들도 자신의 책 읽기가 끝나자 수준이 높은 다른 책을 읽어보려 하였고 수업 시간에 교사의 눈 밖에 나 있던 아이들도 책을 벌레 보듯 하던 자세를 바꾸어 읽기에 참여하려고 노력하였다. 물론 읽기를 시도한다고 해서 읽기 전략에 맞게 독서가 이루어지고 쓰기까지 완벽하게 되지는 않는다. 하지만 그동안 다른 과목에서도 한 줄 쓰기로만 끝나던 아이들의 활동지는 글쓰기 지도를 거치면서 글쓰기 양이 조금씩 늘어났고, 나중에는 교과서 내용과 책 내용을 적절히 활용한 결과물을 완성할 수 있었다.

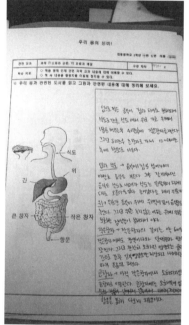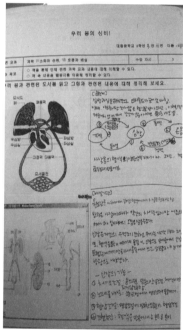

2차시~5차시 활동지

5. 읽기 후 — 인체도 만들기(6~7차시)

5차시까지 읽기 시간이 끝내고 6차시부터는 읽기 후 활동으로 모둠별 활동에 들어갔다. 우리 학교는 한 반에 30명가량의 아이들이 배정되어 있었는데 이를 8개 모둠으로 나누었다. 그리고 모둠별로 인체 기관을 하나씩 배정했다. 예를 들면 1모둠은 소화기관, 2모둠은 배설기관 등과 같이 모둠별 과제를 제시하였다. 이 과정에서 아이들은 모둠 내에서 각자 역할을 나누게 되는데 발표, 그리기(꾸미기), 쓰기, 검색 등 4명의 아이들에게 한 명도 빠짐없이 자신의 역할과 임무를 맡도록 했다.

그런 다음 모둠별로 자신이 맡은 인체 기관들을 이용하여 인체도를 만들기 시작하였다. 모둠별로 학교에서 준비한 2절 크기의 보드롱은 기본 바닥판이 되었고 아이들은 B4 사이즈의 준비된 기본 인체도를 받아 보드롱에 붙였다. 그런 다음 OHP 필름으로 모둠이 맡은 기관을 색사인펜을 이용해 그림으로 그리고 색상지에 그 기관의 특징을 교과서와 도서 속에 나온 내용을 비교하여 정리하였다.

"샘, 아밀라아제가 맞아요, 아밀라아스가 맞아요?"

"샘, 여기에서 보면 심장이 그림에는 없는데 어떻게 그려요?"

"우리 몸속에는 심장을 보호하기 위해 갈비뼈와 폐가 심장 위에 있고 그 속에 심장이 있어."

"그럼 폐 뒤에 있는 심장을 그려야겠네요?"

"그렇지. 이때는 어떻게 그려야 할까? 크기랑 모양은 어떻게 그릴 거야?"

"여기, 《인체만화대백과》에 나왔어요. 교과서에도 나왔어요. Why에도 나와요."

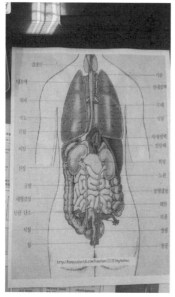

기본 인체도

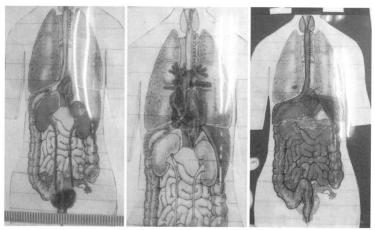

OHP 필름 인체도

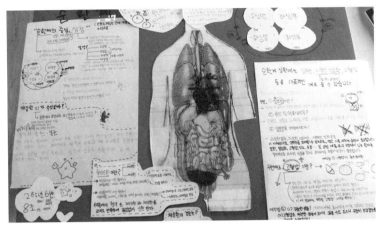

상세하게 재구성된 인체 해부도

아이들은 그동안 기관별로 나눠진 인체가 모두 함께 몸속에 존재한다는 것을 이해하고, 과학 수업에서는 이를 기관별로 나누어 공부했다는 것을 알게 되었다. 또한 자신이 맡은 책에서 관련 내용을 찾아 정리하기 위해 열띤 토의가 이뤄졌다.

아이들의 인체도 만들기는 6차시와 7차시에 걸쳐 이뤄졌다. 이때는 2학기 중간고사 기간이었다. 과학 교사는 모둠들 사이를 돌아다니면서 모둠별 활동을 지켜보고 아이들이 궁금해하는 점을 설명했다. 어떤 모둠에서는 심장의 순환에 대해 직접 아이들에게 설명하고 인체 기관에 대한 전반적인 내용을 다시 한 번 정리하며 아이들이 얼마나 이해했는지 확인할 수 있었다.

내용 정리가 끝난 모둠은 스마트폰을 이용하여 검색을 담당한 아이가 모둠이 맡은 기관과 연관된 질병을 찾아 발병 원인이나 증상을 정리하고, 이들 치료하기 위한 방법이나 예방법 등을 기록하여 인체도에 붙이기 시작하였다.

"전에 우리 할머니가 위암이셨어요. 그때 수술하셔서 가슴에 수술 자국이 있었는데 왜 거기를 자르고 수술을 했는지 알 것 같아요."

"샘! 우리 주변에 병을 일으키는 원인이 되는 것들이 많아요. 여기 검색해보니 과일이 좋대요. 채소도요~"

아이들은 인체 기관별로 발생할 수 있는 병명과 그 원인, 치료 방법 등을 스마트폰을 검색하여 찾아보고 이를 색지에 쓰고 인체도에 붙이면서 발표를 준비하였다. 스마트폰을 이용할 경우 분실

모둠별 역할을 나눠 인체도 만들기

할 수 있다는 위험 부담이 컸지만 담당 학생을 두어서 수거, 보관, 배분을 잘 통제하게 했다. 또한 수업 중에는 스마트폰을 다른 목적으로 사용하지 않는다는 약속을 사전에 맺었는데, 아이들이 이 약속을 잘 지켜주어 수업에 전혀 방해를 받지 않았다.

6. 읽기 후 - 발표(8차시)

대흥중학교에는 아이들과 독서지도사가 하는 약속이 있다. '용기 있는 자'에 대한 포상이다. 이것은 아이들에게 모르는 것도 자신 있게 자신을 표현할 수 있도록 돕는다. 금메달처럼 보이는 초콜릿은 아이들에게 용기 있는 자가 될 수 있는 기회를 제공한다. 처음 아이들은 초콜릿을 받기 위해 손을 들고 자신이 아는 만큼 내용을 발표하기 시작하였다. 하지만 이내 초콜릿에 대한 욕구는 사라지고, 자신에 대한 자신감을 자각하고 틀린 답을 말하는 것에 대한 두려움을 극복하자, '용기있는 자'가 되는 것 그 자체가 중시되었다.

과학 수업 시간에 모두에게 나타나는 공통점은 발표에 대한 두려움이었다. 모둠별로 발표 내용에 대한 준비가 철저하게 이뤄졌어도 아이들은 누구도 발표 역할을 맡지 않으려고 하였다. 그래서 발표자에게는 모둠에 대한 전반적인 내용을 통제할 수 있는 권한을 주었다. 즉 모둠장의 역할이다. 모둠별 평가를 받아야 되는 상황에서 모둠장의 역할이 중요하다는 것은 누구나 잘 알고 있다. 하

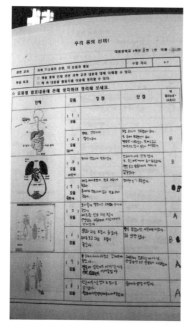

아이들이 작성한 상호 평가지

지만 이러한 모둠장의 역할 또한 부담이 되어 선뜻 나서기 쉽지 않았다고 아이들은 말하였다. 그래서 교사가 아이들을 평가하지 않고 아이들끼리 서로 평가하게 하였다.

발표를 할 때는 8개 모둠 중에서 두 모둠씩 같은 주제를 담당하게 했다. 게다가 이미 인체와 관련된 과학 교과 수업이 진행된 상황이었다. 이러한 상황에서 상호 평가지에는 질문에 대한 모둠장의 답변, 모둠원의 지원 활동 등도 평가할 수 있게 제시하였다. 의외로 아이들은 전달력이 뛰어난 모둠장보다는 적극적으로 참여한 모둠원의 참여에 더 높은 점수를 주었다. 또한 모둠에서 적극적이지 않은 아이에 대한 평가 또한 평가지에 기록하였다.

첫 시간에 독서지도사는 아이들에게 '용기 있는 자'에 대한 포상을 강조하였다. 아이들은 다른 모둠의 발표를 듣고 난 후 부족한 부분을 보충 설명할 때 '용기 있는 자'가 되어 손을 들었고, 궁금한 부분이 있으면 '용기 있는 자'가 되어 질문을 던졌다. 처음 발표를 시작할 때는 모둠장의 발표 태도가 수업 분위기를 좌우한 듯하였으나 점점 아이들의 적극적인 참여가 이뤄지고 이에 대한 적절한 모둠원의 대응이 아이들 사이에서 자발적으로 이뤄지자 소란스럽기보다는 점점 흥미진진한 수업이 되었다.

발표가 끝나자 교사는 모둠별로 그려진 OHP 필름 속 각각의 인체 기관들을 모은 후 이를 칠판에 붙어 있는 인체도에 부착했다. 여러 기관이 모여 하나의 인체가 된다는 점을 보여준 것이다. 또한 이러한 기관들이 제 기능을 하지 못할 때 발생하는 여러 가지 질병들에 관한 모둠별 설명을 정리해주며 과학이 생활과 연계되어 있다는 점을 강조하였다.

7. 변화의 시작

배움의 기본인 읽기에 어려움을 느끼는 아이들을 지도하는 역할에서 한국과 미국은 정부 차원에서 큰 차이점을 보인다. 문식성(文識性)이 부족한 읽기 부진아라는 문제에 대해 해결 방안이 어려웠던 미국은 과감하게 법안을 통과시켜 아이들을 위한 독서교육 전문가를 학교 안에 배치했다. 이들을 '리딩 스페셜리스트(Reading specialist)'라 부른다. 우리나라에는 이러한 법안이나 제도가 없지만 시흥시와 가톨릭대학교는 상호 협력 양해 각서(MOU)를 맺고 독서 전문가를 학교에 배치했다. 학교 혁신이라는 이름으로 독서 전문 교사가 학교에 있다는 점에서 시흥 지역 아이들은 다른 지역과 달리 혜택을 받는 것이다.

교육 전문가의 입장에서 바라본 아이들은 과학과 관련된 독서

모둠별로 맡은 인체 기관계에 대해 발표하기

에 대해 민감한 반응을 보였다. 무조건 어렵다고 호소하는 아이도 많았다. 그러나 과학 교과는 교과의 특성상 일상생활과 연계된 부분이 많기 때문에 과학 교과와 연계한 독서 수업을 위해서는 아이들이 가지고 있는 개별적인 배경지식을 활용해야 한다고 생각했다. 이러한 점에서 혁신 교육이 이뤄지고 있는 지역의 특성 또한 교육하는 데 중요한 요인이 될 수 있다고 생각한다. 또한 교과에서 이뤄지는 교과 연계 독서 수업은 아이들에게 또 다른 기회를 제공할 수 있다고 생각한다.

평소 문제아로 자타가 공인했던 상빈이는 친구들과의 도를 넘는 장난과 학교 폭력, 금품 갈취 등 크고 작은 사건 사고로 학생부 선생님의 블랙리스트에 올라 있던 아이였다. 물론 학교 내 문제아는 환경적 요인에 의해 발생하는 경우가 많다. 하지만 학교에 적응하지 못하고 학교생활에 관심조차 없었던 상빈이는 과학 교과와의 연계 수업에서 가장 적극적으로 활동했고 읽기 부진 상태에서 가장 많은 변화를 보여준 학생이었다. 누구도 알지 못했던 읽기 부진아였던 상빈이는 독서 수업 과정에서 읽기 부진을 확인하게 되었고, 학교 측의 도움으로 이를 교정하는 읽기 교정 프로그램이 진행되었다. 프로그램이 진행되어가면서 읽기 능력이 향상되자 상빈이의 독서 태도는 자연스레 향상되었다. 결과적으로 학교생활도 잘 이루어져 결국 정서·인지적으로 안정된 상태에서 졸업할 수 있었다.

읽기에 대한 교사의 작은 노력이 한 명의 평생 독자를 만들어냈다는 점에서 대흥중학교의 과학 교과 연계 독서 수업은 학교 혁신의 작은 씨앗이 되어가고 있는 듯하다.

도덕 교과 연계 독서 수업

자아를 찾는
애벌레의 꿈

김선미

1. 독서와 교과가 만나서 만들어내는 시너지

2015년은 우리 학교에 매우 의미 있는 해였다. 혁신교육지구 5년 사업을 마무리하면서 동시에 혁신학교 지정 첫해를 맞이하였기 때문이다. 3월 개학을 맞이하기 전부터 학교에는 조용한 긴장감이 흐르고 있었다. 계속되는 연수를 통해 학교를 혁신하기 위한 전체 교사 토론회를 거치며 학생들의 능동적인 태도와 배움에 대한 흥미를 북돋기 위한 다양한 방안이 모색되었다. 교사의 전문성과 집단지성이 교육과정 속에 녹아나도록 교육과정을 재구성하는 작업이 가장 큰 핵심 주제가 되었다. 기존 사업에 대한 평가를 통해 내실 있는 학교를 만들기 위한 포근한 변화의 봄바람이 불기 시작한 것이다.

독서 · 토론 · 논술을 담당하고 있는 나에게도 올해는 뭔가 새로운 시도를 해보고 싶은 의욕이 새롭게 움텄다. 작년 말 이미 도덕, 역사, 수학, 미술 과목과 독서 연계 수업을 하고 싶다는 제안을 받아놓은 터라 충분한 시간을 두고 고민할 수 있는 여유도 생겼다. '독서'라는 것이 정식 교과목은 아니지만 교과와 결합했을 때 시너지 효과는 강력하다. 그 효과를 맛본 교과 선생님들은 다음 학기도 미리 예약을 하고 틈날 때마다 아이디어도 공유했다. 이를 통해 나와 우리 학교 교과 선생님들은 아이들에게 맞는 맞춤 수업을 준비하기 위해서 여러 번의 협의 과정을 거쳐나갔다.

이런 협의 과정을 거칠 때마다 나는 우리 아이들이 먹기 힘든 마음의 양식인 '책'을 맛있게 요리해서 먹이기 위한 요리사의 마음으로 임하곤 한다. 집에서도 중학교 1학년 딸과 초등학교 3학년 아들을 키우는 엄마로서 아이들을 위한 책 요리를 하지만 그 일을 열심히 하다 보니 직업으로 이어져 이제는 전문적인 책 요리사가 되었다. 특히 새 학기를 맞이할 때마다 우리 아이들의 마음을 튼튼하게 키워내면서도 맛있게 먹을 수 있는 요리법을 개발하는 데 온 힘을 쏟게 된다.

우리 학교는 정왕동 공단 지역에 위치해 있다. 맞벌이 가정의 비율이 높으며, 한 부모 가정의 비율도 높은 편이다. 학업성취도 평가 결과에서는 매번 최하위권을 기록한다. 책 읽기를 좋아하고 독서 시간을 즐기는 학생을 보기는 쉽지 않다. 한 반에 한두 명 정도다. 그림책에서 이야기책으로 넘어가는 과정이 제대로 이루어지지 않은 아이들이 많기 때문이다. 글의 분량이 많은 책을 읽어본 적이 없어 읽기 기초 체력이 부족한 아이들이 대다수인 학생들의 입맛에 맞는 방법을 찾아야만 했다.

2. '마을 만들기' 사업과 함께하는 교과 독서 연계 수업

시흥시가 지원하는 학교-마을 교육 공동체 '천지인 마을 만들기' 사업은 올해 새롭게 시도된 사업이다. 마을과 학교가 함께할 때 건강한 마을 공동체와 교육 공동체를 이룰 수 있다는 취지 아래 우리 학교는 '아름다운 등굣길 가꾸기' 사업을 펼치기로 하였다.

우리 학교는 원룸 가구의 집합 건물 단지인 다세대 주택으로 둘러싸여 있다. 인근에 공단이 위치하고 외국인 근로자와 다문화 인구가 계속 증가하는 추세이며 주민들의 이주 또한 잦다. 그러다 보니 학교 주변에 쓰레기 등 미관상 좋지 못한 것들이 방치되는 경우가 많았다. 마을 교육 공동체와 학교가 연계하여 주변 환경을 개선하기로 하고 주변 환경 미화 사업과 꽃길 가꾸기를 하였다. 학생들은 화분에 꽃모종을 옮겨 심어놓고 등굣길에 꽃 화분을 늘어놓아 꽃길을 만들었다. 미술 수업 시간에는 '꽃'이라는 주제 아래 꽃길에 게시할 팻말을 제작했다. 도덕 수업에서는 《꽃들에게 희망을》이라는 책으로 '공부와 진로'라는 단원과 연계하여 자신의 삶을 꽃피우는 방법을 찾는 독서 토론 수업을 진행했다. 이 책으로 수업을 하게 된 것은 나에게 큰 의미가 있었다. 어려서부터 책 읽기를 좋아했던 내가 대학 1학년이 되자 독서 동아리를 통해 처음으로 접한 책이 《꽃들에게 희망을》(트리나 폴러스)이었다. 짧은 내용이지만 강렬한 메시지를 남겨준 감동이 지금도 미세하게 남아서 내 가슴은 기억하고 있다. 그로부터 오랜 시간이 흘렀지만 이 책은 변함없이 우리 아이들에게도 필요한 가치를 담고 있다. 어쩌면 시대가 달라진 만큼 더욱 필요한 가치일지도 모른다.

2학년에게 매주 1시간씩 도덕 교과 시간을 독서 토론에 배정했다. 그리고 여러 권을 빨리 읽게 하는 수업이 아니라 한 권이라도 천천히, 평생 기억에 남을 수 있도록 의미 있는 수업을 만들어 보자고 협력 교사와 뜻을 모았다. 책과 차시를 결정하고 프로그램을 기획하였다. 학생들이 열심히 참여할 수 있도록 도덕과 수행 평가에 반영하기로 결정하고 더 나아가 1학기 1차 지필 고사 대신 이 수행평가의 비중을 높이기로 했다.

　자칫 추상적으로 흐를 수 있는 교과 특성을 보완하기 위하여 필요한 것이 도덕이다. 교과서에서 배운 내용을 기반으로 생각을 확장할 수 있는 책을 읽고 자신의 생각을 자유롭게 말하고 쓸 수 있는 토론의 장을 만들어 보고 싶었다. 그래서 '읽고-생각하고-말하고-듣고-쓰는' 5단계의 통합적인 활동이 가능하도록 7개 차시 수업을 기획하였다.

　이러한 수업을 위해서는 교과 교사의 의지가 매우 중요하였다. 교과 교사가 한 학기 동안 일주일에 한 시간씩 교과 수업에 독서 토론을 배정하기란 결코 쉬운 일이 아니다. 도덕 교과 교사는 배움 중심 수업을 구현하기 위해 교과 교실에서 2년 전부터 토론 수업을 해오고 있었다. 2년 전 나는 국어 교과와 연계된 수업을 하던 중이었는데 도덕 교사와도 서로 토론 수업에 대한 관심을 주고받았다. 나와 도덕 교사는 다음해에 우리 아이들의 실질적인 토론 기량에 도움이 되도록 '토론의 이론과 실제'에 대한 기본 수업을 1학년부터 함께 시도하기로 의견을 모았다. 그리하여 2014년에는 1, 2학년을 대상으로 한 학기 동안 토론에 관한 기본적인 소양 수업을 도덕 교과와 연계하여 실시하였다. 열정이 넘치는 교과 교사의 의지가 수업을 재구성하고 수업의 형태를 바꿀 수 있는 원동력이 되는 것을 보았다. 덕분에 우리 아이들은 어디에서도 얻기 힘든 귀중한 시간을 가질 수 있었다.

독서 수업은 많은 시간과 노력을 들이는 수업이었지만 우리 아이들에게는 그 효과가 금세 드러나지 않았다. 도서관에서 책을 읽다 보면 어느새 몰래 만화책을 숨겨놓고 읽는 아이도 있었고, 좋아하는 내용이 아니라는 이유로 책 읽기 자체를 거부하는 아이도 있었다. 그런 아이들은 토론 시간엔 참여 의지 마저 없었다. 마음을 내려놓고 많이 비웠다고 생각했는데도 아이들의 이런 모습은 가끔 나를 좌절하게 만들고 실망스럽게 하였다. 내가 믿었던 독서와 토론의 효과가 정말로 있는 것인지, 그것이 우리 아이들에게도 성장의 밑거름이 되어가고 있는지에 대한 의문이 드는 순간이었다. 나도 모르게 매일 아이들을 쳐다보며 조급해하고 얼마나 자랐는지 가늠해보고자 하였던 것이다.

이런 조급증은 같은 아이들과 2~3년째 독서 토론 수업을 하면서 조금씩 극복해나갈 수 있었다. 한 명 한 명 따로 놓고 보니 작은 변화들이 눈에 들어오기 시작하였다. 책을 읽는 모습도 지난해에 비하여 눈에 띄게 좋아졌는데 1학년 때는 초등 고학년 정도의 얇은 책도 쩔쩔매던 아이들이 2학년이 되어서는 두꺼운 역사소설을 힘들게 읽은 뒤 스스로 뿌듯했다는 소감을 활동지에 작성하였다. 협동수업의 기본인 모둠 활동도 보다 원활하게 진행 되었다. 숫자로 정량화하기 어려운 변화였지만 매일 꾸준한 물 한 바가지의 정성이 콩나물을 키우는 것처럼 '매주 1시간'이라는 지속성이 아이들을 성장시키고 있었다. 3년째 이후부터는 나 스스로도 의심하지 않고 독서 토론 수업에 대한 효과에 굳건한 믿음을 가지게 되었으며, 수업하는 목소리에도 뭔가 다른 힘이 실리는 것을 느끼게 되었다.

<표 1> 2학년 도덕 연계 독서 수업 개요

단원	차시	학습목표
4. 공부와 진로	7개	1. 책을 읽고 자유로운 감상을 나눈 뒤, 나의 진로와 연결하여 이야기할 수 있다. 2. 진정한 자아를 찾는 삶, 나눔을 실천하는 삶의 중요성을 알 수 있다.

차시	수업 내용	자료/준비물
1차시 (독서)	교과 연계 독서 수업 진행에 대한 전체 안내 독서 전 활동—책 표지 읽기, 작가 소개(트리나 폴러스) 선생님이 읽어주는 내용 들으며 생각에 잠기기(1~3장) 모둠 활동 (오늘 읽은 내용을 4컷 만화로 재구성하여 그리기)	《꽃들에게 희망을》(35권) 만화 그리기용 색지 4컷 색연필, 사인펜
2차시 (독서)	지난 시간에 읽었던 내용 떠올리기 선생님이 읽어주는 내용 들으며 생각에 잠기기(4~7장) 모둠 활동(오늘 읽은 내용을 4컷 만화로 재구성하여 그리기)	《꽃들에게 희망을》(35권) 만화 그리기용 색지 4컷 색연필, 사인펜
3차시 (독후 활동)	1, 2차시의 8컷 만화를 색지에 꾸며 만화 완성하기 (책에서 이야기하고자 하는 주제의식이 잘 드러나도록 모둠원이 협력하여 창의적으로 구성하기)	모둠별 4절 색지, 책 색지, 사인펜,
4차시 (생각 정리)	책을 읽고 난 감상을 자유롭게 써보기 (깨달은 점, 감동을 받은 구절) 책에서 상징하고 있는 것은 무엇인지 생각해보기 (기둥, 고치, 나비) 책과 나를 연결하는 '브릿지 맵' 작성하여 내 삶과 연결해보기 친구들과 토론해보고 싶은 주제 2가지씩 찾아보기 (논제 만들기)	활동지, 책
5차시 (토론 준비)	지난 시간 우리가 찾은 다양한 토론 주제들 나누기 모둠 활동-4개의 찬반 논제 중 1개를 선택하여 토론준비표 작성하기(토론자 역할 나누기, 2명씩 짝을 지어 찬반 이유와 근거 찾기) 모둠에서 토의된 내용 발표하며 서로 나누기	활동지, 책

차시	수업 내용	자료/준비물
6차시 (토론)	두 마음 토론의 규칙 확인하기, 준비물 확인 모둠별 토론－각 모둠별로 두 마음 토론을 규칙에 맞추어 진행하기 토론한 결과에 대한 판결및 소감 나누기 모둠에서 토론한 결과 발표하며 전체와 나누기	활동지, 타이머 사회자 멘트
7차시 (글쓰기)	〈인생은 마라톤이 아니다〉 동영상 시청하기 전체 활동에 참여한 소감을 서로 나누어보기 음악을 들으며 미래의 나에게 편지 쓰기(3개 중 1개 선택) - 더 나은 삶을 찾고 있는 나에게 편지 쓰기 - 누군가를 밟지 않으면 오를 수 없는 길을 걷고 있을 나에게 편지 쓰기 - 꿈을 이루기 위해 달려가다 목적을 잃어버린 나에게 편지 쓰기	편지지, 동영상 잔잔한 음악

3. 애벌레들의 자아 찾기

수업을 기획하며 '어떤 방법으로 읽힐 것인가?'를 가장 많이 고민했다. 독서 토론에서 책 읽기는 첫 단추다. 전체 인원에 맞게 책 35권을 미리 준비해 놓긴 하였으나 책 읽기가 잘되어야 이후 연결되는 독서 토론이 원활하게 가능하다는 것을 여러 번의 경험을 통해 아는지라 고민을 거듭하였다.

그래서 2014년에 3학년이 될 아이들에게 2차 지필 고사가 끝난 뒤 자율 독서 시간을 이용하여 미리 읽히며 반응을 살펴보았다. 한 반에게는 각자 1권씩 책을 가지고 혼자 묵독하며 스스로 읽도록 하였다. 시험이 끝난 어수선한 분위기도 있었지만 "선생님 다 읽었어요." 하면서 채 10분을 넘기지 않았다. 제대로 읽고 있는 아이들은 5명도 되지 않았다. 또 다른 반은 몇 페이지씩 친구들과 돌려 읽기를 시도하였다. 그림이 대부분을 차지하긴 하지만 144쪽의 그림책을 한 시간 동안 돌려 읽기로 읽어내는 것이 인내와 인고의 시간인 듯 쉽지 않았다. 목소리가 작거나 웅얼거리는 아이들이 읽을 때는 전달이 잘 되지 않았으며 20분이 지나자 떨어지는 낙엽처럼 아이들의 머리가 책상 위로 떨어지기 시작하였다.

그래서 올해 수업을 기획할 때는 과감하게 읽기 시간을 두 시간으로 할애하였다. 책의 내용 전개상 1~3장, 4~7장의 두 개의 차시로 나누어 20분 읽고 20분 활동하면서 그 차시에 읽은 내용에 대한 내용 확인 활동이 함께 이루어지도록 하였다.

학생들은 책을 읽고 모둠원들과 자연스레 내용 확인을 하며 대화할 시간을 갖고 수행평가의 근거가 되는 결과물도 만들어내야 했다. 전체 7차시 중 1~3차시는 읽은 책의 내용을 정리하는 활동으로 '8컷 만화 그리기'로 이야기의 내용을 재구성하도록 하였다. 이후 내 생각도 만들어보고 그것을 바탕으로 모둠에서 토론을 한 뒤 다시 한 번 글쓰기를 통해 마무리하도록 수업을 디자인하였다. 토론의 형태는 모둠원이 모두 자신의 역할을 가지고 참여할 수 있으며 대립적인 두 입장의 대결 효과를 볼 수 있는 '두 마음 토론'의 형태를 선택하였다.

첫 시간, 국어 시간에만 보던 독서 선생님이 도덕 시간에도 들어온다니 아이들의 눈엔 호기심이 가득했고 "도덕 시간엔 책 읽어요? 토론해요?" 하면서 관심을 표했다. 그런데 "다 할 거야~" 하면서 내민 책이 그림책이라니! 더구나 "에이~" 하던 아이들에게 첫 시간부터 선생님이 책을 읽어준다고 하자 대부분의 아이들은 그냥 혼자 읽겠다고 아우성이었다. 아이들이 아우성을 치며 물어볼 때마다 이렇게 답해주었다.

"여러분이 책을 읽지 못해서 읽어주거나 여러분의 수준을 무시해서 읽어주겠다는 게 아니에요. 선생님이 여러분에게 책을 읽어주는 이유를 들으면서 천천히 책을 음미해보고, 그림도 자세히 살펴보고, 글 속에 숨은 의미도 찬찬히 생각해보라고, 그래서 생각하는 시간을 갖기 위한 하나의 방법이랍니다."

대충 읽은 척 시간을 보냈던 학생들도 어쩔 수 없이 책을 펼 수밖에 없었다. 규칙은 엎드리지 않고 20분 동안 책장을 넘기며 생각하고 살펴보며 듣는 것이라고 하였다.

간단한 작가 소개 후 나만의 원맨쇼가 시작되었다. 책을 읽어줄 때 나름 감정을 넣어서 호랑애벌레가 되기도 하고 노랑애벌레가 되기도 하면서 서툴지만 1인극을 펼친다는 느낌으로 목소리를 바꿔가며 열심히 읽어주었다. 놀랍게도 아이들의 집중도는 숨이 막힐 정도였다. 20분 동안 몇 명의 아이들을 제외하고는 조용히 책 속으로 스며드는 순간이 느껴졌다. 책을 읽어주면서 아이들 사이를 슬며시 이동하며, 조금씩 흐트러지는 아이가 있으면, 어깨를 슬쩍 주물러 주거나 허리를 바르게 펴주기 위해 등을 토닥여주기만 하면 되었다.

1차시에서는 보다 나은 삶을 찾아서 애벌레 기둥을 오르던 호랑애벌레와 노랑애벌레가 자신들이 무엇을 찾아 친구들을 짓밟으며 그 길을 오르는지 회의감을 느끼고, 각자의 길을 찾아 안타까운 이별을 하는 장면까지 읽어주고 모둠 활동으로 넘어갔다. 뒷이야기가 더 궁금해서 끝까지 읽고자 하는 아이들을 말렸지만, 그사이 뒷이야기까지 휘리릭~ 순식간에 읽는 아이들이 있었다.

"에이~ 선생님 애벌레가 나비가 돼서 날아가면서 끝나잖아요. 시시해요. 근데 이걸로 7차시 수업을 해요? 진짜!"

뭐 이런 간단한 그림책으로 그리 오래 수업하냐며 은근 타박을 하는 아이들에게는 "아직 이 책의 매력을 몰라서 그래. 천천히 읽으며 다양한 활동들을 하고 나면 그 속에 숨은 많은 보물들은 우리 것이 될 거야."라고 설명을 해주었다.

4명씩 7~8개 모둠이 형성되었다. 8절 색지를 8등분하여 준비한 작은 종이를 모둠별로 4장씩 나누어주고 그날 읽은 내용을 이야기 4개로 재구성하여 '4컷 만화'로 그리는 활동을 안내하였다. 공동 작업인 만큼 서로 의견을 나누지 않으면 이야기의 흐름이 이어지지 않으므로 결코 쉬운 작업은 아니었다. 중요 장면을 어떻게 나눌 것인지, 어떤 장면을 그려 넣을 것인지, 누가 그릴 것인지 의논해서 채색까지 마쳐야 하므로 20분이 빠듯하였다.

학생들은 시키지 않아도 책장을 다시 넘겨보며 장면을 나누고 이야기를 다시 되짚었다. 한 올 한 올 애벌레의 털을 그리면서 수다를 떨기도 했다.

"힘들다."

"징그럽다."

"작품이다."

"우리 모둠 애벌레가 제일 예쁘다."

처음 4컷 만화를 그릴 때는 다 완성하지 못한 모둠이 여럿 있었다. 4컷이라 간단할 줄 알고 장면 나누기에 열을 올리거나 역할 배분하느라 뜻이 맞지 않아 시간을 허비한 모둠은 그림을 완성할 수 없었다. 책을 읽고 재구성하여 역할을 배분하고 만화를 그리고 색칠하는 과정은 관계가 좋지 않거나 모둠 활동이 원활하지 못한 모둠에게는 버거운 활동이었다.

2차시에는 한 가지 주문을 더하였다. 선생님이 읽어주는 이야기를 들으며 '애벌레가 나라면?'이라는 가정하에 애벌레들의 마음으로 갈등해보고 고민하며 생각하는 시간을 가져보길 당부하였다. 이번에는 애벌레들이 고민하고 갈등하는 장면이 많아 열심히 읽어주며 한 명 한 명 아이들의 반응을 찬찬히 살펴보았다. 이야기가 전개될수록 모두 무언가 생각에 잠긴 모습이 느껴졌고, 1학년 책 읽기 시간에 딴짓만 하며 방해를 하던 학생들도 뭔가 진지한 눈빛으로 책장을 조용히 넘기고 있었다.

나비가 된 노랑애벌레가 아직도 기둥을 오르며 무언가를 찾고 있는 호랑애벌레를 찾아가 함께 나비가 되기를 전하는 안타까운 몸짓과 고치를 만들기 위해 확신 없는 불안한 희망에 갈등하는 장면에서는 함께 안타까워하는 것이 전해졌다. 또한 그림으로만 그려진 마지막 장면의 호랑애벌레와 노랑애벌레가 나비로 만나는 장면과, 목적 없이 끝없이 오르는 애벌레 기둥의 수많은 애벌레에게 희망을 전한 결과 끝이 아닌 새로운 시작을 향해 각자의 길을 찾아 떠나 기둥이 허물어지는 장면에서는 감동의 한숨을 내쉬며 짧은 순간 침묵의 시간을 함께 느꼈다.

학생들은 2차시 모둠 활동에 훨씬 적극적이었다. 이번에도 읽은 내용을 4컷 만화로 재구성하는 활동으로 내용을 확인하는 시간을 가졌는데, 한 번 해본 경험이 있어서 그런지 중요 장면 나누기도 빠르게 진행되었으며 참여하지 않고 딴짓하는 아이들도 거의 없었다. 눈에 띄는 부분이 있다면 잘 그리는 사람이 혼자 그리는 것이 아니라 각자 하나씩 장면을 나누고 색지를 한 장씩 나누어 각자 그리기를 하는 모둠이 늘었다. 이번에도 책을 다시 들춰보고, 돌아가서 다시 읽어보고 친구들과 생각을 나누는 작업을 할 수밖에 없었다.

  책의 그림을 그대로 따라 그리기보다는 재구성하여 다시 그리게 유도하였으나, 거기까지 가능한 모둠은 한 반에 두 모둠 정도뿐이고 대부분의 모둠은 중요 장면 4개로 그림을 선정하고 책의 그림을 따라서 그린 후 말풍선과 설명 글로 재구성하는 정도였다. 한두 모둠을 제외하고는 1~2차시에 걸쳐 8컷의 만화를 모두 완성해내었다.

  3차시에는 활동 속에서 마음껏 수다를 떨 수 있게 하였다. 아직은 불완전한 8컷 만화를 마음에 드는 색의 4절 색지에 붙여서 만화를 완성하는 활동이다. 수행평가인 만큼 평가 기준을 미리 제시하였는데 '책에서 우리들에게 전하고자 하는 주제 의식이 잘 드러나도록 모둠원이 모두 협력하여 창의적으로 재구성하는 것'이었다. 활동하는 모둠 사이를 돌면서 소외되는 친구가 없도록 챙기고 단순한 줄거리 위주로 그림책을 옮겨놓는 활동이 되지 않도록 끌어주었다.

다양한 형태의 만화가 완성되었다. 컷을 배열하는 것도 모둠별로 비슷한 듯하지만 달랐다. 학생들은 다른 모둠과는 다른 '우리' 모둠만의 멋진 작품을 완성하고자 45분을 알차게 활동하였다. 색연필과 사인펜으로 색칠이라도 하며 나름의 역할을 담당했던 친구들 역시 작품이 완성되자 '내가' 한 것처럼 다들 뿌듯해하였다. 너무나 열심히 정성을 기울이는 바람에 평가를 어떻게 해야 할지 조금 걱정되기도 하였다.

이렇듯 3차시에 걸쳐 책을 곁에 두고 바쁘게 활동하는 사이에 책의 내용을 모르는 사람은 없게 되었으며, '내 생각'을 바탕으로 토론을 펼치기 위한 준비운동도 모두 마쳤다.

4. 내 안에 숨어있는 나비를 찾아서

4차시에는 본격적인 토론 수업을 하기 전 나의 생각을 정리해 보는 시간을 가졌다. 개인 활동지를 마련하여 책을 읽고 난 감상을 자유롭게 적거나 감동을 준 구절이나 장면을 찾아 기록하는 과제를 제시했다. 그리고 더 나아가 책에서 '애벌레기둥', '고치', '나비' 등이 상징하는 것이 무엇일지 추론하여 나의 삶과 연결해보는 '브릿지 맵'을 작성하게 했다. 이것은 책의 내용과 '나의' 삶을 연결시켜 확장하는 활동이다.

다음 시간 두 마음 토론을 준비하며 친구들과 토론하고 싶은 주제를 2가지씩 찾아보도록 하였는데, 역시나 '브릿지 맵' 작성하

기와 토론 주제 찾아보기를 매우 어려워하였다. 알 → 애벌레 →
고치 → 나비로 변화하는 과정이 나의 삶과 어떻게 연결될 수 있
는지 다른 친구가 하였던 사례를 제시해주며 안내해주었다. 토론
주제 찾기는 책을 읽으며 궁금했거나 내 생각과 다르다고 생각되
는 장면에서 토론 주제로 가능한 문장으로 만들어보도록 지도하
였다. 학생들은 자유롭게 자신의 소감을 적었다.

이 책은 내가 경쟁하고 서로 이기기 위해 짓밟기보단 자신이
누구이고 자신이 정말로 좋아하는 것을 알아가야 한다는 깨달음
을 주었다. 그리고 노랑애벌레처럼 기둥에 무작정 오르기보다는
용기, 사랑, 변화를 해야 된다는 것을 깨달았다. 한 사람의 변화
의 용기가 얼마나 많은 영향을 끼치는지에 대한 것도 알게 되었
다.

2학년 5반, 비행기 기장이 꿈인 남학생

매일 비슷한 일상을 사는 애벌레가 현재의 삶과는 다른 가치
를 찾는 과정 자체가 나에게는 조금 충격적으로 다가왔다. 매일
학교, 학원, 숙제, 시험을 반복하고 애벌레 기둥처럼 서로 점수로
경쟁하는 우리에게 기둥에서 내려오는 용기를 품고 아름다운 나
비가 되는 호랑애벌레의 이야기는 나에게 새로운 삶의 가치를 알
려주고 안내하는 책 같다는 생각이 든다.

2학년 4반, 여군 장교가 꿈인 여학생

생각을 많이 해야 하고 나도 이런 삶은 말고 새로운 삶을 찾고
싶다

2학년 6반, 그동안 수업에는 거의 참여하지 않고 아무것도 하지 않던 남학생

5. 나의 삶과 연결하여 토론하기

4차시 수업 후 전체 활동지를 취합하여 학생들이 직접 뽑은 토론 주제를 살펴보았다. 2개씩 뽑아보도록 하였는데 많은 학생들이 제대로 찾아내지 못하였다. 많지는 않았지만 찾아낸 토론 주제는 공통되는 것끼리 모아 5차시 활동지에 정리해서 모두와 공유할 수 있도록 하였다. 다른 친구들이 찾은 주제들을 모두 함께 공유하다 보면 사고의 확장이 일어날 수 있기 때문이다. 모아 보니 나도 생각지 못했던 좋은 주제들이 많이 나왔다. 학생들도 관심을 가지고 살펴보고 다음 시간에 토론해보고 싶은 주제는 무엇인지 이야기를 나눠보기도 하였다. 부족하더라도 찾아낸 주제를 가지고 이야기를 할 때 참여하는 자세부터 달라진다. 다음은 아이들이 찾아낸 대표적인 토론 주제들이다.

1. 애벌레들 이야기인데 작가는 왜 제목을 '꽃들에게 희망을'이라고 지었을까?
2. 남이 하는 대로 따라가는 것은 과연 의미가 없을까?
3. 자신의 이익을 위해 다른 애벌레를 밟고 기둥 꼭대기로 올라가는 것은 과연 옳은 것인가?
4. 꼭 경쟁에서 벗어나 꿈을 찾아야 할까? 경쟁은 가치 없는 것일까?
5. 호랑애벌레가 서로 짓밟고 경쟁하는 기둥으로 다시 간다고 했을 때 친구를 말리지 않고 보낸 노랑애벌레의 행동은 옳은 일인가?
6. 노랑애벌레는 왜 자신을 버리고 떠난 호랑애벌레를 기다리고

고치가 되도록 도와줬을까?

7. 호랑애벌레의 말을 듣지 않던 다른 애벌레들에게도 나비가 된
   후 희망을 계속 전해줘야 할까?

　자신이 미처 생각하지 못한 부분까지 생각하고 고민한 친구들
의 토론 주제를 보면서 '아~ 이렇게 토론 주제를 찾는 거구나!' 하
는 반응부터 '이런 생각도 할 수 있구나!' 하는 반응까지 학생들은
무척 신기하다는 반응을 보였다.

　모둠 활동에서는 두 마음 토론을 본격적으로 벌이기 전에 주장
의 근거를 찾아보는 시간을 가졌다. 자신들이 찾은 논제 중 중복
되거나 찬반 논제로 적당하지 않은 것들은 정리하여 제외하고 4
개의 논제로 추려냈다.

1. 자신이 원하는 것을 얻기 위해 다른 애벌레를 밟고 올라가는
   호랑애벌레의 행동은 옳은 것인가?

2. 남들이 가는 길을 같이 가는 것이 옳은가, 나만의 길을 찾는 것
   이 옳은가?

3. 내가 하던 일이 내가 진정으로 원하는 것이 아니라는 것을 알
   았을 때 다시 돌아오는 것이 좋은가, 가던 길을 계속 가는 것이
   좋은가?

4. 호랑애벌레의 말을 듣지 않던 다른 애벌레들에게도 나비가 된
   후 희망을 계속 전해줘야 할까, 전해줄 필요가 없을까?

　모둠 활동은 4개 논제 중 하나를 정해서 각자 역할을 나눠 찬성

또는 반대 이유와 근거를 찾는 것이었다. 반마다 7~8개의 모둠이 있으므로 동일한 논제를 두고 두 모둠이 토론을 벌일 수도 있었다. 그런 경우에는 선착순으로 논제를 배정하였으며, 1번 찬성자, 2번 반대자, 3번 판결자(사회 및 판정), 4번 관찰자(기록 및 발표)로 역할을 나누었다. 이때 논거를 찾기 위해서 1번 찬성자와 3번 판결자, 2번 반대자와 4번 관찰자가 협력할 수 있게 하였다.

5차시는 7개 차시 수업 중 가장 힘든 시간이었다. 처음 수업을 기획할 때는 토론 주제를 정한 뒤 간단한 두 마음 토론 정도는 한 차시에 바로 실시할 예정이었다. 그러나 자신이 무슨 생각을 하는지도 모르고 앉아 있는 아이들과 목소리 한 번 내기 어려워하는 아이들이 대부분을 차지하는 교실에서 토론이 원활하게 진행되려면 5차시와 같은 준비 과정이 꼭 필요하였다. 자기 주장의 설득력을 높이려면 논리적인 이유와 근거를 제시할 수 있어야 한다. 1학년 때 배운 적이 있다는 점을 강조해주고 2명씩 협력하여 찾도록 하였다. 그러나 아이들은 자신이 주장하는 바의 근거가 되는 사례, 통계를 실생활이나 책 속에서 어떻게 찾아내고 써야 하는지조차 몰라 당황스러워 했다. "선생님! 이유는 찾겠는데, 근거는 모르겠어요. 근거는 어떻게 찾아요?" "선생님~" "선생님~" 사방에서 나를 부르는 애절한 목소리가 끊이지 않았다.

교실에서는 통계 자료나 뉴스를 검색하는 것이 어려웠다. 그래서 우리 생활 속에서 비슷한 사례를 찾아보거나 그동안 읽은 책 속에서 근거를 찾아보도록 간단한 사례를 들어 지도했다. 학생들에게 최대한 스스로 찾아보도록 시간을 주었다. 잘하지 못하더라도 힘들다는 그 과정을 경험해보고 스스로 찾은 근거에 대해서만 토론을 해보자고 다독이며 2명이 힘을 합해 2~3개의 근거를 마련토록 하였다. 이런 활동이 토론 연습의 과정이며 사고력을 확장하는 기회이므로 '왜냐하면~'과 '예를 들어~'를 사용하여 이유와 근거를 찾는 과제를 제시했는데, 대부분 실생활과 연결하는 것을 매우 힘들어하였다.

다음 표는 2학년 5반에서 한 모둠이 작성한 토론 준비표이다.

〈표 2〉 독서 토론 찬반 논거

자신이 원하는 것을 얻기 위해 다른 애벌레를 밟고 올라가는 호랑애벌레의 행동은 옳은 것인가?	
찬성 논거	반대 논거
옳다. 왜냐하면 자신의 목표를 이루기 위해서는 어차피 다른 사람과 경쟁을 해서 이겨야만 하기 때문이다. 예를 들면, 운동경기를 할 때 메달을 따기 위해서는 다른 사람들을 제쳐야 한다. 경쟁하는 시대에는 당연한 행동이다.	옳지 않다. 왜냐하면 이기심과 반칙을 사용하여 자신의 이익만을 추구했기 때문이다. 예를 들면, 급식실 앞에서 열심히 줄을 서고 있는데 친구 앞으로 새치기를 하는 것은 다른 애벌레를 밟고 올라가는 것과 같다.
이익이 생겨나지 않으면 여러 사람이 목표를 이루려고 하지 않기 때문이다. 예를 들면, 1인자가 되어야 하는데 아무런 보상이 없고 사회적인 인정이 없으면 의욕이 떨어지기 때문이다.	자신이 원하는 것을 얻기 위해 악한 행동을 하는 것은 옳지 않다. 예를 들면, 육상경기를 할 때 1등을 하기 위해서 다른 친구들 넘어뜨리는 일은 나쁘다.
짓밟힌 애벌레들은 노력하지 않고 게으른 것이다. 짓밟힌 애벌레들도 노력을 했다면 자신들도 짓밟히지 않았을 것이다.	내가 반칙을 해서 1등을 하게 되면 정직하게 뛴 사람들을 볼 면목이 없고 죄책감이 들 것이다. 예를 들면, 다른 친구를 넘어뜨리고 1등을 하였더라도 같이 뛴 사람들이 나를 욕하거나 원망을 할 것이다.

여러 번 설명을 해주고 잘하는 학생들의 사례를 제시해도 막상

찾으려면 또 막막해하였다. 아이들을 지도하면서 나는 사람이 어릴 적부터 자기 생각을 이야기해볼 기회가 많지 않고 그런 경험을 습득하지 못한 상태에서는, 이론적인 것을 안다고 하더라도 체득하는 데 시간이 많이 걸린다는 것을 절실히 알게 되었다. 그래서 학생들에게 스스로 반복하여 생각을 만들어보고 말할 수 있는 기회를 주며 기다려야 함을 다시 한 번 깨달았다.

6차시에는 지난 시간의 토론 준비 표를 바탕으로 '두 마음 토론'[1]을 펼쳤다. 1학년 때는 토론의 이론을 배우고 대표자 토론을 통해 토론 시범을 본 정도였으므로 참석자 모두가 토론에 참여한다는 사실만으로도 두려움과 설렘을 표현하는 친구들이 있었다. 가운데 사회자를 설득하기 위해 찬반 주장을 펼치는 두 마음 토론은 서로 질문이나 반론을 주고받을 수 없으며, 자신의 순서에 맞게 사회자를 설득하는 데 힘을 쏟아야 한다.

사회자에게는 사회자 멘트용 안내지를 주었다. 사회자의 가장 큰 역할이 판정이므로, 토론 판정을 할 때는 어떤 점을 눈여겨보고 평가해야 하는지 안내하였다. 주장을 펼칠 때는 무엇보다 논리성을 갖추는 것이 중요하고, 이를 위해서는 '사실성'과 '관련성', '충분성'을 염두에 두어야 한다는 점과 이에 못지않게 토론에서 상대방에 대한 자세 또한 설득력을 얻는 데 매우 중요한 요소임을 강조하였다.

실제 토론에서는 반별로 분위기가 사뭇 달랐다. 모둠원들이 사

---

1. 두 마음 토론의 절차와 진행 방법은 뒷부분 5차시 활동지에 제시되어 있다.

회자의 진행에 따라 자신의 순서에 맞게 준비표를 보고 읽는 정도에 그치는 반도 있었고, 상대방의 논거에 맞서 반론까지 덧붙여 발언하면서 토론을 즐기는 모둠이 많은 반도 있었다. 토론 수준의 편차는 꽤 컸다. 토론의 결과는 4번 기록자가 활동지에 녹취록을 작성하고 판정 결과와 소감을 덧붙여 모둠별로 발표하는 시간으로 함께 공유하였다.

찬성과 반대 측은 모두 열심히 자신의 의견을 잘 말하였고 아쉬운 점은 반대 측이 반박을 잘하지 못한 점이다. 나는 처음에 찬성이라 생각했는데 반대 측의 입장도 들어보니 일리가 있는 것 같았고 모둠끼리 토론을 해보니 뭔가 뿌듯하였다.

협동심을 기를 수 있어서 좋았고 토론하는 법을 더 잘 알 수 있었다. 서로 간의 의견과 가치관을 같이 알아가며 서로 이해할 수 있는 시간이었기 때문에 기억에 남을 토론이 되었다. 토론 진행을 급하게 서두른 것 같았지만 그래도 모둠 친구들과 짧지만 진지하게 다 같이 참여해서 즐거웠고 재미있었다. 그래도 이유와 근거를 생각하는 것은 너무 어려웠다.

주장에 대한 논거가 다소 억지스러워서 관련성이 떨어지는 문제점과 책 속의 이야기뿐 아니라 우리의 삶과 연관 지은 이유와 사례가 빈약한 점을 피드백해 주었다. 발표 후 모둠별 활동지를 받아서 구체적 근거 제시가 잘된 부분과 연관성이 떨어지는 부분은 다시 한 번 짚어주었다. 모둠별 발표가 끝날 때마다 열심히 참여했던 모습은 아낌없는 칭찬으로, 부족한 부분은 따뜻한 격려로

박수를 보내며 뿌듯함을 함께 나누는 시간이 되었다. 아이들은 토론의 과정에서 내가 생각했던 것보다, 내가 주고자 했던 것보다 더 많은 것들을 서로에게 배우고 익히며 성장하고 있었다.

6. 나비로 날아오를 우리들의 모습을 꿈꾸며

마지막 7차시 수업에서는 조금은 힘들게 달려온 그간의 수업을 정리하며 마무리 글쓰기 수업을 하였다. 책에서 읽은 내용을 되짚어보고, 이야기도 나눠보고, 일상생활과 연결 지어보는 활동을 마무리하며 자신의 삶에 대해 성찰할 필요가 있었다. 이를 위해서는 논리적인 글쓰기보다 자신에 대해 더 꿈꿔볼 수 있는 글을 써야 한다고 생각했다. 그래서 '미래의 나에게 편지 쓰기' 수업을 진행했다.

'인생은 마라톤이 아니다'라는 광고 영상을 시청하고 전체적인 소감을 말하며 마무리를 하였는데, 2분이라는 짧은 분량이지만 그 메시지는 강렬하였다.

《꽃들에게 희망을》이라는 책의 애벌레들을 '인생은 마라톤이 아니다'의 사람들에게 빗대어 비유한 것 같다. 책 속의 애벌레들 처럼 동영상의 마라톤하는 사람들이 사람마다 가는 길이 다르다 는 것을 보여주는 것 같다. 나는 이 영상을 보고 자신이 하고 싶 은 일을 하는 게 가장 좋다는 생각이 들었다.

"우리가 흔히 알고 있는 마라톤은 목적지에 빨리 도달하기 위해 뛰는 것인데 이 영상을 보고 '과연 우리 인생도 마라톤처럼 목적지에만 가면 되는 것일까?'라는 의문이 들었다. 인생의 목적은 한 가지일 것이라고 생각했던 나의 편견을 깰 수 있었고, 나의 인생에 대해 다시 생각해볼 수 있어서 좋았다.

이렇게 영상에 대한 소감을 함께 나눈 후 '미래의 나에게' 편지를 쓰는 시간을 가졌다. 편지를 쓰기 전에 나는 학생들에게 당부하는 말을 했다.

"우리가 세상을 살다 보면 여러 가지 힘든 상황에 놓이게 된답니다. 이럴 수도 저럴 수도 없는 상황에서 열다섯 살 시기에 내가 읽었던 한 권의 책이 미래의 '나'에게 작은 힘이 될 수 있도록 다음의 3가지 상황 중 하나를 선택해서 미래의 '나'에게 편지 쓰기를 해봅니다. 나이는 20대나 30대, 상관이 없습니다. 단, 정말로 진지하게 미래의 '나'를 상상하며 미래의 '나'와 만나보길 바랍니다."

나는 3가지 상황을 다음과 같이 제시했다.

1. 더 나은 삶을 찾고 있는 나

2. 누군가를 밟지 않으면 오를 수 없는 길을 걷고 있을 나

3. 꿈을 이루기 위해 달려가다 목적을 잃어버린 나

3가지 중 하나를 선택하고 편안한 활동이 될 수 있도록 예쁜 색지의 편지지를 준비하고 조용한 음악을 들으며 미래의 나와 만나는 시간을 가져보았다. 아이들은 처음엔 좀 오글거린다고 장난스럽게 떠들었으나 어느 순간 진지한 표정들로 바뀌었고, 교실은 어느새 조용한 노래만 흐르는 공간으로 바뀌었다.

Dear, 더 나은 삶을 찾고 있는 우림이에게!

안녕 우림아? 나는 열다섯 살의 우림이야. 지금쯤 너는 너의 직업과 함께 더 나은 삶을 찾아가고 있을 것 같아. 처음에 찾으려고 노력할 때에는 결코 쉽지 않을 거라 생각해. 그렇지만 나는 네가 끝까지 포기하지 않고 열심히 나아갔으면 좋겠어. 나의 노력을 통해 결과를 얻겠지만 그래도 만약에 힘든 상황에 처했다면 나는 너에게 이렇게 말해주고 싶어.

그 일이 전부가 아니고 나는 나비처럼 날아갈 수 있으며 또 넘어져도 다시 달려갈 수 있고 멋지게 날아갈 수 있다고 말이야. 그리고 나는 지금 비록 애벌레이지만 언젠가 내가 나비가 되었을 때에는 세상을 다 가진 기분과 표정으로 훨훨 날아갈 거야. 그래서 내가 나중에 더 나은 삶을 위해 조금 힘들겠지만 열심히 노력하려고 해. 지금 나는 공부가 너~무 싫지만 그래도 나의 삶을 위한 일이라면 할 만도 한 것 같아. 미래의 나는 걱정이 덜하고 행복한 하루하루를 살아갔으면 좋겠어. 미래의 나는 내가 원하는 일을 하면서 고단하고 지친 하루가 아니라 즐겁고 행복한 직업을 가졌으면 좋겠어.

우림아! 항상 고맙고 사랑해♥

PS. 멋지고 좋은 남친도 꼭 있길 바람. ㅋㅋ

— 열다섯 살의 우림이가 미래의 우림이에게 4교시 독서 토론 시간에

미래의 나에게!

안녕~ 나는 열다섯 살의 너야. 너는 혹시 다른 누군가를 밟으면서 너의 꿈을 향해 가고 있지는 않니? 다른 누군가를 밟으면서 이겼다고 생각하고 즐거워하고 있지는 않니? 그런 너를 위해 이 편지를 써. 너의 꿈을 향해 열심히 가는 것은 대견한 일이야. 하지만 누군가를 밟으면서 가다 보면 언젠가는 내가 밟히는 날이 올 수 있어. 그런 날이 온다면 너는 크게 좌절하겠지? 누군가를 밟으면서 가다 보면 또 내가 밟히지는 않을지 조마조마할 거

교과를 꽃 피게 하는
독서 수업

야. 인생을 그런 마음으로 산다면 너무 지치겠지? 경쟁사회에서 어쩔 수 없는 일로 생각하며 무작정 누군가를 밟는 것보다는 잠시 쉬면서 여유를 가졌으면 좋겠어. 그런 시간을 보내면서 여러 가지 생각을 차근차근 해봐. 미래의 네가 그 길을 걸으면서 하지 못한 생각들이 떠오를 거야. 주변 사람들과도 이야기해보고 같은 처지인 친구들을 보고 공감하고 하는 시간들이 새로운 깨달음을 줄 거야. 더 미래로 가다 보면 그 시간들이 얼마나 가치가 있었으며 헛된 시간이 아니었다는 것을 알게 될 거야. 잠시 쉬는 것은 그 길을 느리게 가는 것이 아니라 더 다양하고 가치 있는 생각을 하는 것이야.

— 2015년 4월, 열다섯 살 혜인이가

진지하게 자신의 미래를 그리며 편지를 써 내려가는 아이들의 모습 하나하나 속에서 숨어있는 아름다운 나비가 새롭게 보이기 시작했다. 그런 의미에서 독서와 함께하는 토론 수업은 나뭇잎만 갉아먹던 애벌레가 나비가 되어 꽃들이 열매를 맺도록 도와주는 것처럼, 교실의 꽃들에게 희망을 전하고 심어주는 수업임이 확실하다!

7. 토론은 올바른 관계 형성과 문화에서 이루어진다

몇 차례 토론 수업을 기획하면서 생각한 것이 있다. 40명 가까운 학생들이 모두 참여하며 즐겁게 할 수 있는 토론의 형태가 무엇인지 찾아내고, 그것이 교과와 자연스럽게 연계되어 수업하는 선생님 또한 힘들이지 않고 접근할 수 있는 모형을 만들어내는 것이었다. 그러나 여러 토론 관련 도서를 찾아보았지만 우리 학교의 아이들 수준에 맞게 활용할 만한 도서는 마땅치 않았다. 대부분 고등학생을 대상으로 수업했던 토론 주제나 내용은 기초학력 부진 학생의 비율이 높고 토론식 수업을 해본 적 없는 학생들에겐 지나치게 어려웠고, 찬반 토론에 대한 부담으로 수업을 설계하는 것이 쉽지 않았다.

토론 수업 초기에는 다양한 형태를 시도해보았다. 3학년 학생들과 국어 시간에 문학작품을 읽고 작품 내용을 바탕으로 찬반 토론을 해보고, 생활에서 토론 주제를 정해 모둠 활동을 한 뒤 모둠별 찬반 토론을 벌이기도 하였다. 2학년 학생들과는 진로 관련 도서를 읽고 주제를 정해 찬반 토론을 시도해 보기도 하였으며, 1학년 학생들과는 성장소설이나 고전소설을 읽고 독서 토론을 해보았다. 하지만 토론 수업이 진행될수록 다음의 중요성을 더욱 느끼게 되었다.

첫째, 토론을 뒷받침해주는 읽기 자료를 읽을 수 있는 독서 시간 확보의 중요성이다. 처음엔 토론 수업이라 하여 형식을 갖춘 찬반 토론을 해야 한다는 부담감에 주로 주제별 토론을 하였으나 배경지식을 키워주고 토론에 대한 말하기 내용을 채워주는 자료를 읽는 시간이 부족해 근거를 깊이 있고 풍부하게 대지 못하게 되어 토론의 질과 수준이 떨어질 수밖에 없었다. 토론의 기초 체력이 없는 아이들에게 토론 능력이 떨어진다고만 탓할 수는 없는 노릇이다.

둘째, 모든 구성원이 참여하고 자신의 역할을 할 수 있도록 이끌어내는 토론 모형에 대한 고민이 필요하다. 무엇보다 토론 시

교과를 꿰뚫는
독서 수업

간은, 자신이 수업의 주인으로서 자신의 활동을 통해 수업을 채우는 특별한 시간이라는 인식이 바탕이 돼야 한다. 학생들의 무기력과 수동적인 자세는 토론 수업을 어렵게 하는 가장 큰 적이다. 누구도 빠짐없이 참여할 수 있는 수업 구조를 찾는 것이 중요하긴 하지만 형식이나 모형에만 매몰되기보다는 다양한 활동 속에서 생각을 만들고 자신 있게 이야기할 수 있는 활동에 대한 방안 모색에 더 힘써야 한다.

셋째, 반 친구들과 자신의 생각을 스스럼없이 나눌 수 있는 관계 형성이 되어야 한다. 상대방에 대한 인정과 존중, 배려가 바탕에 놓이지 않으면 토론의 기본인 '경청'이란 있을 수 없다. 반 전체적인 분위기가 토론을 할 수 있으려면 말하는 사람에 대한 예의를 갖추고 상대방을 인정하는 관계가 되어야 한다. 발표자의 의견에 야유를 보내거나 주제와 상관없는 잡담으로 토론 분위기를 흐리는 경우도 있었다. 반 구성원의 관계가 잘못 형성되어 있는 경우는 토론 수업 역시 흐트러지거나 자신의 생각을 편안하게 말할 수 없어 진행이 잘 되지 않았다. 독서 토론 선생님과 학생들과의 관계도 중요하지만 그 반의 전체적인 분위기 역시 더욱 중요하였다.

5년의 기간을 마무리하며 시간이 걸리더라도, 마음은 급하더라도 천천히 우리 아이들의 발걸음에 맞추어 기본부터 시작하는 것이 가장 중요하다는 것을 아이들과 함께하며 배웠다. 좋은 수업, 완성된 수업에 대한 욕심을 내려놓고 아이들의 상황에 맞아 소화가 가능한 우리만의 수업을 설계할 때, 아이들과 함께 그 시간을 온전하게 즐길 수 있을 것이다.

4차시 활동지

꽃들에게 희망을

1. 이 책은 나에게 어떤 깨달음을 주나요? 책을 읽은 소감과 함께 자유롭게
써보세요.

----

2. 나에게 감동을 준 구절을 찾아 이유와 함께 적어보세요.

3. 책을 읽은 후 가장 인상적인 장면은 무엇인가요? 이유도 함께 적어보세
요.

4. 다음이 상징하고 있는 것은 무엇일까요?

애벌레 기둥	고치를 만드는 것	나비가 되는 것

5. 책과 나를 연결하는 '브릿지 맵'을 완성해보세요(구체적으로 작성하기).

나비	알→	애벌레→	고치(번데기)→	나비→	꽃들에게 희망을
나					

다음 모둠 토론에서 친구들과 토론해보고 싶은 주제를 2가지씩 찾아보세요.

♥_____

♥_____

5차시 활동지

★ 다음 논제 중 하나를 선택하여 '두 마음 토론'을 친구들과 펼쳐보세요

1. 자신이 원하는 것을 얻기 위해 다른 애벌레를 밟고 올라가는 호랑애벌레의 행동은 옳은 것인가? (찬성/ 반대)
2. 남들이 가는 길을 같이 가는 것이 옳은가? (찬성) 나만의 길을 찾는 것이 옳은가? (반대)
3. 내가 하던 일이 내가 진정으로 원하는 것이 아니라는 것을 알았을 때
   다시 돌아오는 것이 좋은가? (찬성)
   가던 길을 계속 가는 것이 좋은가? (반대)
4. 호랑애벌레의 말을 듣지 않던 다른 애벌레들에게도 나비가 된 후 희망을
   계속 전해줘야 할까? (찬성)
   전해줄 필요가 없을까? (반대)

토론 준비표 : 두 마음 토론의 방법 및 규칙

구분	1번 찬성자	2번 반대자	3번 판결자 (사회 및 판정)	4번 관찰자 (기록 및 발표)
이름				

1. 두 마음 토론에서 가장 중요한 것은 찬성과 반대의 당사자는 직접 서로에게 말을 할 수 없다는 것이다. 반드시 판결자에게만 자기 주장과 근거를 말할 수 있다.
2. 찬성자와 반대자는 서로 직접적인 토론을 할 수 없으며, 양측 토론자는 중간의 판결자에게 질문을 할 수 없다.
3. 토론 기회는 양측이 각각 3번 주장과 반론을 펼 수 있다. 30초 내외에서 한쪽의 주장을 마칠 수 있도록 한다.
4. 양측 토론자의 이야기를 들은 판결자가 한쪽의 손을 들어 승자를 정해준다.
5. 승패가 정해지면 관찰자는 판결자 역할을 했던 사람에게 판결의 이야기를 듣는다.
6. 관찰자는 토론의 전 과정을 기록하고 본인이 느낀 점을 간략히 적고 발표한다.
7. 모둠원이 5명일 경우는 판결자가 2명이 된다(3번은 사회, 5번은 판결).

논제					
구분	찬성 측 논증			반대 측 논증	
첫째	이유	왜냐하면 :	이유	왜냐하면 :	
	근거	예를 들자면 :	근거	예를 들자면 :	
둘째	이유	왜냐하면 :	이유	왜냐하면 :	
	근거	예를 들자면 :	근거	예를 들자면 :	
셋째	이유	왜냐하면 :	이유	왜냐하면 :	
	근거	예를 들자면 :	근거	예를 들자면 :	

☞ 근거: 이유를 뒷받침해주는 구체적인 자료
(뉴스, 신문기사, 통계 자료, 전문가 인터뷰, 권위자의 의견……)

1, 2, 3차시 8컷 만화 결과물

교과를 꽃 피게하는
독서 수업

국어 교과 연계 중학교 독서 수업

중학생들에게 그림책
읽어주는 독서 시간

남미선

1. 독서 시간은 자유 시간

국어 시간에 책 읽기 수업을 진행한 지 4년이 지나간다. 국어 수업에서 독서 시간은 국어 교과 교사와 독서지도사가 함께 진행한다. 우리 학교 1학년은 일주일에 국어 시간이 5시간이다. 그 가운데 1시간을 독서 시간으로 배정하여 도서실에서 책 읽기 수업을 하고 있다.

아이들에게 독서 시간은 절대 빠지면 안 되는 시간이다. 어쩌다 교과 시간이 변경되어 독서 시간을 가질 수 없게 되면 아이들의 원성이 높다. 아이들은 이제 독서 시간을 즐길 줄 안다. 도서실은 교실과 다르게 공간이 넓고 쾌적하며 모둠 테이블로 되어 있어 마주 앉아 서로 이야기하고 눈 맞춤 하기에 좋다. 수업 분위기부터 다르다. 교과 수업 시간이 아니기 때문에 긴장하지 않아도 된다. 교사에게 집중하는 것이 아니라 아이들 자신이 주인공이 되는 시간이다.

'어떤 책을 고를까?'

'재미있는 책이 무얼까?'

'다른 친구는 뭘 보고 있나?'

'친구가 추천한 책이 어디 있을까?'

책을 찾고 선택하는 순간부터 '나 자신에게' 초점이 맞춰진다.

그렇게 한바탕 소란이 일고 나면 책 읽기에 여념이 없다. 다행히 자기가 선택한 책이 재미있는 아이는 독서 삼매경에 빠져든다. 읽고 싶은 책이 없거나, 선택한 책이 재미없어 지루하면 다시 다른 책을 고른다. 이렇게 하면 대부분 자신이 읽고 싶은 책을 읽게 된다.

"정말 책만 읽으면 돼요?"

아이들의 이런 질문 속에는 '설마 아니겠지. 어떻게 책만 읽으라고 할 수 있어. 그것도 수업 시간에 소설책을 봐도 된다고!' 하는 의심이 담겨 있다. 그러면서 믿지 못하겠다는 눈초리로 교사를 바라본다. 그런 아이들의 눈초리를 뒤로하고 '책만' 읽게 했다. 그리고 수업 종료 5분 전에 '5분 쓰기' 활동을 진행했다. 각자 자신이 읽고 있는 책 제목과 지은이, 어디까지 읽었는지 쪽수를 기록하고 주인공의 이름이나 기억에 남는 사건 등을 간략하게 정리하도록 했다.

이렇게 학기 초 아이들과 맺은 약속을 지키면서 한 학기 동안 책만 읽는 수업을 계속해나가자 아이들은 교사를 믿고 독서 시간을 즐기게 되었다. 그동안 책을 읽고 나면 으레 하던 독후감 쓰기, 책 내용 이야기하기 등은 전혀 하지 않았다. 오로지 읽는 것에만 만족할 수 있게 분위기를 유도하였다. 그래서일까, 아이들은 독서 시간을 기다리고 도서실에 오는 것을 좋아한다. 일단 책 읽기는 즐거워야 한다.

2. 그림책 읽어주기

독서지도사로 국어 시간에 처음 한 독서 수업은 아이들에게 그림책을 읽어주는 것이었다. 아이들도 그렇고 국어 교사도 독서 시간이 처음이라 무엇을 어떻게 해야 할지 모르는 난감한 시간이었다. 아이들의 읽기 수준이 어느 정도인지, 책에 대한 관심과 흥미는 어떠한지 전혀 알지 못하였기에 먼저 그림책을 읽어주기로 했던 것이다.

아이들은 처음 얼마간 자유롭게 옆 친구나 주변 친구들과 이야기를 하며 집중하지 못하였지만 그림책의 제목과 표지를 살펴보고 곧바로 읽기 시작했다.

> 엄마가 오늘 아침에 죽었다.
> 사실은 어젯밤이다.
> 하지만 난 밤새 자고 있었으니까
> 그동안 달라진 건 없다.
> 나한테 엄마는 오늘 아침에 죽은 거다.
> ......
>
> 샤를로트 문드리크 글, 올리비에 탈레크 그림, 이경혜 옮김, 《무릎딱지》

첫 문장을 읽고 두 번째 문장을 읽기 시작하자 아이들의 술렁거림이 잦아들기 시작하더니, 첫 장의 마지막 문장을 읽기 시작할 때는 아무도 소리내지 않고 집중하며 듣고 있었다. 책을 읽어주는 나도 몰입되어 울컥 감정이 드러나는 순간이 있었다. 이 책을 읽는 내내 아이들 모두 숨 죽이고 듣고 있었다.

《왈왈이와 얄미》를 읽어주면서 "둘이 헤어진 다음 왈왈이가 만나자고 하는데 얄미는 만나러 갈까?"라고 물었다.

"만나러 가지요", "아니요. 안 만날 것 같아요"라며 대답하는 가운데 한 아이가 "서로가 좋아하는 모양의 꼬리를 만들어서 만날

교과를 피게 하는
독서 수업

것 같아요."라고 말했다.

평소 자신의 생각을 표현하는 데 서툴고 부끄러워하던 지연이의 말에 반 아이들 모두 "오~~" 하는 소리와 동시에 지연이를 바라보며 의미 있는 고갯짓을 하였다. 그렇다. 소리 내어 읽어주면 아이들은 그저 멍하니 있는 것이 아니었다. 이야기에만 귀 기울인 것이 아니라 어느새 자신의 마음속 소리에도 귀 기울이고 반응하기 시작한 것이다.

책을 읽어주는 건 내가 좋아하고 잘할 수 있는 독서 지도법이다. 내 아이는 책보다 게임을 좋아하고 축구를 더 좋아해서 일정 시간 한자리에 앉아 있는 것조차 힘들어했다. 그러다 보니 당연히 책 읽는 것을 귀찮아하고 싫어했다. 그런 아이에게 하루에 30분씩 날마다 책을 읽어주었다. 처음에는 한 공간에 같이 있기만 하자고 약속하고, 그것이 어느 정도 익숙해지자 아이와 내가 한 장씩 나눠 읽으며 책에 재미를 붙여가는 방법을 지속적으로 한 적이 있다. 책을 읽어주는 동안 방문 앞에 서서 나갈 시간만을 기다리던 아이가 슬며시 내 옆에 앉아 이야기를 들으며, 글자에 시선을 두기 시작하고, 이야기 내용에서 궁금한 것을 질문하며 책에 관심과 흥미를 보이더니 어느 순간부터 스스로 읽게 되었다. 아이가 스스로 책을 읽게 되기까지 내가 했던 일은 읽어주기와 읽고 싶은 책을 고를 수 있게 아이의 눈높이에 맞는 책을 찾아 주는 것, 그리고 기다려주기였다.

중학생에게 책을 읽어준다? 처음에는 아이들도 선생님들도 모두 의아해하던 일이었다.

"중학생에게 유치하게 책을 읽어주나요?"

"그림책을 읽어줘도 되나요?"

"어떻게 읽어주나요?"

여러 가지 의문을 가질 수 있는 일이었다. 그럼에도 읽어주기를 시작한 것은 듣기를 통해 책의 재미를 일깨워주고 싶어서였다. 구슬이 서 말이어도 꿰어야 보배이듯 주변에 좋은 책이 아무리 많아도 아이들이 읽지 않으면 소용없는 일이기 때문이다.

3. 스스로 선택해서 읽기

2주 정도 그림책을 읽어주면 아이들은 "우리는 언제 책 읽어요?" 하며 책을 읽고 싶다는 의욕을 보인다. 책을 읽고 싶은 의욕은 생기지만 막상 읽고 싶은 책을 찾으라고 하면 무엇을 골라야 할지, 어떤 책이 나에게 맞는지, 자신이 원하는 책이 무엇인지 모른다. 자신이 읽고 싶은 책을 스스로 선택하는 아이들은 거의 없다. 대부분은 "어떤 책이 재미있어요?", "판타지 책 있어요?", "짧은 책 있어요?" 하며 교사가 추천해주기를 바란다.

스스로 책을 찾아서 읽는 평생 독자가 되도록 도와주는 데 추천 도서 목록을 설정하는 것이 좋은 방법은 아니라고 말하는 사람도 있다. 하지만 책을 읽어본 경험이 거의 없거나, 만화나 판타지 소설같이 특정 장르의 책만 좋아해서 읽는 아이들에게 도서실 서고에 들어가 읽고 싶은 책을 스스로 찾으라고 하는 것은 무리라고 생각했다. 2015년 1학기에는 아이들이 조금 더 쉽게, 한 권이라도 읽을 수 있도록 하기 위해 아이들이 좋아하는 소설들을 선정하였다. 그중에서도 아이들의 생활과 비슷한 이야기가 담겨있는 성장 소설 책을 100여 권 정도 찾아 따로 책 수레에 준비해두었다.

중학교 아이들 수준에 맞는 책을 고르고 읽도록 권유해도 읽지 못하거나 읽지 않는 아이들이 많다. 그 가운데 자기가 읽고 싶은 것이 무엇인지 모르고 책 읽기에 흥미조차 느끼지 못하는 아이들을 위해서는 글보다 그림이 더 많이 들어간 《오러와 오도》, 《이름 짓기 좋아하는 할머니》, 《작은 생쥐와 큰스님》 같은 이야기 그림책을 마련했다. 읽고 싶은 마음은 있지만 읽기 능력이 중학생 수준보다 조금 낮은 아이들을 위해서는 《마지막 이벤트》, 《넌 혼자가 아니야》, 《금단현상》 같이 글자가 크고, 글의 양이 적으며 삽화가 있는 책을 준비하였다. 책 읽기를 좋아하고 또래보다 더 많이 읽는 아이들을 위해서는 《여름이 준 선물》, 《목수들의 전쟁》, 《내 이름은 망고》, 《핵 폭발 뒤 최후의 아이들》 등을 선정했다. 선정한 책 가운데 손창섭의 《싸우는 아이》는 약간의 반항심이 겉으로 표현되는 남학생이 잘 읽을 수 있는 책이다. 스스로 책을 고르려는 의지가 없는 아이들을 위해 맞춤책을 권해 주는 것도 중요한 일이었다.

책 읽기 첫 시간은 자기에게 맞는 책을 찾도록 하였다. '내가' 읽고 싶은 내용인지, 글자체나 글 분량이 '나에게' 적합한지 꼼꼼하게 살펴보게 하였다. 그렇게 골랐어도 읽으면서 재미를 느끼지 못하거나 지루해하는 아이들이 있으면 다른 책으로 바꿔 읽게 하였다. 이렇게 하다 보면 습관적으로 바꿔 가기도 하고 책 수레 옆에 앉아 몇 장을 읽다 가져가기도 한다. 하지만 그 가운데 몇몇은 선택한 책을 읽지 못하고 가지고 있기만 하는 경우도 있었다. 다른 책으로 바꾸라고 하면 "괜찮아요." 하며 교사의 시선을 의식하기도 한다. 책을 바꿔보라고 권유하는 것은 매우 조심스러운 일이다. 주변 아이들의 시선을 의식해 왠지 '내가' 친구들보다 못한 것으로 비춰질까 봐 경계하는 행위일 수도 있기 때문이다.

〈표 1〉 1학년 독서 수업 계획

목적	읽고 싶은 책을 스스로 선택한다.		
대상	중학교 1학년 7개 반		
연계 단원	1. 문학 소설 읽기		
총 차시	총 5차시		
내용	읽기 전	표지, 제목, 머리말 등을 읽은 후 책 고르기	1차시
	읽기 중	인상 깊은 내용 정리하며 읽기	2, 3, 4차시
	읽기 후	인상 깊은 내용 정리하기	5차시

4. 사회 문제 해결을 위한 책 읽기

1학년 동안 꾸준한 독서 활동으로 책 읽기에 어느 정도 익숙해진 아이들은 2학년이 되면서부터 한 학기에 한두 번 정도는 교과 단원과 연계하여 독서 수업을 한다. 교과 연계 수업은 새 학기가 시작될 무렵 국어 교사와 협의하여 교과에서 읽기 자료가 필요한 단원을 재구성하여 수업을 설계한다.

2학년 2학기에 재구성한 독서 수업은 국어 3단원 '세상을 향한 목소리' 중 소단원인 '건의합니다'였다. '건의합니다' 단원은 아이들에게 주변에서 일어나는 일과 지역사회 문제, 더 나아가 지구사회에서 발생하는 문제에 대해 관심을 가지게 하고, 그 문제에 대한 의견과 해결 방안을 제시하면서 사회에 참여하는 방법을 알게 하는 것이다.

이 단원의 협력 수업을 위해 국어 시간에는 단원의 이론적 배경과 건의문 쓰는 법을 배운다. 독서 시간에는 과제를 해결할 수 있는 책을 찾아 읽고, 모둠 친구들과 협력하여 문제를 분석하고 해결 방안을 구체적으로 논의한 다음 건의문 쓰기를 한다. 건의문 쓰기를 토대로 아이들은 자기들이 건의할 내용을 동영상 자료, 음악, 그림, 사진 등 다양한 매체 자료를 활용하여 발표한다.

독서 시간 책 읽기

〈표 2〉 2학년 독서 수업 계획

목적	일상생활에서 찾은 문제점을 해결하기 위한 책을 읽고 의견을 발표한다.		
대상	중학교 2학년 7개 반		
연계 단원	3단원 세상을 향한 목소리		
총 차시	총 5차시		
내용	관심 주제 찾기	사회의 다양한 관심사들에 대한 정보가 있는 책을 선택하여 문제점을 살펴보고, 해결 방안을 찾기 위한 정보 책 선택하기.	1차시
	문제 분석 및 정리	건의하고 싶은 주제에 대해 정리한 내용을 바탕으로 개요 짜기 → 활용할 매체 구성 → 준비한 개요를 바탕으로 건의문 쓰기	2, 3차시
	건의문 발표	사진, 그림, 도표, 그래프, 동영상, 만화 등 다양한 매체 자료를 활용하여 3분 말하기	4, 5차시

관심 있는 주제 찾기

1차시는 준비된 정보 책 70여 권 가운데 나의 관심 주제를 찾기 위해 책을 탐색하는 시간이다. 준비된 추천 도서는 학교 도서관에 있는 정보 책 가운데 아이들의 읽기 능력에 적절한 시사 이슈 분야의 책으로, 발표 주제를 자신의 삶과 어떻게 연결할 수 있는지 생각하면서 책을 고르게 하였다.

주제를 찾는 아이들의 모습은 다양하다. 책의 표지와 내용을 펼쳐보는 아이도 있고, 표지만 보고 가져갔다가 교환하는 아이도 있다. 만화만 찾는 아이도 있고, 어떤 책을 읽어야 할지, 무엇을 해야 할지 몰라 서성이며 책을 고르지 못하는 아이도 있다.

책을 찾는 첫 시간은 관심 주제를 찾지 못하는 아이들에게 논쟁거리를 찾을 수 있도록 책 소개를 해준다. 그리고 그 주제가 '지금 나와' 어떻게 연결되는지, 어떤 영향을 주고받는지 실생활의 예를 들어 이야기해준다.

《쓸모 있는 자원 쓰레기》를 선택해놓고 막연히 앉아 있는 선빈이에게 슬쩍 다가간다.

"하늘공원이 어디 있는지 아니?"

"아뇨!"

"그럼 난지도는?"

"알아요. 쓰레기 모아둔 곳이잖아요."

"그렇지. 그 난지도가 하늘공원이 된 거야. 그 이야기를 이 책에서 해주는 거지."

"그럼 어떻게 건의문을 써요?"

"이 책 제목을 생각해보고 내용과 연결하면, 친구들에게 무엇을 하자고 이야기할 수 있을까?"

피임, 낙태와 같은 주제를 선택한 남학생의 주변은 소란스러웠다. 이런 주제를 선택한 남학생은 대부분 반에서 어느 정도 인정받고 있거나 친구가 많은 아이다. 그런데 책을 가져다 놓고 많은 집중을 받지만 자신은 스스로 난감해하며 웃기만 한다. 나는 그 남학생이 청소년기에 알아야 할 필요가 있는 주제를 선택한 용기를 격려해주었다. 어느 정도 책 탐색이 끝나면 오늘 선택한 책의 제목과 지은이를 활동지에 적는다.

건의문 구성하기

2차시에는 지난 시간 선택한 책을 찾아 읽는다. 책을 읽으면서 1차시에 했던 활동지의 구성에 맞추어 내용을 정리한다. 이 책은 우리에게 무엇을 생각하게 만드는지 찾아보고 문제점을 요약해

둔다. 그 문제에 대한 실제적 사례를 찾아 정리하고, 그것을 해결하기 위해 우리 사회가 실제 했던 노력을 찾아 기록한다. 그리고 사회 구성원인 중학교 2학년인 '우리가' 할 수 있는 점을 찾아 정리하게 하였다.

《세계에서 빈곤을 없애는 30가지 방법》을 읽고

○○○

세계에서 일어나고 있는 일 때문에 환경이 파괴되고 인권이 침해되면서 빈곤이 발생하고 있다. 아프리카 어린이들이 노동으로 만든 초콜릿은 아프리카 어린이들이 아침 6시부터 시작하여 하루 12시간이 넘게 일해서 얻은 카카오 열매를 통해 만든다는 사실과 컵라면에 든 팜유의 사례로 팜유를 재배할 때 재배 지역을 늘리기 위해 서아프리카 마을 근처에 있는 우림을 망가뜨려서 원주민들을 고통받게 하고 이주하게 만들어 결과적으로 빈곤을 유발하고 있다. 이러한 문제를 해결하기 위해 첫 번째 사례에서는 아프리카 어린이들의 인권을 생각하는 공정무역 초콜릿을 사거나 아프리카 어린이 노동자를 위해 지원해주는 기업의 초콜릿을 사야 한다. 두 번째 사례에서는 환경과 인권을 생각하는 플랜테이션에서 생산된 팜유만을 쓰는 기업을 찾거나 세제보다는 비누를 사용하자고 하였다. 그 외에 우리들이 노력할 점은 초콜릿 회사에 이메일을 보낸다고 한다. 국제앰네스티 일본 홈페이지에서 아동 노동을 완전히 없애기 위해 적극적으로 행동하기를 요구하는 이메일과 편지를 일본의 초콜릿 회사에 보내는 운동을 하고 있는데 우리도 한국 초콜릿 회사에 비슷한 운동을 하자는 것이다. 그리고 가정에서 수입하지 않고 직접 생산할 수 있는 기름, 쌀 기름, 유채기름, 참기름 등의 사용을 늘리자고 하였다.

3차시는 책의 내용을 토대로 우리 주변에서 찾아볼 수 있는 여러 가지 문제를 찾아보는 시간이다. 아이들의 시선을 사회에서 지역으로, 우리 학교로 시선을 좁혀 집중해보려고 하였지만 너무 확장된 시선이었는지 잘 되지 않았다. 아이들에게 책에 나오는 다양한 문제점 가운데 중학생인 우리가 지킬 수 있는 이야기를 찾아 정리하도록 했다.

1, 2차시 활동지를 작성한 다음 건의문 쓰기와 말하기 발표를 위한 개표를 완성해본다. 교과서에 있는 개요를 복사하여 그동안 읽은 내용과 활동지에 적어둔 것을 토대로 마인드 맵처럼 중심 내용을 요약하고, 활용할 그림이나 사진, 동영상 자료를 기록해둔다.

〈표 3〉 1, 2차시 활동지

1	시흥능곡중학교	학년 반 번 이름	
●우리 생활 속에서 만나는 다양한 문제를 찾아보고 해결하기 위한 방안을 생각할 수 있는 책을 찾아봅시다.			
책이름			
지은이		출판사	
선택한 책이 우리에게 이야기하고 있는 사회 문제는 무엇인가요?			
문제가 생기게 된 원인을 자료에서 찾아 써봅시다.			
사회 문제에 대하여 책에 있는 사례를 정리해보세요.			
문제를 해결하기 위해 사회가 한 노력을 찾아 정리하세요.			
문제를 해결하기 위해서 우리들이 노력해야 할 점을 정리해보세요.			

〈표 4〉 3차시 활동지

2	시흥능곡중학교	학년 반 번 이름
내가 건의하고 싶은 문제를 써 봅시다.		
왜 이런 문제가 생기는지 그 이유를 쓰세요(원인).		
우리 주변에서 볼 수 있는 문제 상황에 대한 사례를 정리해보세요(근거).		
문제 해결을 위해 국가·나·우리가 해야 할 일은 무엇일까요?(해결책)		
건의 대상		
참고도서		

건의문 1, 2차시 활동지 사례

교과를 꽃피재는
독서 수업

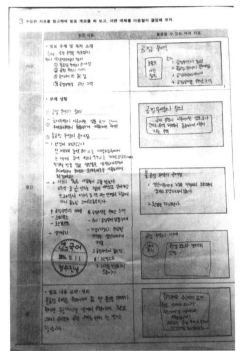

3 수집한 자료를 참고하여 발표 개요를 짜 보고, 어떤 매체를 이용할지 결정해 보자.

건의문 3차시 활동지 사례

내 의견 말하기

　다양한 논쟁거리가 담겨 있는 도서를 스스로 선택하여 읽고, 우리 주변의 여러 가지 문제를 알아보는 시간을 가졌다. 건의문은 독서 시간에 책을 읽고 내용을 정리한 활동지와 선택 도서를 활용하여 완성한다.

　건의문 발표는 교실에서 하였다. 그동안 활동한 내용과 개요 짜기를 바탕으로 작성한 건의문과 가정에서 과제로 만들어온 매체 자료를 교실 모니터에 연결하여 발표한다. 말하기 발표는 수업 시간에 작성한 글을 그대로 읽는 것이 아니라 다양한 매체를 활용하여 설명하는 발표 형식이다. 파워포인트 자료 형식으로 만들기도 하고 영상 자료를 만들어서 인터넷으로 보여주는 아이들도 있었다. 사진 자료를 보여주면서 자기의 의견을 자연스럽게 이야기하는 아이도 있었다.

아이들이 발표하는 모습을 보면서 국어 교사와 나는 매우 놀랐다. 자리에 앉아 듣고 있는 아이들의 자세는 흐트러지지 않았다. 아이들은 집중했으며, 발표를 마친 친구에게 격려의 박수를 보내줬다. 발표하는 아이들 가운데 몇몇은 건의문 사이사이에 연극 대본처럼 효과를 넣기도 했고, MBC 시사 프로그램인 〈PD수첩〉에 나오는 PD 말투를 진지하게 흉내 내기도 했다. 이외에도 넘기며 목차 보여주기, 밑줄 그은 곳 보여주기, 동영상 재생 후 순서대로 읽은 뒤 마지막 문장 강조하기 등과 같은 효과들을 잘 이용하여 짜임새 있게 말하는 모습을 보여주었다.

2학년 4반 영준이가 나와서 '동물원 동물들의 행복'이라는 제목으로 발표를 했다. 영준이는 먼저 간략한 자기소개와 함께 인사를 하고 목차를 보여주었다.

"먼저 동물원의 정의에 대해 알아볼 것입니다. 그런 다음 동물들의 삶, 동물원의 문제점, 동물들에게 끼치는 악영향, 마지막으로 동물들을 위해 우리가 해야 할 일까지 알아보겠습니다."

영준이는 화면을 보면서 밑줄이 그어진 부분을 강조하며 말했다.

"먼저 동물원의 정의를 알아보겠습니다. 동물원이란 일정한 시설을 갖추어 각 지역의 동물들을 관람하는 곳으로 동물의 보호와 번식에 대해 연구하고, 일반인에게는 관람을 통하여 동물에 대한 지식을 넓히고 동물에 대한 애호 정신을 갖도록 오락 및 휴식을 제공하기 위하여 여러 가지 동물을 기릅니다. 그렇다면 정말로 동물원은 동물의 보호와 동물에 때한 애호 정신을 기르기 위해 동물원을 설립한 것일까요? 단순히 우리의 눈을 즐겁게 하기 위해 지은 것은 아닐까요? 동물들이 살아가는 모습을 보시죠."

동물원의 곰과 원숭이가 쇠창살에 머리와 팔을 내밀고 있는 사진과 높은 담을 둘러친 곳에 혼자 있는 모습을 차례차례 보여준 다음 발표를 이어간다.

"동물원 동물들이 행복해 보이나요? 동물들이 행복해 보이지 않습니다. 이처럼 동물원은 문제점이 많은데요. 동물원이 동물들에게 끼치는 악영향을 알아보았습니다. 첫째, 동물원 동물들은 먹이 구걸과 공격적 행동을 보입니다. 둘째, 좁은 공간에서 생활하다 보니 곰과 동물의 경우 몸을 흔들거나 같은 자리에서 뱅뱅 돌거나 자신의 배설물을 먹는 등의 정형행동, 이상행동과 같은 자폐증을 앓는다고 합니다. 셋째, 비좁고 지저분한 시설에서 사료를 먹고 있기 때문에 질병과 피부병에 시달리기도 합니다."
"마지막으로 코끼리가 가장 흔하게 앓는 질병이 무엇인지 아십니까? 관절염과 발 염증이라고 합니다. 그 이유는 딱딱한 콘크리트 바닥에 서 있고, 운동 부족으로 인해 체중이 불기 때문이지요. 이러한 문제점들이 동물에게 어떤 영향을 미치는지 아시나요? 제가 준비한 짧은 동영상을 보여드리겠습니다."

이어서 아이들에게 질문한 다음 준비한 동영상 주소를 입력하여 재생하며 보여주고, 동물원 동물들을 위해 우리가 해야 할 일을 건의하는 내용을 읽었다.

"이렇게 동물원 동물들은 동물원에서 보호받지 못한 채 살아가고 있습니다. 우리는 동물원에서 동물들을 관람하는 것이 아닌 동물들을 보호할 의무가 있습니다. 그러기 위해서 우리들이 할 수 있는 일은 동물원 대신 야생 보호 센터를 찾아가기, 고통 받으며 살고 있는 동물은 보호 단체에 상황 알리기와 우리들이 동물 보호 단체에 가입하여 지속적으로 관심을 가지는 것이라고 생각합니다. 우리가 조금만 동물원 동물들에게 관심을 보인다면 동물원 동물들도 조금이나마 더 나은 생활을 할 수 있을 것입니다. 여러분의 작은 노력과 실천이 동물들을 행복하게 해 줄 수 있습니다. 이상 발표를 마치겠습니다."

영준이는 《동물원 동물은 행복할까?》(로브 레이들로 지음, 박성실 옮김)를 읽고 동물원에서 살고 있는 동물들의 숨겨진 삶을 보고 나서 새로 알게 된 사실을 친구들에게 알려주었다. 그와 더불어 우리들 주변에 살고 있는 동물들 가운데 고통 받고 있는 동물에게 관심을 가지고 보살피자고 건의하였다.

독서 시간에 읽은 책 한 권으로 아이들은 새로운 시각을 가지게 되었다. 이 책을 읽기 전까지 영준이는 동물원은 즐겁게 소풍가는 놀이동산으로 알고 있었다면 앞으로는 동물원의 동물들이 덜 고통 받으면서 살 수 있는 환경을 만들어야 한다는 생각도 함께 하게 될 것이다.

5. 재미있는 독서를 위해

'말을 물가로 끌고 갈 수는 있지만 물을 마시게 할 수는 없다.'라는 말이 있다. 스티브 크라셴은 《크라셴의 읽기 혁명》에서 말을 끌고 간 그곳에는 반드시 물이 있어야 한다고 했다. 그곳에 물이 있어야 결국 말은 그곳에 가서 물을 마실 수 있기 때문이다.

아이들 주위에는 살면서 접할 수 있는 다양한 매체와 자료, 텍스트가 있다. 그 가운데 책도 포함된다. 그런데 아이들에게 가장 재미없는 것을 꼽으라고 하면 단연 책이다. 보통의 아이들에게 책 읽기는 귀찮고 재미없는 활동이지만 우리 학교 아이들에게 독서 시간은 기다려지는 시간이고 빠지면 안 되는 시간이다. 크라셴의 말처럼 아이들은 독서 시간 때문에 책이 많은 도서실에 온다. 재미없고 귀찮지만 '독서샘'이 추천한 책을 책상 위에 펼쳐놓고 의미 없는 눈빛을 보내고 있기도 한다.

나는 약간은 '억지로' 아이들을 책이 있는 물가로 오게 만들었다. 그것을 통해 적극적으로 읽지는 않더라도 책의 제목 정도는 알게 되었고, 간혹 눈에 들어오는 문장도 접했다. 도서관에서는 아이들 사이에 "야, 이거 괜찮아, 재미있어!", "너 이 책 읽어 봤어? 꿀잼!", "난 이게 슬프더라. 너 함 읽어봐." 하는 말과 함께 추천 도서 목록이 오고간다. 지금 당장 물이 먹고 싶지는 않아도 언젠가 목이 마르면 물을 찾아 마시듯이, 우리 아이들도 자기가 필요한 때가 되면 꼭 책을 찾아 읽을 것이라고 믿는다. 그러한 시간을 위해 나는 아이들에게 책을 읽어준다.

2학년 국어 교과 건의문 발표 준비를 위한 도서 목록

	책 이름	지은이	출판사	권
1	노빈손, 이상기후의 정체를 밝혀라	장은선	뜨인돌	3
2	위기의 밥상, 농업	서경석	미래아이	2
3	아빠와 함께 찾아가는 쓰레기 산의 비밀	서진석	초록 개구리	2
4	SOS! 지구 - 어린이 환경 교과서	가브리엘레 살라리	혜문서관	2
5	지구가 뿔났다	남종영	꿈결	2
6	오늘의 지구를 말씀드리겠습니다	김추령	양철북	2
7	생명을 살리는 윤리적 소비	정원각	상수리	2
8	우리가 지구를 착한별로 만들거야	마라 록클리프	명진출판사	2
9	투발루에게 수영을 가르칠 걸 그랬어	유다정	미래아이	2
10	지구를 살리는 7가지 불가사의한 물건들	존 라이언	그물코	2
11	플러그를 뽑으면 지구가 아름답다	후지무라 아스유키	북센스	2
12	세상을 바꾸는 아이들	안 얀켈리오비치	파란자전거	2
13	쓸모 있는 자원 쓰레기	한미경	주니어김영사	2
14	동물원 동물은 행복할까	로브 레이들로	책공장더불어	2
15	에코 플래닛	발레리 라슈노 외	한울림어린이	2
16	그린가이드	데이비드 스즈키 외	도미노북스	2
17	그린틴즈	젠 세비지	이지앤	2
18	여우와 토종씨의 행방불명	박경화	양철북	2
19	열두 달 환경 달력	임정은	길벗스쿨	2
20	거꾸로 생각해봐 세상이 많이 달라 보일걸	홍세화 외	낮은산	3
21	국경 없는 마을	박채란	서해문집	2
22	십시일반	박재동 외	창비	1
23	세계에서 빈곤을 없애는 30가지 방법	다나카 유 외	알마	1
24	꼭 싸워야 하는 걸까?	니커 워커	다른	1

		책 이름	지은이	출판사	권
25		왜 세계의 절반은 굶주리는가	장 지글러	갈라파고스	2
26		우리는 평화를 배운다	이자벨 부르니에	아이세움	1
27		사람답게 아름답게	차병직	바다출판사	1
28		어깨동무	정훈이 외	창비	1
29		세상에 대하여 우리가 더 잘 알아야 할 교양 : 사형제도	케이 스티어만	내인생의책	2
30		넌 네가 얼마나 행복한 아이인지 아니?	김혜란	국민출판	2
31		동물권, 인간의 이기심은 어디까지일까?	캐서린 그랜튼	이후	2
32		사이시옷	정훈이 외	창비	2
33	세상에 대하여 우리가 더 잘 알아야 할 교양	비만	클린 힌슨	내인생의책	1
34		관광 산업	루이스 스필스베리		1
35		사형제도	케이스 티어만		1
36		군사 개입	케이스 티어만		1
37		낙태	재키 베일리		1
38		피임	재키 베일리		1
39		유전공학	피트 무어		1
40		인권	조셉 헤리스		1
41		프라이버시와 감시	캐스 센커		1
42		공정무역	아드리안 쿠퍼		1
43		소셜네트워크	로리 하일		1
44		동물실험	페이션스 코스터		1

교과를 꽃 피게하는
독서 수업

일반계 고3 학생들과 함께하는 독서 수업

꿈을 꾸게 하는 독서,
진학을 뛰어넘는 독서

박세화

1. 고3 학생들에게게 적합한 독서교육 계획

"저는 독서 수업하러 왔는데, 고3 구술 수업으로 배정됐다고
요?"

시흥에 온 지 2년 차로 접어들면서, 올해는 좀 더 내실 있는 독
서 토론 수업을 해보자고 각오를 다지고 있었는데, 부장님께서
2014년 1학기는 고3, 창의적 체험활동 중 구술 시간으로 배정되
었다고 해 적잖이 당황스러웠다. 일반계에서 제일 중요한 학년이
고3인데 학생들의 독서 활동이 부족해 자기소개서를 쓰는 데 애
로점이 많다며, 독서 활동과 연계한 자기소개서 수업을 만들어달
라고 요청하신 것이다. 일반계 고등학교에서 나에게 원하는 것은
결국 진학지도였다. 기존의 수업 방식과 다른 독서 토론 수업이
교육의 새로운 대안이 될 것이라 자부하며 이곳에 왔지만, 독서
토론 수업이 학생들의 생각하는 힘을 기르는 가치 있는 수업일지
라도 일반계 고등학교의 현실에서는 당장의 대학 입학 시험 준비
와 연결되지 않으면 무의미한 것으로 치부되었다.

그러나 이상과 현실의 괴리는 어디에나 있는 현상 아닌가? 학
교의 상황과 요구에 맞는 다양한 독서 프로그램을 개발하는 것도
독서 교사의 전문성이라는 생각이 들었다. 대학원에서 독서 이론
과 다양한 독서 수업모형을 습득했다면, 현장에서는 학교 상황,
학생들의 수준, 요구를 고려해야 한다. 이론을 기반으로 한 독서
프로그램을 구안하는 능력을 보여줄 수 있어야 하는 것이다.

이곳은 일반계 고등학교이므로 진학에도 도움이 되고 사고력

도 키울 수 있는 독서 활동 프로그램을 만들 필요가 있었다. 마음을 다잡고, 고3 학생들의 상황을 파악하기 시작하였다. 4년제 대학 진학을 준비하는 학생들의 90% 정도가 수시로 원서를 쓰며, 대부분 학생부종합전형을 준비하고 있었다. 학생부종합전형에서는 '전공 적합성(전공에 대한 관심과 열정)'을 가장 높은 평가 기준으로 삼기 때문에, 학생들이 조기에 진로를 정하고 그와 관련된 교내 활동과 독서 활동을 준비할 필요가 있었다.

그래서 고민 끝에 잡은 프로그램이 '홀랜드 기반 진로 독서 프로그램'이었다. 학생들의 진로에 맞는 도서 목록을 구비하여 독서 활동을 장려하며, 아직 진로를 결정하지 못한 학생들에게는 홀랜드 유형에 기반한 도서 목록을 추천해주고 독서 활동을 통해 구체적인 진로 계획을 짜보는 기회를 제공하는 수업이었다. 그리고 그 진로 독서 활동의 결과물이 나올 수 있도록 '관심 분야 탐구 보고서 대회'도 함께 계획했다. 자기소개서에서는 '개성 있는 나만의 스토리'가 나와야 되는데, 이는 진로와 연계된 교내 활동 경험을 통한 학생의 성장이 밑바탕 되어야 했다. 그래서 꿈을 키워나가는 의미 있는 경험을 할 수 있는 길을 열어주고 싶어 교내 대회까지 계획하게 되었다.

2. 독서는 단지 입시를 위한 수단인가?

첫 시간의 제목을 '독서 활동으로 대학 가기'라고 잡고, 진로 독서 활동을 자기소개서에 녹여낸 사례, 면접 때 독서 활동이 바탕이 된 풍성한 답변으로 대학에 합격한 사례를 소개해주었다. 나는 학생들에게 서울대학교의 자기소개서 항목을 소개해주면서 '자신에게 가장 큰 영향을 주는 책 3권'을 적어야 하는 영역이 있다는 것을 보여주었다. 그리고 합격생들 대다수가 여기에 자신이 지망 학과에 관심을 갖게 된 책을 1권씩 적었다는 사실을 전하며 진로 도서 읽기의 중요성을 강조하였다. 다른 대학에서도 자기소개서의 독서 활동을 의미 있는 교내 활동으로 평가하고 있으며, 면접 과정에서도 기억에 남는 전공 관련 도서 한 권을 소개하도록 요구한다는 점도 설명해주었다. 이러한 설명은 대학 입시에서 비교과 활동 중 독서 활동이 주요한 평가 대상이라는 것을 알려주기 위한 것이었다. 그래서 '다독'에 치중하기보다는 '정독'하면서 '새롭게 깨달은 점', '나에게 주는 의미'가 무엇인지를 파악하며 읽어야 한다는 점을 강조했다.

그리고, 아이들에게 한 명씩 희망 학과를 물었다. 학생들의 표정은 어두웠다. 오히려 나에게 질문을 쏟아내기 시작했다.

"아직이요. 내신 나오는 거 보고 정하려고요. 철학과나 아랍어과 가는 건 어떨까요?"

"공무원 되기 많이 어렵나요?"

"어떤 직업이 돈을 많이 버나요?"

"선생님, 꿈이 없는 저희가 좀 한심한가요?"

사실 당황했지만, 선생님도 고3 때 지금처럼 독서 선생님이 되어야겠다고 결심한 건 아니었다면서 자연스러운 현상이라고 다독여주었다.

나는 심호흡을 하며 이 반의 우등생인 한 친구에게도 물었다.

"너는 꿈이 뭐니?"

"은행원이요."

"왜지?"

"돈 많이 벌잖아요."

"근데, 인생의 목표가 돈은 아니잖아."

"저는 배고픈 소크라테스보다 차라리 배부른 돼지가 되겠어요."

아직 3월인데 교실이 숨 막히게 답답했고, 등허리에 땀이 흘렀다. 아이들의 생각이 '성적'이나 '대학'이라는 프레임, '돈'과 '안전성'이 최고라는 가치관에 갇혀 진짜 자신의 꿈이 무엇인지 자기 내면의 목소리에 귀 기울여 제대로 그려보지도 못하고 있다는 생각이 들었다. 세상의 잣대에 휘둘려 진로를 선택하면 과연 행복한 삶을 살 수 있을지, 또한 이들이 우리 사회의 올바른 리더로 성장해나갈 수 있을지 의구심도 들었다.

그런데 아이들의 일그러진 모습은 물질만을 중시하는 사회 분위기, 학벌 위주의 사회 속 과열된 입시 경쟁, 획일화된 주입식 교육 방식에 기인한 것이었다. 이것은 오롯이 기성세대의 책임이라는 생각이 들었다. 그리스·로마 신화의 '프로크루스테스의 침대'처럼 우리는 아이들을 침대 길이에 맞추어 침대 길이보다 짧으면 다리를 잡아 늘이고, 길면 잘라버리려고만 하진 않았을까? 제대로 자기 키만큼 자라보지도 못했는데 말이다.

생각해보면 내가 첫 수업에 학생들에게 제시한 자료도 독서 활동을 스펙으로 삼아 어떻게 하면 좋은 대학에 들어갈 수 있을까를 설명해주는 내용에 불과했다. 나는 철저히 반성하고 진학이 아니라 다시 진로에 대해 얘기하고 싶었다. 아이들이 스스로 자신이 어떤 사람이고, 무엇을 좋아하고 잘하는지 탐색하며, 자신의 가치관을 재정립하는 기회를 주고 싶었고, 아이들의 눈높이에서 학벌이 전부가 아닌, 더 넓은 세상을 보여주고 싶었다. 독서 선생님답게 책을 매개로 자아 성찰의 기회와 다양한 직업 정보를 제공하고, 직업 분야나 삶의 롤모델을 만날 수 있는 기회를 만들어서 진로를 개척하는 데 도움을 주어야겠다고 생각했다. 이를 위해 '독서 활동으로 꿈에 날개 달다!'라는 프로그램을 정하고, 총 12차시를 계획했다.

〈표 1〉 독서 활동으로 꿈에 날개 달다!

차시	프로그램 제목	활용 도서
1차시	행복과 직업(직업 가치관) - 꿈과 직업이 일치한 행복한 직업인 이야기 - 모둠 토론 : 직업선택 시 제일 중요한 가치는?	《진짜 너의 꿈을 꿔라》(권오철) 《미스터, 나이팅게일》(문광기)
2차시	나를 찾아 떠나는 여행(자아 탐색) - 간이 홀랜드 검사 실시 - 홀랜드 유형별 직업 흥미 특성 및 추천 직업 설명 - 모둠 활동 : 흥미, 적성, 능력 분야 공유하기	간이 홀랜드 검사
3차시	직업 세계로의 여행(진로탐색) - 미래 유망 직종 소개, 진로 카드 만들기로 관심 직종 및 학과 정보, 롤모델 알기 - 모둠 활동 : 새로운 직업 만들어보기	《세상을 바꾸는 천 개의 직업》(박원순) 《십대를 위한 직업 백과》(이랑) 《유망 직업 백과》(김상호)
4차시	내가 그리는 나의 미래(진로 장애물 넘기) - 성적, 학벌, 취업난 등 진로 장애물을 뛰어넘은 성공한 직업인 이야기 - 진로 장애물을 뛰어넘는 진로 계획 세우기 (학과, 직업 선택)	《광고천재, 이제석》(이제석)

차시	프로그램 제목	활용 도서
5차시	진로 독서 선정 및 읽기 1	홀랜드 유형별 직업 추천 도서
6차시	진로 독서 읽기 2	홀랜드 유형별 직업 추천 도서
7차시	진로 독서 읽기 3 및 독후감 쓰기	홀랜드 유형별 직업 추천 도서
8차시	진로 독서 독후감 발표하기 - '책이 나에게 미친 영향'을 중심으로 발표하기	홀랜드 유형별 직업 추천 도서
9차시	관심 분야 탐구 보고서 작성하기 1 - 주제, 제목 및 목차 선정하기(컴퓨터실)	
10차시	관심 분야 탐구 보고서 작성하기 2 - 자료 조사 및 실전 쓰기(컴퓨터실)	
11차시	관심 분야 탐구 보고서 대회 1 - 탐구 보고서 파워포인트로 발표하기	
12차시	관심 분야 탐구 보고서 대회 2 - 탐구 보고서 파워포인트로 발표하기 - '창의성, 심층성, 성실성'을 기준으로 반별로 시상하기	

3. 고3, 다시 진로를 논하다!

1차시 수업에서는, '직업 가치관 정립하기'라는 학습목표를 가지고, 학생들에게 다양한 직업의 가치관을 제시하여 자신이 추구하는 가치를 선택하게 하였다. 직업 가치관은 직업에 대한 개인의 관점, 시각을 의미하는데, 직업 선택의 기준이 되며 내적 가치관과 외적 가치관으로 나뉜다. 여기서 내적 가치관이란 직업 활동 자체에서 얻는 만족에 의미를 두는 것으로 흥미, 적성, 창의성, 지적 자극, 자아실현, 봉사성을 포함한다. 외적 가치관은 직업 활동의 결과로 얻는 만족에 의미를 두는데, 보수, 명예, 사회적 인정, 안전성을 포함한다. 특히 내적 가치관에 맞는 직업을 선택할 때 직업 만족도가 높아진다는 연구 결과를 소개해주었다. 내적 가치관에 맞게 직업을 선택해서 행복해진 직업인을 소개하기 위해 《진짜 너의 꿈을 꿔라》(권오철), 《미스터, 나이팅게일》(문광기)의 내용 가운데 일부를 발췌해서 나눠주었다. 그리고 책 내용을 바탕으로 다음과 같은 논제를 뽑아 모둠 토론을 진행하였다.

〈표 2〉 직업 가치관 정립을 위한 모둠 토론 논제

- 한국 사회에서 명문대를 가야 성공하는가?
- 직업 선택의 제1 기준은 돈인가?
- 꿈 따로! 직업 따로! 행복한 삶일까?
- 직장이 중요할까? 직업이 중요할까?
- 200만 원 버는 환경 운동가가 행복할까? 1000만 원 버는 치과 의사가 행복할까?

'우리나라 1호 천체 사진가', '남자 간호사'라는 새로운 직업들을 개척하며 행복하게 살아가는 직업인들의 이야기를 제시하고 모둠 토론을 시켜보니, 학생들이 '돈'보다는 자신이 하고 싶은 일을 찾고 싶다는 소신을 내놓기 시작하였다.

2차시 자아 탐색 시간에는 간이 홀랜드 검사[1]를 실시하고, 홀랜드 유형별 직업에 대해 소개해주며, 같은 유형 모둠별로 모여서 자신이 좋아하는 분야, 잘하는 일 등에 대해 공유하는 시간을 주

---

1. 미국의 저명한 심리학자인 홀랜드(Holland)가 개발하였으며, 직업 흥미를 6가지 유형으로 나누고 그와 관련된 직업군을 분류한다. 직업 흥미를 R형(현실형), I형(탐구형), A형(예술형), S형(사회형), E형(진취형), C형(관습형)으로 구분한다.

기도 하였다. 6개의 유형만으로는 직업 흥미 분야를 나누는 데 변별력이 크지 않았기 때문에 고민이 되었다. 문과 여자반은 S형(사회형), A형(예술형)이 대부분을 차지하였고, 이과 남자반은 I형(탐구형), R형(현실형)이 대다수였기 때문이다. 그래서 4명 정도가 한 모둠이 되게 해 학생들이 각자 자신의 이야기를 할 시간을 넉넉히 가질 수 있도록 1순위, 2순위까지 포함하여 직업 유형을 SA형, SI형, AI형 등으로 세분화하였다.

3차시 '직업 세계로의 여행' 수업에서는 다양한 직업 세계를 제시하고, 새로운 직업 분야를 개척할 수 있는 활동을 제시하였다. 《한국직업사전》에 등재된 직업의 개수는 1만 2천 개이지만, 학생들이 아는 직업은 100여 개를 넘지 않는다고 한다. 그래서 《십대를 위한 직업 백과》(이랑), 《유망 직업 백과》(김상호)에서 관심 있는 직업 3개를 골라 직업 카드를 만들게 했다. 그리고 《세상을 바꾸는 천 개의 직업》(박원순)을 소개하며, 청년 실업난에 대처하기 위해 젊은 상상력으로 미래 직업을 개척하는 정신이 필요하다는 것과, 새로운 가치를 창조하는 '1인 최고경영자(CEO)'가 되어야 한다는 점을 설명했다. 책에 서술된 내용을 빌려 동물에게 유일한 삶의 목표는 생존이지만, 사람은 생존을 넘어 추구해야 할 가치가 있으며, 직업도 그런 가치를 실현해야 하는 수단이 됨을 강조하였다. 모둠 활동으로 시대 트렌드에 맞는 '새로운 직업 창조하기'를 제시했는데, '고령화 시대―노인 레크리에이션 지도사', '안전 사회 구현―안전 통합 애플리케이션 개발자', '글로벌 시대―퓨전 한식 요리 연구사' 등 새로운 직업에 대한 아이디어가 나오기도 했다.

직업 카드 만들기 모둠별 활동

4차시 '내가 그리는 미래'에서는 자신의 진로 장애물을 뛰어넘어 진로 계획을 최종적으로 결정하고, 그 계획을 발표하는 시간을 가졌다. 관련 도서로는 《광고천재 이제석》(이제석)으로 지방대 출신, 무경력, 취업난 등 진로 장애물을 열정과 노력으로 뛰어넘어 국제 광고 공모전에서 메달을 따낸 광고 기획자 이야기를 했다. 아이들에게 자신의 진로 장애물이 무엇인지 물어보았는데, 대부분 '성적'이라고 답했다. 그러나 '정신과 의사'가 되고 싶다는 학생은 '성적'이 걸림돌이 되면 심리학과에 진학해 '임상심리사'로 도전해보겠다고 하였고, '수의사'가 되고 싶은 학생은 진학에 실패할 경우, '생명공학과'에 가서 멸종되어가는 동물을 복원하는 생명공학 연구원이 되겠다고 하였다. 발표한 학생들이 당면한 진로 장애물을 넘어 나름대로 타협점을 찾으면서 자신의 흥미 분야를 놓치지 않으려고 해서 대견하다는 생각이 들었다.

교과를 꽃 피게하는
독서 수업

5차시 수업은 진로 독서 수업을 시작하면서 "도서실에 만 권의 책이 있으니, 자신의 꿈과 관련된 관심 분야의 도서를 골라보자." 며 책을 찾아보고 선택할 수 있는 기회를 주었다. 그런데 아이들의 요구 사항이 쏟아지기 시작했다. 남자 반에서는 도서관에 구비되지 않은 컴퓨터, 자동차, 기계, 보건 분야 관련 특정 직업군의 도서를 요구하기 시작했다.

"화이트 해커가 되고 싶은데 컴퓨터 관련 책은 문제집밖에 없어요. 안철수 이야기는 이미 읽었고요. 다른 책은 없나요?"

"항공 정비사나 자동차 정비사와 관련된 기계책은 없나요?"

"축구 국가 대표팀의 물리치료사가 되고 싶은데, 물리치료 관련 도서가 있나요?"

여학생 반에서는 평소 관심사를 반영하듯 뷰티 · 미용 분야 직종을 원하는 아이들이 많았다. 여학생들은 그와 관련된 책을 요청하기도 하였고, 인기 직종인 '호텔리어', '작곡가' 관련 도서도 찾았다.

"저는 안양대 화장품발명디자인학과에 갈 거예요. 화장품 관련 직종을 다루는 책은 없나요?"

"선생님, 헤어 디자이너가 되고 싶어요. 미용 자격증 책 읽어도 되지요?"

"호텔리어 되고 싶은데, 호텔리어 책 있어요?"

"실용음악과 가서 작곡가가 되고 싶은데, 작곡가 책 있나요?"

"선생님, 저는 비서가 돼서 취업하려고 해요. 그와 관련된 책은 없나요?"

"그냥 보육교사가 되려고요. 어떤 책을 읽어야 해요?"

쉴 새 없이 쏟아지는 요구에 아무리 머리를 굴려도 도서관에는 직업 관련 도서가 턱없이 부족하였다. 또한 나는 직업 수명이 짧은 '비서', '보육교사' 직업을 원하는 학생들의 미래가 걱정이 되었다. 꿈의 크기만큼 성장할 수 있는데, 자신의 무한한 가능성을 믿고 도전하기보다는 지금 당장 쉬운 길에서 안주하려는 모습이 보였기 때문이다. 게다가 이 아이들이 살아갈 시대는 100세 시대가 아닌가. 이들이 긴 안목을 가지고 진로를 설계하며 도전하는 힘을 키워줘야만 했다.

그래서 나는 낮은 자아 존중감을 회복시켜줄 수 있는 책, 새로운 도전 정신을 불러일으킬 수 있는 책, 미래의 유망 직종 및 다양한 직업 세계에 대해 탐색할 수 있는 책, 기계·보건·미용 등 특정 직종에 맞는 도서 등을 시급히 구비해야 한다고 생각했다.

시흥혁신지구사업으로 교육청에서 혁신 도서 지원비 100만 원을 지원받았는데, 이 예산으로 진로 도서 100권을 주문하기로 결심하였다. 《이 책 읽고 원하는 대학 가자!》(이숙현 외)와 대학들의 추천 도서 목록을 참고하여 구매할 도서를 선정했다. 그리고 구매하기 전에 발품을 팔아 도서관, 서점 등을 찾아가 미리 책 내용을 직접 읽고 검토했다.

먼저 학생들의 읽기 수준을 고려하여 지나치게 난도가 높은 전공 도서는 배제했다. 주로 해당 분야에서 역경을 극복하고 뛰어난 업적을 이룬 인물이 소개된 전기문이나 자서전, 대학 학과를 소개하는 정보를 담은 책, 지망 전공에 대한 배경지식을 확장할 수 있는 책, 생생한 직업 현장의 목소리를 담은 책을 샀다. 또한 기발한 아이디어로 새로운 가치를 창출하고 자신의 재능을 활용하여 사회에 공헌한 사람들에 관한 책도 구매했다. 이렇게 해서 66개의 직업과 관계된 111권을 구비하게 되었다.

물론 나는 아직도 꿈이 없다고 조심스럽게 손들던 학생들이 걱정되었다. 어떤 반에서는 그런 학생들이 10명이나 나오기도 했다. 그런데 다행히 2차시 때 간이 홀랜드 직업 흥미 검사를 실시해서 자신의 유형을 알고 있는 학생들이 많았다. 이들을 위해 도서 목록을 홀랜드 직업 흥미 유형별로 짜서 안내하기로 하였다. 즉 자신의 홀랜드 유형을 말하면, 그와 관련된 직업의 종류를 소개하고, 관심 있는 직업을 선택하면 관련된 도서를 안내하는 형식으로 진행하는 것이다(홀랜드 유형별 111권의 도서 목록은 '참고 자료'에 제시해놓았다).

4. 책 한 권이 너희에게 미친 영향은?

독서 수업을 하려고 도서실로 이동 수업을 진행하면, 생각보다 아이들이 책을 읽지 않고 서가 사이를 뛰어다니며 장난을 치거나 책만 어지럽히는 불상사가 발생해 혼을 내야 할 때가 종종 있었다. 그런데 이렇게 홀랜드 유형별 도서 목록을 꾸리고 진로 독서 수업을 진행하니 아이들이 책에 대해 관심을 보였고, 자신의 미래와 진로에 대해 진지한 탐색을 하기 시작했다. 자기가 먼저 읽겠다고 다툴 정도로 책 욕심을 내며, 한번 펼쳐들면 무섭게 몰입하는 장면을 볼 때, 직업 흥미를 고려한 개인별 맞춤 책이 효과적임을 실감했다. 이과반 남학생들에게는 《공학이란 무엇인가》(성풍현), 《로봇 다빈치, 꿈을 설계하다》(데니스 홍) 같은 공학 분야 책이 인기가 많았다.

문과반 여학생들, 특히 보건 계열 학생들은 《사랑의 돌봄은 기적을 만든다》(김수지)를 돌려보며, 간호사도 박사가 될 수 있고, 사랑과 헌신으로 사람을 살리는 일이었다며 매력을 느끼기도 하였다. 또한 《할머니 의사 청진기를 놓다》(조병국)도 인기가 많았는데 홀트아동병원에서 버려진 아이들의 엄마이자 주치의 역할을 한 할머니 의사 이야기가 감동적이라고 감탄하기도 하였다. 심지어 홀트아동병원으로 봉사활동을 신청해서 다녀온 학생들도 있어 한 권의 책이 미치는 영향력이 크다는 것을 실감할 수 있었다. 실용음악학과를 준비하는 학생들에게는 《미친 사랑의 노래》(안영민)가 인기가 있었고. 헤어 디자이너가 되고 싶은 학생들은 《자존심을 버리고 자부심을 가져라》(박모란)를 최고로 꼽았고, 호텔리어가 되고 싶은 학생들은 《호텔리어 로랑의 시선》(구유회)을 정독하며 특색 있는 연회를 기획하는 호텔리어가 되고 싶은 꿈을 밝히기도 하였다.

8차시 진로 독서 독후감을 파워포인트로 만들어 발표하는 시간을 가졌고, '진로 도서가 나의 꿈에 미친 영향'을 발표하게 하였다.

"평소 책을 좋아해서 사서가 되어야겠다는 생각은 했지만, 이 일이 맞은 길일까 고민도 있었어. 《사서가 말하는 사서》(이용훈 외)에서 '공공도서관은 공짜다. 신분, 나이, 직업, 소득 등에 차별 없이 모든 이에게 똑같이 정보와 지식을 제공한다.'라는 구절이 있는데, 내 일이 남들에게 도움이 된다는 생각이 들자마자, 이 일이 내가 갈 길이라는 확신을 갖게 되었어."

"간호사의 종류가 많다는 것은 알았지만, 무엇이 있는지 잘 몰랐어. 그런데 《사랑의 돌봄은 기적을 만든다》에서 호스피스 개념을 처음 도입해 죽어가는 사람들을 위한 웰-다잉 프로그램을 만든 김수지 박사님의 이야기를 접하면서, 나도 호스피스 간호사에 도전해보고 싶다는 생각이 들었어."

"《탐스 스토리》(블레이크 마이코스키)를 읽었는데, 신발 한 켤레를 사면 한 켤레가 기부되는 착한 아이디어로 빈민들에게 신발을 선물한 미국의 청년 CEO 이야기를 읽으면서 나도 공익을 추구

진로 도서 독후감 발표

하는 사회적 기업가가 돼보겠다는 구체적인 꿈을 갖게 되었어."

"막연히 경찰관이 되고 싶다는 생각이 들었는데, 《학교 폭력의 비밀을 말하다》(최성태)라는 책을 읽으면서, 학교 폭력의 심각성을 알게 되었고, 이 책의 저자처럼 학교 폭력 전담 경찰관이 되어 학교 폭력 예방을 위해 노력해야겠다는 구체적인 꿈이 생기게 되었어."

"《성공하는 CEO 뒤엔 명품비서가 있다》(전성희)라는 책을 보면 비서가 CEO 옆에서 통역도 해주더라. 그래서 중국어를 전공해서 전문 통역이 가능한 비서에 도전해보려고 해. 이제는 중국어책을 많이 봐야겠어."

학생들은 책을 통해 전문적이고 세분화된 진로 정보를 얻어 진로 경로를 구체화하며, 진로 선택의 확신과 자신감을 보여주기도 하였다. 심지어 전공을 바꾸는 데도 영향을 주었으며, 관련 도서를 더 적극적으로 찾는 변화까지 보여주었다. 물론 책 한 권 읽는다고 크게 달라지는 것은 없다고 말하는 사람도 있다. 그 시간에 수학 문제 하나 더 푸는 게 어떻겠느냐고 말하기도 한다. 그렇지만 대학과 학과를 선택해야 하는 결정적 시기이며, 성인으로서 사회에 한 걸음 내딛을 때라면, 직업을 선택하는 데 도움을 줄 만한 맞춤 책 한 권이 미치는 영향력은 클 것이다. 게다가 대부분 책들의 저자는 그 분야에서 나름대로 업적을 이룬 전문가들이다. 책을 통해 내가 있는 지금 이곳에서 저명한 석학과 대화를 나누며, 미래를 함께 준비할 수 있는 것이다. 사실 치열한 내신 경쟁에 매몰돼, 학교와 학원 일정에 쫓기며 날아다니는 고3 학생들에게 많은 책을 읽는 것은 부담스럽다. 그러나 한 권의 진로 도서를 정독하며 자신의 생각과 철학을 비교해 인생의 방향을 재점검하고 세부적인 진로 계획을 세워볼 수 있는 것이다. 책이 자신의 인생과 진로에 유용함을 인식하며 책의 참맛을 맛본 아이들은 고3이지만 틈틈이 도서실에 내려온다. 이들이 훗날 자신을 변화시키고, 한 뼘 성장케 한 것은 책이었다는 고백이 나오길 기대해본다.

5. 관심 분야 탐구 보고서로 꿈에 날개를 달다!

언론인 홍세화 씨는 "독서는 사람을 풍요롭게 하고 글쓰기는 사람을 정교하게 만든다."고 하였다. 아이들이 책을 읽었으면, 그것으로 끝내는 것이 아니라 새롭게 알게 된 점, 깨닫게 된 점을 초석으로 삼아 글쓰기 과정을 통해 관심 분야에 대한 심층적인 전문 지식을 쌓는 기회를 갖게 하고 싶었다. 독창적인 사고를 하고 타인에게 자신의 생각을 전달하는 의사표현 능력도 신장시키고 싶었다. 21세기 필요한 미래형 인재는 지식을 많이 아는 것이 아니라, 지식을 활용하여 재창조하는 능력을 가진 사람이 아닌가?

이런 창의적인 인재를 양성하기 위해서는 학생들에게 기회를 주는 프로젝트 수업이 필요했다. 그래서 '소논문' 형식의 관심 분야 탐구 보고서 수업을 계획하게 됐고, 내친김에 아이들에게 동기를 부여하기 위해 시상 계획까지 세우게 되었다. 반별로 시상하고, 시상을 하지 못해도 생활기록부에 참여한 내용을 올려주겠다고 하자 아이들의 눈동자가 반짝이기 시작했다. 자신의 꿈과 지망 학과에 맞는 관심 분야 보고서를 써야 하며, 채점 기준으로 '창의성, 심층성, 성실성(5장 분량 및 기한 준수)'을 내세웠다. 첫 시간에 컴퓨터실에 데려가서 보고서 양식과 예시 자료를 보면서 써보라고 하니, 아이들은 '멍'한 표정으로 어떻게 시작해야 할지 몰라 했고, 차라리 주제가 있었으면 좋겠다는 볼멘소리를 하기도 했다.

"우리가 진로 도서 읽었잖아. 읽으면서 더 관심이 가거나, 알고 싶은 분야 없었니? '소논문' 형식이라 해서 부담스러워하는 거 같은데, 예시 자료를 봐봐. 미래에 내가 일하고 싶은 분야, 나의 꿈 등에 대한 보고서를 쓴다고 생각하면 돼. 친구들에게 소개해주는 형식으로 말이야."

<표 3> 관심 분야 탐구 보고서 예시 자료

- 나의 롤모델 조사
- 지망 학과 소개하기
- 지망 전공 관련 책, 영화 소개하기
- 주제 관련 인터넷 자료 조사(출처 밝히기) 및 독창적인 나만의 분석 결과물
- 나의 미래, 나의 꿈

"그럼 선생님, 저 호텔리어 책 읽으면서, 다른 호텔리어들은 무슨 일하는지 궁금했는데, 호텔리어가 하는 일 조사해도 될까요?"

"선생님, 저 간호학과 가고 싶어서 의학 드라마 많이 보는데, 의학 드라마 분석해도 될까요?"

조금씩 아이들과 상호작용하면서 물꼬를 트기 시작했고, 첫 시

간에 주제와 목차를 정하는 작업들을 하기 시작하였다. 여기저기서 "선생님, 여기요! 질문 있어요!" 부르는 탓에 수업 내내 날아다녔고, 뒤에서 게임하는 남학생이 있나 눈에 불을 켜기도 했다. 인터넷을 그대로 베끼는 학생이 있어 그건 표절이며 출처를 꼭 밝혀야 한다고 가르쳐 주었고, 자료를 참고하여 자신의 언어로 써야 된다며 신신당부를 하기도 했다. 드디어 다사다난한 2차시 수업이 지나고, 마지막 3차시 수업, 발표 날이 되었다. 발표하는 학생들에게 가산점이 있다고 말하자, 아이들은 파워포인트 자료까지 만들어오거나, 영상을 촬영해와 5분 안에 자신의 보고서 내용을 재미있게 발표했다.

"내 꿈은 항공 승무원이야. 그래서, 제목을 '하늘의 꽃, 승무원 세계 속으로'로 해보았어. 항공 승무원은 기내 서비스 제공 및 승객 안전을 책임지고 있는데, 그 업무 중 하나가 기내 방송하는 건데, 내가 한번 낭송해볼게!"

"내 꿈은 유치원 원장님이야. 그러려면 다양한 유치원에서 하는 프로그램을 알아야 해서 '세계의 유치원'이라는 제목으로 선진국 유치원에서 하는 유아 교육 프로그램을 조사해왔어."

"내 꿈은 요리 연구가인데, 그중에서 서양 요리, 영국 요리에 관심이 있어. 영국 요리가 맛없다고 하는데, 나름대로 전통을 가지고 있거든. 내가 요리하는 방법을 촬영해왔는데, 잠깐 같이 볼래?"

발표 이후에는 질의응답 시간을 갖게 해 듣는 학생들의 참여를 높였다. "기내 방송, 영어로도 가능해? 한번 보여줘!" 아이들의 짓

굿은 요구부터 "유치원 교사가 되기 위해 어떤 노력을 해왔습니까?" 면접관다운 날카로운 질문을 보이며 진지한 진로탐색의 모습을 보여주기도 하였다.

보고서 제출 날, 보고서가 5장 분량인데 50장을 썼다는 학생도 나왔으며, 아예 책으로 묶어 온 것을 보여주는 학생도 있을 정도였고, 그런 아이들의 노력이 대견스럽게 느껴졌다. 다음은 학생들이 제출한 보고서 목록이다.

〈표 4〉학생들이 제출한 탐구 보고서 목록

순번	지망 학과	제목	내용
1	유아 교육학과	세계의 유치원	독일과 핀란드 유아 교육 프로그램 소개, 눈높이 놀이 방법과 안전 교육 방법 제안. 나의 꿈은 유치원 교사
2	간호학과	메디컬 드라마로 의학 지식 알기	뉴하트 - 흉부외과 소개, 수술 장면 및 의학 용어 골든타임 - 중증외상외과 소개, 수술 장면 및 의학 용어
3	경찰 행정학과	안전한 시흥시 만들기	시흥시 범죄 사건 분석 및 범죄 예방 방법 소개, 나의 꿈은 강력계 형사
4	경찰 행정학과	대한민국, 3대 미제 사건	화성 연쇄 살인 사건, 이형호 유괴 살인 사건, 개구리 소년 실종사, 나의 생각 나의 꿈은 프로파일러
5	식품 영양학과	세계 맛 여행	세계의 다양한 요리 및 영국의 전통 요리 소개, 나의 꿈은 요리 연구가
6	사회 복지학과	나의 꿈은 아동사회복지사	아동 학대 사례 및 정부 정책 나의 꿈은 아동사회복지사
7	국어 교육학과	즐거운 학교, 재미있는 우리말	한국인이 잘 틀리는 맞춤법 top5 5분 비속어 수업, 우리말의 장점과 특징 나의 꿈은 국어 교사
8	바리스타 학과	세계 커피 여행	커피 원산지 소개 및 각 원두의 특징 커피 제조법, 나의 꿈은 바리스타

순번	지망 학과	제목	내용
9	항공서비스 학과	하늘의 꽃, 승무원 세계 속으로	국내 항공사 소개 및 특징, 항공 승무원이 하는 일, 나의 롤 모델 이항정 승무원 나의 꿈은 항공 승무원
10	호텔 관광학과	감동을 선물하는 호텔리어 만나봅시다!	국내 호텔 소개 및 서비스 안내 호텔리어가 하는 일, 나의 꿈은 글로벌 호텔리어
11	도시공학과	도시공학과, 그것이 알고 싶다	도시공학과에서 배우는 교과 내용과 특징, 유명한 도시공학자와 그의 작품, 내가 되고 싶은 도시공학자
12	컴퓨터 공학과	컴퓨터 언어 세계 속으로	자바와 C언어의 탄생 배경 및 특징 자바와 C언어의 활용 분야 나의 꿈은 컴퓨터 프로그래머

탐구 보고서를 쓰면서 아이들은 자신의 미래와 꿈에 대해 생각했다. 꿈을 생각하며 설레었고, 미래를 위해 오늘 할 일이 생겨나기 시작했다. 처음 아이들을 만나서, "눈을 감고 앞으로 10년 후에 어디서 무엇을 할 것 같니?"라는 질문을 했을 때 선뜻 어디에 있을지 모르겠다는 답변들이 대다수였다. 글을 쓰면서 자신의 미래는 불투명하고, 불현듯 다가오는 것이 아니라 내가 주체적으로 만들어가는 것임을 깨달아갔다.

심리학 이론 중에 자기 충족적 예언(self-fulfilling prophecy)이 있다. 자신에 대한 기대와 믿음을 가지고 예언처럼 암시하고 노력하다 보면 실제로 이루어진다는 것을 의미한다. 아이들이 여기 글로 써서 발자취를 남기는 만큼, 꿈꾸는 만큼, 우리가 믿어주는 만큼 미래를 만들어나갈 것이라 생각한다.

6. 이상적인 독서 수업을 향해

수업의 대장정을 마치며, 수업의 주인공은 선생님이 아니라 아이들이 되어야 한다는 점을 몸소 느끼게 되었다. 독서 선생님은 책을 매개로 아이들이 더 나은 미래를 그릴 수 있게 해주며, 꿈과 끼를 펼쳐나갈 수 있게 마중물 역할을 해주어야 한다는 생각이 들었다. 펌프에 붓는 한 바가지의 물이 땅속 깊이 숨어있는 맑은 생수를 끌어 올리듯, 독서 활동을 통해 아이들 속에 내재된 재능과 잠재력을 끄집어내주어야 하는 것이다. 매년 학기 말, 수업을 되돌아보며 진하게 제대로 했던 진로 독서 수업의 모습은 무엇이었을까 생각해본다. 결국 선생님이 학생들 수준과 필요, 흥미에 맞는 맞춤형 도서를 선정해주었고 그로 인해 성공적인 독서 경험을 한 번이라도 갖는 기회를 제공했던 수업, 이를 통해 아이들이 자발적으로 책을 읽는 자세를 갖게 되고, 책을 통해 꿈을 꾸게 하는 힘을 갖게 만드는 모습이라고 생각한다.

그런데 현실의 벽은 녹록지 않다. 주요 과목 공부를 최우선으로 여기는 교육 환경 속에서 독서 활동은 시간 낭비라며 시큰둥해하는 학생을 만날 때, 읽고 생각하는 것을 귀찮게 여기는 무기력한 학생들을 만날 때, 단단한 벽에 부딪힌 것 같이 힘이 빠지기도 한다. 그럴 때마다 모든 교육 활동에는 인내심과 기다림이 필요하다는 신념을 가지고 3년 동안 진로 독서 수업을 진행하면서 시도했던 몇 가지 중요한 방법이 있었다.

첫째, 1차시 직업 가치관 수업 때, 진로 독서 토론으로 차시를 늘려 진행했다. 직업 가치관은 가정환경 속에서 오랜 시간 걸쳐 형성된 것이기 때문에 1차시만으로 변화를 이끌어내기는 어렵다. 시간적 여유가 되는 반들은, 모둠별로만 토론하는 것이 아니라 모둠을 대표하는 학생들이 서로 토론해 반 전체가 여러 사람들의 의견을 수렴할 수 있도록 하였고, 이를 통해 생각의 성장, 변화를 이끌어보도록 하였다.

둘째, 세심하게 추천 도서 목록을 구비하고, 맞춤별 도서를 추천하고자 노력하였다. 자유 선택 시간을 갖는다면 평소 읽기 수준과 독서 태도가 우수한 학생들은 자신이 선택해서 읽을 수 있겠지만, 대다수 학생들은 책표지 구경만 하다가 끝나는 경우가 허다하다. 의미있는 수업이 아니라 시간 때우기 식 수업으로 흘러버리기 십상이다. 선생님이 '성장소설 읽기', '진로 도서 읽기', '교과 연계 도서 읽기', '인물 평전 읽기' 등 주제를 잡고 구비된 추천 도서 목록 안에서 아이들의 흥미와 수준에 맞게 도서를 안내하고 선택할 수 있는 섬세한 배려가 필요하다.

셋째, 홀랜드 유형별 인물 평전 읽기 수업을 진행했다. 진로 독서 수업은 '무엇이 될까'를 넘어서 궁극적으로 '어떻게 살아야 할까'에 초점을 맞춰 인성교육으로 나아가야 한다고 생각한다. 3학년 대상 홀랜드 진로 독서 수업은 대학 학과 선택이라는 1차적 과제 때문에 '무엇이 될까'에 초점이 맞춰져 있어 아쉬움이 남았다. 2학년을 대상으로 진행했을 때는, 인물 평전 읽기 수업을 통해 그 인물이 진로 장벽을 넘어 꿈을 이루는 과정, 삶의 가치관, 인생 철학을 엿보면서 학생 자신이 인생과 진로를 어떻게 꾸려나가야 하는지 깊이 성찰해보도록 하였다. 방법은 1차시 홀랜드 유형 간이 검사 실시 및 해설, 2차시 홀랜드 유형별 추천 인물 평전 소개 및 모둠 구성하기, 3~4차시 파트별 인물 평전 읽기, 5차시 모둠별 토의 및 인물 탐구 보고서 작성을 진행하였다.

아직도 진로 독서 수업은 미완성이고 진화 중이다. 첫해보다는 매년 더 다양한 도서와 풍성한 이야깃거리로 아이들을 만날 수 있어서 매 수업이 기대가 되지만, 한편으로는 두려움도 크다. 고3 최전선에서 학과를 결정하는 데 많은 영향을 미치기 때문이다. 《미스터, 나이팅게일》을 읽고 자신도 책의 주인공처럼 의학 지식으로 누군가를 돕는 일을 하고 싶다며 간호학과를 선택하는 남학생, 사회적 약자를 위한 정치인이 되고 싶다는 생각이 있었는데 《룰라, 소통의 리더십을 보여줘》를 읽고 더 생각이 확고해져서 지금 이과지만 문과로 교차 지원해 정치외교학과로 가겠다는 학생의 뒷모습을 보며 그 선택이 가장 현명한 선택인 건지 걱정이 앞설 때가 있다. 그렇지만 누군가가 자신의 인생은 자기 선택의 총합이라고 말하지 않았나? 책을 통해 자신의 진로를 선택할 용기를 얻고, 나아가는 힘을 얻으며, 누군가의 인생이 아니라 자신의 인생을 만들어갈 것이라 믿는다.

진로 독서 수업 활동지

친구들과 함께 토의하기 ★·★·★·★·★·★·★·★·★·★·★

1. 꿈 따로! 직업 따로! 행복한 인생일까? (그렇다 VS 아니다)

> (p.175) "나는 많은 사람들이 일하고 싶어 하는 큰 회사에서 일했어. 또 사람들이 부러워할 만큼 많은 연봉을 받았지. 즉, 나는 별을 찍으며 얻는 행복과 많은 연봉, 타인의 부러움 둥과 맞바꾸고 있었던 거야. 사람들은 돈이 많으면 행복해질 거라고 생각해. 그런데 정말 그럴까? 난 그건 돈이 많다는 결과만 가지고 봤기 때문이라고 생각해. 돈을 쓸 때는 기분이 좋지. 내가 원하는 걸 가질 수 있으니까. 하지만 그 돈을 벌기 위해 썼던 시간들을 한번 생각해봐. 돈을 벌기 위해 일하는 시간이 즐겁고 행복하지 않은데, 인생이 행복할 수 있을까? 사실 돈을 쓰는 시간은 짧지만, 돈을 벌기 위해 일하는 시간은 아주 길거든."
>
> (p.173) 우리나라는 통계적으로 세계에서 가장 오랜 시간 동안 노동을 하는 나라야. 회사 일에 모든 시간을 쏟아 붓고 나면 내가 좋아할 수 있는 것들을 할 수 있는 여력이 남지 않아. 시간도 에너지도 부족해지거든. 결국 별을 보러가고 사진을 찍고 싶다는 마음만 남을 뿐야. 회사생활동안 쓸 만 사진을 1년에 한 장 건지고도 힘들었어. 회사에 다니며 번 돈으로 내가 좋아하는 별을 찍으며 살겠다는 사회초년생 시절의 생각이 얼마나 순진하고 무모한 것인지 실감했어.

동재 - 아니다. 꿈과 직업이 같아야한다. 꿈과 직업이 같다면 일하는 시간도 즐겁게 될 것이고 일 효율도 높아질 것이에요

우림 - 그렇다. ﾟ꿈과 직업이 같으면 이상적인 상황. 현실은 돈과 물질도 때문에 힘들다.

지수 - 그렇다. 미래에 하고 싶은 일을 위해 미리 준비하는 것 / 건성 - 아니다. 돈을 위한 삶은 무의미. 행복을 위한 삶이 훨

2. 직장이 중요할까? 직업이 중요할까? (예시) OO이 중요하다. 왜냐하면_____)

> (p.148 - 149) 이제 앞으로 직장이 아니라 직업이 중요한 시대가 될 거야. 지금까지는 어디에 소속되어 있는지가 중요하기 때문에 대기업 같은 큰 회사에 다니는 걸 선호했지. 하지만 대기업 같은 큰 조직의 구성원이 된다고 해서 그게 곧 내가 될 수는 없어. 아무리 뛰어나도 '나'라는 개인은 조직의 일개 나사일 뿐이거든. 조직의 수많은 나사에는 유통기한이 있고, 언제든 다른 나사로 대체될 수 있어. 유통기간은 점점 짧아지고 있고, 수많은 대체물들과 늘 경쟁에 시달려야 하지. 내가 너희들에게 해주고 싶은 말은 기성품의 세계에서 대체 가능한 나사가 아니라 나는 너희들이 자신만의 색깔과 능력을 가진 수제명품이 되었으면 해. 사실 너희에게 꿈이 필요한 이유도 꿈을 찾아야 하는 이유도 기성품 인생이 아니라 수제 명품인생을 꾸려 나갈 수 있어야 하기 때문이야.

동재 - 직업이 중요하다. 직장은 시키는대로 일을 하지만 직업은 자신이 하고싶은 일은 하는것

건성 - 직업 중요. 직업에 집중하면 직장은 뒤따라서 오는것이다.

우림 - 직업 중요. 직업이 자신에게 맞고 흥미가 있다면 직장이 뒤따라옴.

지수 - 직업 중요. 시키는데로 하는 것보다는 자신이 하고 싶은 일을 하는것이 낫다.

홀랜드 직업 흥미 유형별 추천 도서 목록

R형

추천 직업	추천 도서
간호사 RS형	《사랑의 돌봄은 기적을 만든다》 (김수지)
기계공학 기술자 RI형	《공학이란 무엇인가》 (성풍현 외)
도시계획가 RI형	《꿈의 도시 꾸리찌바》 (박용남)
치과 의사 RI형	《치아관리만 잘해도 인상이 바뀐다》 (홍지호)
항공기 조종사 RE형	《파일럿의 특별한 비행일지》 (한고희)
항공공학 기술자 RI형	《과학으로 만드는 비행기》 (박영기)
자동차 정비사 RI형	《과학으로 만드는 자동차》 (박영기)

I형

추천 직업	추천 도서
의사 IC형	《시골의사의 아름다운 동행》 (박경철)
로봇공학자 IR형	《로봇 다빈치, 꿈을 설계하다》 (데니스 홍)
항공우주 공학자 IR형	《하늘에 도전하다》 (장조원)
게임 기획 전문가 IE형	《게임 기획자되기》 (주진영)
법의학자 IR형	《한국의 CSI》 (표창원, 유제설)
생명공학자 IR형	《하리하라의 생물학 카페》 (이은희)
환경공학 기술자 II형	《침묵의 봄》 (레이첼 칼슨)
에너지공학 기술자 II형	《신재생에너지》 (손재익, 강용혁 등)
통신공학 기술자 II형	《테크놀로지의 세계 1, 2, 3》 (미래를 준비하는 기술교사 모임)
정보 보안 전문가 (화이트 해커) II형	《네트워크를 훔쳐라》 (Ryan Russell)
천문 및 기상학 연구원 IR형	《진짜 너의 꿈을 꿔라》 (권오철)
컴퓨터 프로그래머 IC형	《도전과 창조의 아이콘 스티브 잡스》 (정지아)
화학 연구원 II형	《천재들의 과학노트 2 : 과학사 밖으로 뛰쳐나온 화학자들》 (캐서린 쿨렌)
해수 · 담수 화학 연구원, 해양공학 기술자 IR형	《천재들의 과학 노트 5: 과학사 밖으로 뛰쳐나온 해양학자들》 (캐서린 쿨렌)
큐레이터 IA형	《즐겁게 미친 큐레이터》 (이일수)

A형

추천 직업	추천 도서
광고 기획자 AE형	《광고천재 이제석》 (이제석)
카피라이터 AE형	《내 머리 사용법》 (정철)
미용사 AS형	《자존심을 버리고 자부심을 가져라》 (박모란)
건축가 AI형	《건축가가 말하는 건축가》 (이상림)
만화가 AI형	《미야자키 하야오》 (김나정)
소설가 AI형	《조앤 롤링, 스토리텔링의 힘을 보여줘》 (최가영)
사진작가 AI형	《네 멋대로 찍어라》 (조선희)
프로듀서(PD) AE형	《pd가 말하는 pd》 (김민식 외)
방송작가 AI형	《방송작가가 말하는 방송작가》 (이정란 외)
배우 AS형	《나는 배우다》 (드라마틱 편집부)
번역가 AC형	《나의 영어는 영화관에서 시작됐다》 (이미도)
애완동물 미용사 AR형	《나의 직업 애견 미용사》 (청소년행복연구실)
요리사 AR형	《일곱 개의 별을 요리하다》 (에드워드 권)
제과제빵사 AR형	《빵굽는 CEO》 (김영모)
플로리스트 AR형	《꽃보다 아름다운 플로리스트 되기》 (윤영선)
패션 디자이너 AI형	《패션의 여왕 코코 샤넬》 (이신조)
작곡가 AI형	《미친 사랑의 노래》 (안영민)

S형

추천 직업	추천 도서
경찰관 SE형	《학교 폭력의 비밀을 말하다》 (최성태)
교사 SI형	《나는 선생님이 좋아요》 (하이타니 겐지로)
유치원 교사 SA형	《우리 아이가 달라졌어요》 (SBS 우리 아이가 달라졌어요 제작팀)
동물 사육사, 수의사 SI형	《야생동물병원 24시》 (전북대학교 수의학과 대학 야생동물의학실)
사회복지사 SC형	《사회복지사가 말하는 사회복지사》 (김세진 외)
항공기 객실 승무원 SE형	《15인, 승무원의 꿈》 (권경리 외)
소방관, 응급구조사 SR형	《어느 소방관의 이야기》 (전세중)
호텔리어 SR형	《호텔리어 로랑의 시선》 (구유회)

E형	
추천 직업	추천 도서
국회의원(정치인) ES형	《룰라, 소통의 리더십을 보여줘》 (박원복)
기자 T형	《세상은 바꾸고 역사는 기록하라》 (진동식)
국제 공무원 EC형	《바보처럼 공부하고, 천재처럼 꿈꿔라》 (신웅진)
스포츠 트레이너 ES형	《손리의 남자 몸 만들기》 (손리)
여행 상품 기획자 ES형	《꼬닥꼬닥 걸어가는 이 길처럼》 (서명숙)
기업 고위 임원 EC형	《10대를 위한 스타벅스 CEO, 하워드 슐츠 이야기》 (김태광)
컴퓨터 보안 전문가 T형	《컴퓨터 의사 안철수 네 꿈에 미쳐라》 (김상훈)
증권 중개인 EC형	《워런 버핏, 부는 나눠야 행복해져》 (이상건)
마케팅 사무원 T형	《탐스 스토리》 (블레이크 마이코스키)
쇼호스트 EE형	《나는 30초가 다르다》 (정윤정)

C형	
추천 직업	추천 도서
비서 CS형	《성공하는 CEO 뒤엔 명품비서가 있다》 (전성희)
보험 계리사 CI형	《17살, 돈의 가치를 알아야 할 나이》 (한진수)
물류 관리 전문가 CR형	《나는 세계일주로 경제를 배웠다》 (코너 우드먼)
네트워크 관리자 CR형	《마크 주커버그》 (마샤 아미든 루스티드)
영양사 CS형	《제이미 올리버, 즐거운 요리로 세상을 바꿔》 (최현주)
사서 CS형	《사서가 말하는 사서》 (이용훈 와)
농업 기술자 CE형	《하루하루가 기적이다》 (김순권)
행정공무원 CS형	《나는 공무원이 되고 싶다》 (이인재)
통역가 CS형	《세상을 통역하다》 (박혜림)
회계사 CE형	《회계사가 말하는 회계사》 (강성원)

국어 교과 연계 진로 독서

꿈꾸는 것은
미안한 일이 아니란다

문인숙

1. 자아 정체성을 찾는 성장소설 읽기

2011년, 시흥시 혁신교육지구 학교 중 하나였던 신천중학교에 배정을 받고 협력 교사였던 국어 선생님과 수업 협의를 하였다. 국어 수업 시간 중 주 1회 독서 시간을 갖기로 하였다. 마침 1학년의 2학기 국어 수업이 5차시였기 때문에, 1시간 책을 읽어도 진도에는 큰 부담이 없을 것 같다고 했다. 독서 경험이 부족한 우리 학교 아이들의 특성상 먼저 독서에 흥미를 갖게 하는 것이 급선무라는 것에 의견을 같이했다. 따라서 자신들과 같은 또래의 고민과 아픔을 그리는 성장소설을 읽게 하여 독서에 흥미와 자아 정체성을 갖게 하자는 것을 1단계 목표, 자아 정체성을 확립해 본인의 적성과 진로에 맞는 인물 이야기 읽기를 2단계 목표로 잡았다.

발달 심리학자 에릭슨의 말에 따르면 청소년기는 '자아 정체성 vs 역할 혼미'의 단계로, 이 시기의 발달 과제인 정체성을 성공적으로 달성하지 못할 때 '역할의 혼미'라는 위기가 온다고 하였다. 이 시기에 형성되는 새로운 자기 인식은 일생을 헌신할 만한 선택과 결정을 하게 만드는 것으로, 진로 선택을 통한 직업에 대한 헌신이 정체성 형성에 중요한 영향을 미친다고 주장한다. 에릭슨의 말처럼 이 시기의 청소년들은 자신이 누구이며, 가정과 사회에서의 역할이 무엇인지에 대해 알고자 한다. 또한 타인의 눈에 비친 자기는 누구인가에 지대한 관심을 보인다. 만일 이 시기에 자아 정체감의 결여를 겪게 된다면 역할 혼란을 초래하며, 이 위기를 극복하지 못하면 준비되지 않은 상태에서 성인의 역할을 수행해야만 하는 불행을 경험하게 될 수도 있다.

따라서 성장소설에 등장하는 주인공들의 선택을 통해 자신의 모습을 돌아보고 자아 정체성을 찾아갈 수 있도록 하는 것을 주요 목표로 설정하였다. 이 과정을 통해 인생의 목표와 적성에 대해서도 고민해볼 수 있는 계기가 될 수 있을 것이라 생각했다.

혁신교육지구 사업비 중에 도서 구입비가 따로 배정되어 있기 때문에 수업에 필요한 도서를 준비하는 데 큰 어려움은 없었다. 여러 기관이나 동료 독서지도 선생님들이 추천하는 책을 선별하여 최대한 재미있으면서 아이들로부터 공감을 얻어낼 수 있는 목록으로 10종류를 준비하였다. 같은 책을 4권씩 준비한 이유는 책을 읽은 후에 같은 책을 읽은 친구들끼리 모둠을 형성하여 토론을 하기 위해서였다.

〈표 1〉 2011년 처음 시도한 도서 목록

나는 브라질로 간다	손도끼	열혈 수탉 분투기	유진과 유진	주머니 속의 고래
프린들 주세요	합체	미안해 스이카	뚱보 내 인생	플라이, 대디, 플라이

첫 시간, 《주머니 속의 고래》라는 책을 들고 표지를 보여주며 어떤 소설일 것 같은지 자유롭게 이야기해보라며 관심을 유도했다.

"표지 색깔인 파란색은 어떤 느낌이 드는가?", "주머니 속에 왜 고래가 있을까?", "고래가 의미하는 것은 무엇일까?" 등의 질문에 자유롭게 이야기를 나누었다.

아이들은 "파란색은 기분이 상쾌한 색이다", "힘이 있다" "내가 좋아하는 색이다", "하늘 색과 같다", "주머니 속에 고래가 있는 것은 숨고 싶어서다", "고래가 아직 작아서다", "고래는 우리들이다" 하며 자신들의 의견을 활발하게 이야기했다. 첫 반응을 보며 꽤 순조롭다고 생각했다.

그러나 시간이 지날수록 포기하는 녀석들이 생겨나기 시작했다. 처음 시도한 이 목록 가운데 남학생들에게 비교적 잘 읽혔던 책은 《손도끼》와 《프린들 주세요》였다. 《손도끼》는 부모의 이혼으로 혼란스러워하던 사춘기 소년이 단발 비행기를 타고 아버지를 만나러 가던 중 조종사의 갑작스런 죽음으로 캐나다 삼림에 불시착한 뒤, 손도끼 하나에 의지한 채 살아나가는 과정을 담은 내용이다. 이 책은 남학생들 사이에 '오지에서 살아남기'를 테마로 한 TV 프로그램 〈정글의 법칙〉이나 '무인도에서 살아남기 시리즈' 같은 오락물들과 연결되어 잘 읽혔다. 독서 능력이 떨어지는 남자아이들이 끝까지 잘 읽은 책은 《프린들 주세요》였다. 이 책은 아이디어가 기발한 소년 닉이 '펜'이란 말 대신 '프린들'이라는 말을 쓰면서 영어를 담당한 그레인저 선생님과 '언어 전쟁'을 벌이는 내용을 담고 있는데, 국어 교과서에 내용 일부가 실려서인지 조금 더 흥미를 보였던 것 같다.

여학생들은 학교 내 왕따 문제를 다룬 《미안해 스이카》와 어린 시절 성폭행의 상처를 치유해가는 내용을 다룬 《유진과 유진》을 재미있게 읽었다. 《미안해 스이카》는 왕따를 당하는 친구를 도와주다 자신이 왕따가 되어 그 외로움을 견디지 못하고 결국 자살에 이르게 되는 내용을 담고 있는 책이었다. 이 책을 선택한 아이들 중에는 중도에 포기하는 경우가 거의 없었고 다른 친구에게도 읽어보라고 권하는 아이들이 많았다. 이 책을 읽은 아이들은 책 내용에 많이 공감하고 성숙하게 자신을 돌아보는 글을 써서 나를 감동시켰다.

나의 양심은 안녕하신가?

《미안해 스이카》를 읽고

1-4 이은지

6학년 때 반에서 따돌림 당하는 애가 있었다. 조금 특이하고 소극적이고 평범하게 생긴 아이였다. 여기 나오는 치카와 비슷한 아이일지도 모른다. 나는 초반에 그 아이를 도와주었지만, 시간이 지나자 혼자가 되는 게 싫었기 때문에 어느 순간 피해버렸고, 나는 더 잔인하게 그 아이를 혼자로 만들었으며, 6학년 졸업 때까지 그 아이에게 다가갈 수 없었다.

1년이 지난 일이지만 아직도 나는 "고마워"라고 말해주었던 그 말이 생각난다. 다른 중학교를 다니는 지금, 죄를 깨달은 건 모든 것이 끝나버린 후. 이 책을 읽으니 그때 기억이 나서 아직도 나를 괴롭게 한다. 나는 살면서 방관한 적도 많고 약하고 약한 애밖에 되지 않아서 늘 누군가를 도와주다가도 항상 포기하고 피해버려서 더 잔인하게 혼자로 만들어버렸다.

나는 충분히 스이카도 유리에도 될 수 있었을 텐데.

나중에 다시 이런 상황이 온다면 나는 스이카, 유리에가 되어 줄 수 있을까?

은지는 이 책을 읽은 후 또래 상담반 활동을 자원하여 상담실에 찾아오는 왕따 아이들, 학교에서 전혀 말을 하지 않던 선택적

함묵증 아이들의 또래 상담자로 그 아이들의 친구가 되어주었다. 지도 교사로서 책을 읽고 성찰한 것을 행동으로 실천하는 모습을 지켜보는 것이 가슴 뿌듯하였다.

그러나 첫 단계인 성장소설 읽기는 절반의 성공이었던 것 같다. 책 분량이 많거나 자신들의 정서와 맞지 않은 내용이어서인지 끝까지 읽어내는 아이들이 많지 않았다. 그래서 다음 해부터는 계속 아이들의 반응을 보며 목록을 수정해나갔다. 다른 학교 아이들이 재미있게 읽었다고 해서 우리 학교 아이들이 재미있게 읽지는 않았기 때문에 아이들의 반응을 보며 적절하게 매번 활용 도서를 넣고 뺐고 했던 것 같다.

〈표 2〉 2014년 수정된 성장소설 목록

내 친구에게 생긴 일	손도끼	해바라기 카짱	유진과 유진	주머니 속의 고래
프린들 주세요	첫사랑	미안해 스이카	바보 빅터	철수는 철수다

2. 삶의 롤모델을 찾는 인물책 읽기

1단계, 성장소설 읽기를 마치고 인물책을 읽는 계획을 세웠을 때 동료 독서지도사 선생님들이 "아이들이 성장소설도 힘든데 인물책을 읽겠다고 할까요?" 하는 우려를 보였다.

그러나 나는 청소년기 초기 단계인 중학생들에게 자신의 꿈을 찾아 미래의 삶을 계획하는 일은 무엇보다 중요하다고 생각했다.

그리고 그 계획을 도와줄 수 있는 롤 모델이 될 만한 인물을 찾아 그 삶을 들여다볼 수 있는 책을 읽는 일은 의미가 있다고 생각했다. 그런 확신을 가지고 주변의 회의 어린 시선을 뒤로한 채 인물책 읽기를 시작했다.

책은 아직 가치관이 완성되지 못한 아이들인 점을 고려하여 직업인의 모습을 담은 책보다는 역경을 극복하고 사회적으로 성공을 이룬 사람들의 이야기로, 성공한 후에도 바람직한 가치관을 가지고 사회에 공헌하는 삶을 살아가는 인물들에 관한 이야기로 선정하였다.

1단계에서 '정해진 시간에 책을 다 읽게 하자'는 의욕이 앞서 급하게 책을 들이밀었다는 생각이 들어 2단계 읽기에서는 충분히 동기 유발이 될 수 있도록 읽기 전 학습을 2시간으로 늘려 잡았다.

<표 3> 인물책 읽기 계획안

목 적	자신의 삶을 성찰하고 인생의 롤 모델 찾기		
대 상	중학교 1학년 6개 반		
연계 단원	1. 잊을 수 없는 일 (1) 특별한 경험 읽기		
총 차시	총 8차시		
내 용	읽기 전	• 창사 특집 KBS 스페셜1. 〈그들은 책을 읽었다〉 시청하고 소감 쓰기	1차시
		• 인물 골든벨 • 책 소개하기 • 책 고르기	2차시
	읽기 중	• 중심 내용 파악하며 읽기 • 인상 깊은 내용 기록하기	3, 4, 5, 6차시
	읽기 후	• 마인드맵 그리기	7차시
		• 회전목마 토론하기	8차시

첫 시간, 독서의 필요성을 느낄 수 있는 동영상을 함께 보았다. KBS 창사 특집 프로그램이었던 〈그들은 책을 읽었다〉를 시청하고 감상문을 적어보기로 한 것이다.

　미국에서 가장 많은 개런티를 받는 토크쇼 진행자가 된 오프라 윈프리가 자신의 어린 시절 불행을 이겨내는 데 책이 없었다면 불가능했을 거라고 이야기하는 장면, 〈다이하드〉와 〈클리프행어〉의 감독 레니 할린과 〈타이타닉〉, 〈터미네이터3〉를 감독한 제임스 카메룬, 〈트루 라이즈〉와 〈블루 스틸〉, 〈완다라는 이름의 물고기〉 등에 출연했던 지성파 여배우 제이미 리 커티스 등 할리우드의 많은 배우와 감독들이 출연하여 하루 일과 중 30~40%의 시간을 책 읽기에 할애하지 않으면 헐리우드에서 버틸 수가 없으며 자신들의 성장 동력이 된 것은 어린 시절 읽었던 책이었다고 고백하는 장면에 아이들은 ˝와~˝ 하고 환호하며 강한 호기심을 보였다. 더불어 흥미를 보였던 것은 일본의 애니메이션 〈디지몬〉이 등장했을 때였다. 〈디지몬〉을 탄생시킨 반다이사 임원들이 나와 기발한 아이디어와 기획을 할 수 있었던 것은 끊임없이 책을 읽는 습관 때문이었으며, 〈디지몬〉의 스토리도 어린 시절 읽었던 〈15소년 표류기〉에서 아이디어를 얻었다고 하는 장면에 집중했다. 실제 영화의 몇 장면이 방송되자 아이들은 주제가를 따라 부르기도 하고 서로 얼굴을 바라보며 깔깔거리기도 했다. 몇몇 아이들은 잘 보이지 않는다며 앞으로 튀어 나오는 등 반응이 매우 뜨거웠다.

　수업 시간 때문에 영상의 내용을 다 보여줄 수 없어서 마지막은 아이들에게 쉽게 다가갈 수 있도록 우리나라의 손꼽히는 독서광

2명의 인터뷰 장면을 보여주었다. 삼성전자 창업주 이병철 회장과 한국의 대표적인 정보기술(IT) 기업 안랩(AhnLab) 당시 안철수 대표였다. 이병철 회장이 매년 새해가 되면 일본에 가서 그 당시 우리나라에는 소개되기 전이었던 테크놀로지에 관한 책들을 엄청나게 사는 장면, 또 그런 책들을 읽고 새로운 사업에 대한 구상을 한다고 인터뷰하는 장면을 보면서 아이들은 "정말 저 책을 다 읽었을까?"라고 서로에게 묻기도 했다. 나는 그 틈에 살짝 "이병철 회장이 그런 책들을 읽고 첨단 IT 산업에 눈을 돌린 덕분에 오늘날 삼성전자가 글로벌 기업으로 우뚝 설 수 있었던 것이 아닐까?"라며 책에 대한 관심의 끈을 놓치지 않도록 유도했다. 그런 다음 안철수 대표가 화면에 나오자 많은 아이들이 "나 저 사람 안다", "V3 백신 발명한 사람이다"라며 아는 척을 했다. 나는 이 장면에서 잠깐 영상을 멈추고 안 대표가 MBC TV 〈황금어장 무릎팍도사〉에 출연해 인터뷰한 내용을 들려주었다.

"안철수 대표는 초등학교 때 성적은 그냥 중간 정도였대. 그런데 엄청난 독서광이어서 도서실에 있는 책을 몽땅 다 읽었고 책이라면 가격표까지 다 읽었다는 거야. 독서의 힘 때문이었는지 나중에 의대 교수가 되었는데, 논문을 쓰다가 우연히 컴퓨터 바이러스를 알게 되었고, 바이러스 치료에 몰두하다 보니 백신 프로그램을 만들게 되었대." 그 이야기를 들은 아이들은 그럼 자신들도 지금부터 책만 읽으면 그렇게 공부를 잘 할 수 있는 거냐며 내게 큰소리로 묻기도 했다. 나는 그렇게 반문하는 순진한 모습에 어이가 없었지만 "그래 한 번 해볼래? 책을 읽었는데 공부를 잘 할 수 있는지 없는지." 하고 대꾸를 했다. 그랬더니 한 아이가 "샘, 책임지실 거예요?"라며 다시 엉뚱한 질문을 던지는 것이었다. 그 말에 나도 지지 않고 "그래, 책임진다. 네가 도서관에 있는 책을 다 읽었는데도 원하는 것을 이루지 못했을 때 나를 찾아와라. 너에게 책 읽기를 권한 독서 선생님으로서 내가 책임진다." 하고 웃으며 대꾸를 했다. 그 후 이어진 화면에서 안철수 대표가 아무리 인터넷으로 정보가 넘쳐나는 시대라 해도 신뢰성 있는 정보를 얻기에는 책만 한 것이 없다고 말하는 장면을 보며 많은 아이들이 이제부터는 정말로 독서를 많이 하겠다며 포부를 밝히는 것이었다.

2차시에도 본격적으로 책을 고르기 전에 도서 목록 중에 있는 10여 명의 사진과 프로필을 파워포인트로 소개하며 목록에 있는 인물 중 누구일 것 같은지 맞춰보라며 분위기를 띄웠다. 이렇게 퀴즈로 분위기를 띄우니 아이들은 책 목록을 자세히 들여다보지 않을 수 없었다. 게다가 퀴즈 풀기에 나왔던 인물에 대한 관심이 증폭되어 평소의 태도로 보면 절대 선택하지 않을 것 같은 책을 읽겠다고 나서는 아이들이 생겨났다. 그때 두꺼운 분량과 생소한 이름에도 아이들이 선택했던 책이 《기적은 당신 안에 있습니다》, 《바보 의사 장기려》, 《큰 의사 노먼 베순》, 《과학의 전도사 리처드 파인만》, 《꿈꾸는 건축가 안토니오 가우디》, 《오프라 윈프리 이야기》, 《오바마 이야기》, 《상처 입은 세기의 거장 윤이상》, 《히말라야 도서관》 등이었다. 평소 아이들이 잘 몰랐던 이 사람들에 대한 일화를 예로 들며 분위기를 돋운 것이 호기심을 갖게 한 것 같았다. 하지만 역시 아이들 사이에 가장 인기가 있었던 책들은 스포츠 스타들과 연예인들의 수기였다. 특히 목록에 있었던 빅뱅의 《세상에 너를 소리쳐》는 아이들끼리 서로 읽겠다고 다툼이 일기도 했다(이 반응은 2011~2013년도 결과로 연예인에 대한 책은 유행에 따라 선호가 갈리기는 한다).

책은 약 70여권을 준비하였다. 책을 70여권을 준비한 이유는 보통 학생 수의 1.5배~2배수의 책을 준비해 두는 것이 책을 선택하는데 적절하다고 생각해서였다. 그 보다 적으면 선택권이 제한되어 읽을 책이 없다고 하거나 너무 많은 추천 도서를 준비해도 책에 대한 호기심을 불러일으키지 못했기 때문이다.

3. 아이들의 독서를 부르는 교사의 관심

드디어 본격적인 책 읽기에 들어갔다. 읽기 전에 오래 뜸을 들인 때문인지 의외로 아이들이 책에서 눈을 떼지 않는 시간이 길어졌다. 책을 읽기 시작하고 5분이 지나자 도서실에는 숨소리 하나 들리지 않았다. 그토록 한눈팔고 옆자리 친구들을 쿡쿡 찌르고 볼펜을 던져 책 읽던 아이들을 방해하던 녀석들이 모두 고개를 숙이고 말똥말똥한 눈으로 책을 읽기 시작했던 것이다. 나와 협력 선생님은 그야말로 뒷짐 지고 이 모둠 저 모둠을 돌며 살피기만 하면 되었다. 그러다가 나중에는 돌아다니는 것도 필요 없어서 아이들과 함께 책을 읽었다. 정적의 순간, 여기저기서 책장 넘기는 소리만 간간이 들려오는 완전 몰입의 순간이 연출되었다. 종이 치자 아이들은 "에이~ 벌써 끝났어?"라며 아쉬운 표정으로 도서실을 나갔다.

〈표 4〉 인물 책을 읽으며 쓴 활동지 반응들

책 제목	읽은 사람	반응
나는 당신을 만나기 전부터 사랑했습니다	원지훈	책을 고른 이유 -선생님께서 좋은 책이라고 추천해주셔서 이 책을 골랐다. 1차시 - 재미있다. 인상 깊은 곳도 많고 좋은 책이다. 2차시- 선생님께 감사하다. 이런 책을 알려주셔서. 내가 이렇게 좋은 책을 읽을 수 있기 때문이다. 하지만 읽기엔 시간이 부족하고 쓰기에도 시간이 부족하다. 그래도 이 책은 인상 깊은 부분과 기억할 내용도 많아 책 읽기가 재미없지가 않았다. 참 재미있는 책이다. 3차시-오늘까지 읽어야 하는데 책을 끝까지 못 읽어서 안타깝다. 조금만 읽으면 되는데 시간이 부족했다. 기억하고 싶은 문장 "성공이 행복의 열쇠가 아니라 행복이 성공의 열쇠다."
지선아 사랑해	권혜빈	2차시 동안 아무 반응 없이 책만 읽더니 3차시에 이런 반응을 보였다. "솔직히 처음엔 아무 아무 생각 없이 제목만 보고 책을 골랐다. 근데 나는 정말 운이 좋은 것 같다. 재미있기도 하고 그리고 교훈도 많이 얻었다. 좋았다."
민족의 위대한 지도자 백범 김구	권예진	나는 원래 역사 이야기를 별로 좋아하지 않는다. 재미없을뿐더러 이해도 가지 않고 머릿속에 내용도 들어오지 않는다. 그런데 정말 마음 먹고 책을 읽으니까 무슨 내용인지도 알겠고 무슨 내용인지 파악이 되니까 흥미진진하고 더 읽고 싶다. 한 가지 바라는 것이 있다면 책을 읽을 때 좀 어수선하지 않았으면 한다. 집중력이 분산될뿐더러 시끄러워서 글이 눈에 안 들어온다. 오늘은 조용해서 매우 좋았다.
지금 너의 꿈이 세상을 바꾼다	김원찬	이 책은 많은 생각을 할 수 있게 도와주는 것 같다 . 나는 중학교에 와서 부정적인 사고를 가지고 학교생활을 했다. 이 책을 읽고 나도 부정적인 사고를 긍정적인 사고로 바꿔야겠다고 생각했다. 많은 인물들이 자신의 어릴 적 꿈을 향해 앞으로 나아간다는 것이 너무 좋고 나도 나 자신의 한 가지 목표를 위해 달려갈 것이다.
내 생에 단 한 번	김윤정	이 사람은 한쪽 다리를 쓸 수 없어 목발을 짚고 다니는 엄밀히 말하자면 장애인에 속한다. 그러나 이 책을 읽으면서 나는 이 사람이 장애인이라는 사실을 계속 깜박하곤 한다. 아마도 이 사람이 그런 것에 개의치 않고 당당하게 살기 때문이겠지. 남들보다 훨씬 가까운 곳에서 장애인을 봐오는 나조차 정신을 차려보면 어느새 그들에게 동정의 눈길을 보내고 있음을 깨닫곤 한다. 이런 동정에도 굴하지 않고 당당하게 사는 장영희, 나를 돌아보게 한다.

인물책 읽기를 시작하면서 좋아진 아이들의 반응에 한껏 고무되어 '수업 태도가 그렇게 좋았으니 활동지에도 뭔가 그 기분을 남겼겠지.' 하는 느긋한 기분으로 아이들이 써 낸 활동지를 보았다. 그러나 아뿔싸, 책을 고른 이유에 '그냥'이라고 쓴 녀석들이 상당수였다. 그걸 보고 나는 한참을 고민했다. 고민 끝에 '그냥'이라고 쓴 활동지에 나는 '그랬니? 좋은 책을 골랐구나. 그 사람은 이러 이러한 면이 있는 것 같은데 너는 어떠니?'라고, 단 두 글자를 쓴 아이 글 옆에 댓글 세 줄을 달기 시작했다. 1학년 전체 6개 반 글을 읽고 댓글을 쓰려면 학교에서만 할 수 없어서 집에까지 들고 가서 써야 했지만, 아이들이 어떻게 책을 읽고 있는지 감정이 전달되어 수업 흐름을 파악하는 데 매우 유용했다. 이렇게 자신들의 글에 댓글을 써주자 다음 시간에는 '아니요'라든가, '네'라든가 냉소적 대답을 써놓는 녀석들이 생겨나기 시작했다. 그래서 나는 다시 '그렇구나~ 네가 책을 잘 읽고 있어서 선생님이 기뻤어~'라고 써놓았다.

그렇게 2차시, 3차시를 거치면서 책 읽는 횟수가 늘어나자 그런 녀석들은 수업 시간 종이 치면 제일 먼저 도서실로 달려와 자신의 활동지부터 찾았다. 그러고는 선생님이 뭐라고 써놓았는지 확인부터 하였다. 그 아이들만이 아니라 다른 아이들의 활동지에도 모두 몇 글자라도 써놓아서 선생님이 너의 글을 읽었다는 표시를 해놓았는데, 어쩌다 너무 바빠 댓글을 빠뜨리는 날이면 아이들이 실망 어린 눈초리로 "샘, 왜 오늘은 댓글 안 써주셨어요?" 하고 항의를 하였다. 중학생들인네노 이런 조능학생 같은 반응이 한편으론 재미있어서 열심히 댓글을 써주었던 것 같다. 그렇게 학생들과 마음을 나누기 시작하자 일주일에 한 번뿐인 수업이었는데도 신기하게 아이들의 이름이 잘 외워졌다. 그런 내가 신기한지 가끔 아이들은 나를 시험해보곤 하였다.

"샘, 제 이름이 뭔지 아세요?"

"그럼, 명훈이 너, 《완득이》 읽고 있잖아~"

그렇게 아는 척을 하자 아이들은 쉬는 시간이나 복도에서 만나게 되면 꽤 친근하게 다가와 인사하는 것을 잊지 않았다. 댓글 달기를 통해 서로의 마음을 보여주면서 생긴 변화였다. 수업 시간 아이들과의 관계도 상당히 좋아졌다. 수업이 시작되자마자 책상에 엎드려서 자고, 깨우면 신경질적인 반응을 보이던 아이들이 이젠 깨워도 조용히 일어나서 알았다는 듯 책을 읽었다. 자신은 책을 못 읽는다는 말을 아무렇지 않게 내뱉으며 거칠게 항의하던 아이들이었는데 선생님이 자신에게 관심을 준다고 느낀 때문인지 사뭇 태도가 부드러워진 것이다. 게다가 그렇게 관심을 받는다고 생각한 아이들이 급기야 선생님을 실망시키지 않으려고 꽤 노력도 해주기 시작했다.

그러나 한 시간 내내 책만 읽는 수업은 완전한 독서광이 아니고는 버티기 힘들다. 10분, 15분이 지나면 많은 아이들이 꾸벅꾸벅 졸기 시작한다. 게다가 5교시 점심 이후나 7교시에 수업이 있는 반이라면 아예 졸음과의 전쟁이다. 하나 둘 고개가 처지기 시작하면 조용히 다가가 어깨를 주물러주거나 이야기를 시켰다. 그러면 대부분은 자세를 바로 잡지만 간혹 귀찮다는 듯이 책상에 엎

교과를 꽃피게 하는
독서 수업

드러버리는 친구들이 있었다. 이럴 때를 대비해 캐러멜을 준비하기 시작했다. 주머니에 캐러멜을 넣어두었다가 조는 친구들이 있으면 껍질을 까서 입에 살짝 넣어주었다. 처음 캐러멜을 건넸을 때 아이들의 눈동자를 생각하면 웃음이 난다. 졸고 있는 자신에게 다가와 "일어나" 할 줄 알았다가 갑자기 캐러멜을 내미니 아이들은 눈을 동그랗게 뜨며 "먹으라고요?"라고 물었다. 가끔은 옆자리 아이가 갑자기 엎어지는 시늉을 하기도 해서 그 모둠 전체를 주어야할 때도 있었지만 캐러멜은 졸음 치료약으로 꽤 효과를 보았던 것 같다. 더불어 이 방법은 학생과 신뢰를 쌓는 데도 상당히 도움을 주었다. 그건 아마도 선생님이 자신을 혼내는 것이 아니라 자신을 도와주고 있다는 것에 대한 신뢰였던 것 같다.

책을 읽는 데 또 하나의 적은 산만한 아이들이다. 무엇에도 집중하지 못하고 멍 때리는 아이들, 운동장을 바라보거나 다른 모둠의 친구와 이야기를 하고 싶어 안달하는 아이들이다. 몇 번 눈짓으로 주의를 주지만 대체로 이런 아이들은 상관없이 제가 하고 싶은 행동을 계속한다. 이럴 때는 살짝 다가가서 그 친구 뒤에서 어깨를 지그시 누른다. 그리고 그 아이 뒤에 서서 5분 동안 책을 같이 읽는다. 대부분 5분 정도를 읽다 보면 책 내용이 궁금해지게 마련이다. 대충대충 읽느라 무슨 내용인지 몰랐다가 선생님 때문에 어쩔 수 없이 5분을 읽으면 어렴풋이 알게 되기 때문에 앞부분이 어떤 내용이었는지 궁금해지는 친구들이 생긴다. 그러면 성공이다. 그런 기색이 보이면 나는 "궁금하지? 다시 앞으로 가서 다시 읽어봐." 하고는 나른 친구를 향해 발걸음을 옮겼다.

4. 활동지에 진심을 담게 하려면

한번은 책을 읽지 않고 거짓으로 내용을 가득 써놓은 녀석이 있었다. 1학년이었지만 몸집이 아주 큰 지우라는 여자아이였는데, 욕심은 많았지만 실제로는 수업에 집중을 잘 못하는 아이였다. 활동지에 반듯한 글씨로 내용을 가득 써놓아서 내심 대견한 기분에 차분하게 읽어 나갔는데 내용이 좀 이상했다. 아무리 봐도 책 내용과는 전혀 상관없는 내용이 적혀 있었던 것이다. 아마도 내가 그런 내용까지 알고 있으리라고 생각하지 못한 것인지 내용을 짐작해서 많이만 써놓으면 되겠지라고 생각했던 것 같다. 나는 좀 괘씸한 생각이 들어서 "그런 내용이 있었어? 샘은 왜 그 부분이 기억 안 나지?"라고 댓글을 달아놓았다. 그랬더니 아이가 다음 활동지에 "샘, 사실은 다 못 읽었어요. 죄송해요. 다음부터는 꼭 다 읽을게요."라고 써놓았다. 그러고는 수업이 끝나자 다가와서 물었다.

"샘, 우리가 읽는 책 다 읽어보셨어요?"

그 일이 계기가 되어 나도 가능한 한 아이들의 수업 도서는 꼬박꼬박 읽으려 노력하였다. 지우는 그 일 때문이었는지 아니면 마음에 드는 책을 골랐기 때문에 인물책을 읽는 데 굉장한 열의를 보였다. 지우가 고른 책은 자신의 분야에서 성공한 여성 리더들의 이야기인 《지금 너의 꿈이 세상을 바꾼다》였는데, 어느 날 지우의 활동지를 본 순간 나는 깜짝 놀랐다.

《지금 너의 꿈이 세상을 바꾼다》를 읽고

서지우

난 내 꿈에 대해 진지한 고민을 한 적도 없고 그렇게 관심 있는 분야도 없었다. 근데 이 책을 보고 꼭 내 꿈이 이루어지길 바라며 진지한 시간을 가지게 되었다.

이 책의 주인공 중 하나인 이소연 박사는 언제나 자신의 꿈을 꾸면서 갈등하였다고 한다. 그러니 우리들에게도 갈등을 두려워하지 말라고 조언을 하고 있다. 또 좋은 친구들과 많이 사귀라는 조언도 해주었다. 낯선 러시아에 가서 러시아어를 공부할 때도 이소연은 기죽지 않았다. 자신이 정한 길은 자신이 책임지고, 실패해도 남을 원망하지 말라는 말도 하고 있다. 카이스트를 가고 여유가 없는 생활을 하는 중에도 절대 '친구'와 '꿈'을 버리지 않았다.

이 책을 읽으니 '이소연' 박사가 항상 실패를 두려워하는 나에게 충고를 하는 것 같았다. '나는 왜 이렇게 공부를 못할까? 우리 부모님은 왜 부자가 아니야?' 이런 생각에 꿈을 갖는다는 생각을 해보지 못한 것 같다. 다시 생각해보면 나는 항상 '부모님을 더 이상 힘들게 하면 안 돼' 라는 부담으로 꿈이 생각날 때마다 포기한 것 같아서다. 실패를 두려워하지 말란 말은 지키기 힘들지만 이소연처럼 꿈을 즐기고 싶다. 왜냐하면 꿈을 정할 때마다 우리 가족에 대한 미안함과 실패하지 않으려고 애써야 했던 부담감을 나 스스로 느끼곤 했기 때문이다. 이제부터는 이소연처럼 내 꿈을 이루기 위해 노력하고 그것을 즐기고 싶다.

지우의 독후감을 본 나는 왈칵 눈물이 날 것만 같았다. 꿈을 꾸는 것조차 미안하다고 하는 아이. 이 아이의 생각이 변했다는 사실에 가슴이 뭉클했다. 그날 난 지우의 활동지에 이렇게 적었나.

'꿈을 꾸는 것은 미안한 일이 아니란다.'

5. 몸으로 기억하는 공부 — 회전목마 토론

걱정했던 인물책 읽기는 생각보다는 어려움 없이 끝낼 수 있었다. 책 읽기를 시작하고 4시간이 지나자 70~80% 아이들이 책을 다 읽었다. 그 나머지 아이들은 시간을 더 준다고 해도 읽어낼 것 같지 않았다.

7차시에는 자신이 읽은 책의 인물을 마인드맵으로 정리하기로 하였다. 혼란을 피하기 위해 나는 마인드맵의 주가지 몇 개를 정해주었다. 가운데에 중심 이미지를 그리고 주가지에 출생(가정환경), 그에게 닥친 어려움, 성공의 계기, 남다른 점, 느낀 점 등 큰 줄기가 될 만한 항목을 정해주었다. 이렇게 정리된 마인드맵을 가지고 회전목마 토론을 할 것이라고 해서였는지 아이들은 내가 생각했던 것보다 정리를 꽤 잘했다.

8차시에 예고한 대로 회전목마 토론을 하였다.

두 개의 동심원이 생길 수 있도록 의자를 원형으로 배치해 안쪽 원과 바깥쪽 원의 의자가 서로 마주볼 수 있도록 한다. 그런 다음 앞면은 마인드맵, 뒷면은 토론 내용을 기록할 수 있도록 만든 활동지를 가지고 바깥쪽에 앉은 사람이 일어나 자리를 오른쪽으로 두 칸 이동한다. 안쪽 사람은 자신의 마인드맵을 보며 토론 주제인 '사람이 성공하기 위해서 갖추어야 할 조건 3가지'에 대해 자신이 읽은 인물의 가치관과 행동을 예로 들어가며 이야기한다. 바깥쪽 사람은 안쪽 사람이 말한 것을 잘 듣고 마인드맵 뒷면에 있는 활동지에 적는다. 제한 시간은 3분을 준다. 제한 시간이 되면 바깥쪽 사람만 다시 두 칸을 이동하여 마주한 사람에게 자신이 정리한 마인드맵의 내용과 안쪽 사람에게 들은 내용을 참고하여 '사람이 성공하기 위해서 갖추어야 할 조건 3가지'를 말한다. 안쪽에 앉은 사람도 바깥쪽에 앉은 사람이 한 말을 듣고 자신의 의견을 말하며 서로의 생각을 상대에게 말하고 듣는다. 제한 시간 3분이 되면 다시 제자리로 돌아온다. 두 번을 반복한 후 제자리로 돌아오면 몇 명을 지목하여, 자신이 들은 이야기와 자신의 의견을 정리해서 사람이 성공하기 위해서는 어떤 자세가 필요한지 발표하는 것으로 수업을 마무리한다.

회전목마 토론은 많은 아이들 앞에서 발표하는 것을 극도로 싫어했던 우리 학교 아이들에게 꽤 긍정적인 방법이었던 것 같다. 발표가 싫다고 노골적으로 항의하는 아이들이 간혹 있었던 터라 친구들과 수다를 떠는 것처럼 돌아가며 이야기하는 방식이 발표를 싫어하는 아이들의 거부 반응을 줄일 수 있었다는 점에서 효과적이었다.

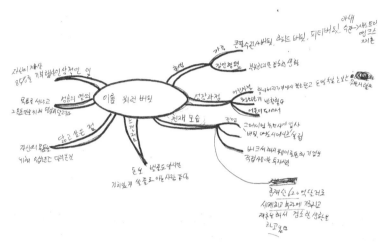

마인드맵 그리기

회전목마 토론

수업 시간 45분은 아이들에게 긴 시간이다. 이 시간 동안 교사의 일방적인 설명만 듣고 가만히 앉아 있는 것은 21세기 초고속 멀티미디어 사회 속에 살고 있는 이 아이들에게는 너무 지루한 일이 아닐 수 없다. 학생이나 교사 모두가 만족하는 효율적인 수업이 되려면 수업의 주체가 바뀌어야 한다고 생각한다. 교사는 수업에 대해 안내만 하고 학습자 스스로 수업을 만들어갈 수 있어야 한다. 주제를 던지고 그것을 찾는 방법을 안내하는 것은 교사가 맡고 학생들은 스스로 책을 읽고 주제를 찾는다. 그리고 주제에 대한 다른 친구의 생각을 듣고 자신의 생각과 비교해보며 수정하거나 상대방의 생각에 논거를 들어 비판하는 수업, 스스로 사고력을 키워가는 수업이다.

이것이 우리 모두가 꿈꾸는 수업 아닐까? 아니 아이들도 바라는 수업이지 않을까? 하는 생각을 해보았다. 수업 시간에 가만히 앉아 45분을 버티는 극기 훈련이 아니라 선생님과 함께 몸을 움직이고 머리를 움직이고 입을 움직여 자신의 생각을 말하는 수업을 생각했다. 아마도 이런 수업은 머리는 잊더라도 몸이 기억할 수 있을 것이라 생각한다. 주제에 대한 자신의 생각을 몸으로 머리로 입으로 각인시키는 수업, 오늘도 그 방법을 모색하기 위해 고민해본다.

6. 독서는 사람을 사람처럼 만든다

누구나 독서가 중요하다고 말한다. 그래서 쉽게 도서관으로 아이들을 데리고 간다. 책을 읽게 하는 것이 중요하니까. 물론 나쁘지 않다. 그러나 조금 더 관심을 기울여 준비를 한다면 아이들은 책을 통해 성장할 수 있다. 진지하게 독서를 할 수 있는 것이다.

또래들의 이야기라 쉽게 잘 읽을 거라 생각하고 가볍게 시작했던 1단계 성장소설 읽기의 저조한 완독률, 1단계 실패를 거울삼아 동기부여를 할 수 있는 다양한 방법을 모색해보고 세심하게 다가갔던 2단계 인물책 읽기의 긍정적 모습을 보며 독서 계획은 막연해서는 안 된다는 생각이 들었다. 동기부여에 무엇이 적절할지 고민하고, 읽는 동안 아이들의 읽기를 방해하지는 않지만 과정을 살필 수 있도록 하는 적절한 활동지, 그리고 아이들과 마음을 터놓을 수 있는 관계를 만드는 것이 독서 수업을 성공으로 이끄는 지름길이 아닌가 싶다.

《지금 너의 꿈이 세상을 바꾼다》를 읽었던 지우는 사실 가정 형편이 어려워 특성화고등학교를 가려고 했던 아이였다. 그런 지우가 언젠가부터 도서실을 드나들며 나와 자주 자신의 꿈을 이야기했다. 사실은 자신은 생물학자가 되고 싶다고, 그런데 일반 대학을 가는 게 부모님에게 미안해서 꿈꾸지 못했다고 했다. 그런 지우에게 나는 열심히만 한다면 이제 우리나라도 장학금으로 공부할 수 있는 길이 얼마든지 있으니 염려하지 말고 꿈을 향해 나아가라며 어깨를 두드려주었다. 지금 그 녀석은 집 가까이에 있는 인문계 고등학교에 진학했다. 그리고 시험이 끝나면 가끔 자신의 성적이 올랐다며 카카오톡을 보내오곤 한다. 나는 처음 수업의 목표로 삼았던 '자신을 돌아보고 정체성을 찾아가는 독서, 자신의 진로를 생각해보고 롤모델이 될 만한 사람을 찾는 계기가 되는 수업'이 목표에 얼마나 도달했는지 잘 알지 못한다. 그러나 내가 아는 한 아이는 책을 읽고 생각이 변했다. 두려움을 버리고 자신의 꿈을 향해 걸어가기 시작한 것이다. 그 모습을 보며 나는 생각해본다. 독서가 아이들의 삶을 변하게 한다고.

그런데 곰곰이 다시 돌아보면 학교에서 아이들과 독서 수업을 하며 사실은 아이들보다 나의 삶이 변했다는 것을 느낄 때가 많다. 아이들을 바라보는 시각, 아이들을 대하는 태도, 가르치는 방법에 대해 나는 이전보다 훨씬 더 많은 고민을 하게 된 것이다. 독서를 통해 아이들이 변화하기를 바랐지만 사실은 내가 훨씬 더 많이 변화한 것이다.

마지막 수업을 마치며 수업에 대한 평가를 받았다.

이 한마디는 앞으로도 독서를 지도하는 선생님으로서 어떤 자세를 가져야 할지 이정표가 되어줄 것 같다.

5. 독서 수업을 하면서 좋았던 점이나 개선할 점, 선생님에게 하고 싶은 말을 써 주세요
(뒷면 이용)

독서수업은 사람을 사람처럼 만드는 것 같다.

인물 도서 목록

	분류	책 제목
1	스포츠	더 큰 나를 위해 나를 버리다
2		멈추지 않는 도전
3		김연아의 7분 드라마
4		오늘을 즐기고 내일을 꿈꾸다
5		영원한 리베로
6	산악인	꿈을 향해 거침없이 도전하라
7		세계의 지붕에 첫발을 딛다
8	과학자	과학의 전도사 리처드 파인만
9		레이첼 카슨
10		제인구달
11	정치인	오바마 이야기
12		아름다운 혁명가 체 게바라
13		민족의 위대한 지도자 백범 김구
14		여학생이면 꼭 배워야 할 힐러리 파워
15		헨리 데이비드 소로
16		마하트마 간디
17		마틴 루터 킹
18	의사	벤 카슨의 싱크 빅
19		할머니 의사 청진기를 놓다
20		바보 의사 장기려
21		시골의사의 아름다운 동행
22		큰의사 노먼 베순
23		기적은 당신 안에 있습니다
24	건축가	꿈꾸는 건축가 안토니 가우디
25	외교관	바보처럼 공부하고 천재처럼 꿈꿔라
26	경영인	행복바이러스 안철수
27		스티브 잡스 이야기

	분류	책 제목
28	경영인	꿈을 향해 나아가라
29		희망을 나누어주는 은행가 유누스
30		게이츠가 게이츠에게
31	만화가	밥보다 만화가 더 좋아
32		만화의 신 데즈카 오사무
33	영화감독	월트 디즈니 : 꿈을 현실로 만든 몽상가
34		찰리 채플린
35	사진작가	뭘 그렇게 찍으세요 : 사진작가 최민식
36	화가	앤디 워홀 이야기
37		황소의 혼을 사로잡은 이중섭
38		불꽃의 화가 빈센트 반 고흐
39	음악가	윤이상 : 상처 입은 세기의 거장
40		세상에 너를 소리쳐
41		너의 꿈을 캐스팅하라
42		기적을 노래하라
43		희망을 노래한 밥 말리
44	디자이너	패션의 여왕 코코 샤넬
45		프라다 이야기
46		장광효 세상에 감성을 입히다.
47	작가	해리포터의 작가 조앤 롤링
48	요리사	일곱 개의 별을 요리하다
49	사회봉사	히말라야 도서관
50		나는 당신을 만나기 전부터 사랑했습니다
51		그건 사랑이었네
52	교사	못난 것이 힘이 된다.
53		불량 소년의 꿈
54		나는 선생님이 좋아요

	분류	책 제목
55	방송인	꿈이 있는 거북이는 지치지 않습니다.
56		오프라 윈프리 이야기
57		안녕하세요 김주하입니다.
58		김제동이 만나러 갑니다
59	역경을 극복한 인물	거위의 꿈, 폴 포츠
60		지선아 사랑해
61		살아온 기적 살아갈 기적
62		오체불만족
63		가난하다고 꿈조차 가난할 수는 없다
64		사막에 숲이 있다.
65	자기 계발	청소력
66		타샤의 정원
67~ 71	사회운동	태일이(만화)
독서에 몰입하지 못하는 아이들에게 권했던 인물 만화		세계 인물 교양 만화 WHO 시리즈 60권 (다산어린이)

회전목마 토론 활동지

◆ 토론 순서 : 인물에 대해 정리하기 → 자리 배치 → 메모한 의견 듣고
말하기 → 자리 이동하여 말하고 듣기→ 또 한 번 자리 이동하여 듣고
말하기 → 의견 정리하여 발표하기

	질문	메모하기
1	이야기를 들은 인물은 누구인가?	
	그 인물은 어떤 일을 하는 사람인가?	
	그 인물은 성공하기 위해서 어떤 노력을 기울였나?	
	그 책을 읽은 친구는 성공의 조건을 무엇이라고 하였는가?	
2	이야기를 들은 인물은 누구인가?	
	그 인물은 어떤 일을 하는 사람인가?	
	그 인물은 성공하기 위해서 어떤 노력을 기울였나?	
	책을 읽은 친구는 성공의 조건을 무엇이라고 하였는가?	

토론 후 사람이 성공하기 위해서 가져야 할 자세에 대해 갖게 된 생각을 적
어보세요.

교과랑 꽃 피게하는
독서 수업

방과 후 독서 프로그램

나를 찾아 떠나는
독서 여행

박혜연

1. 수업으로 즐거운 읽기 경험을 쌓다

나는 2013년까지만 해도 '즐거운 읽기 경험'이라는 목표를 가지고 수업을 진행하고 있었다. 일주일에 한 시간씩 2학년 아홉 개반의 수업을 창의적 체험활동 시간을 통해 읽기 수업으로 진행하고 있었다. 이 수업을 짧게 소개하자면, 학생들은 선생님이 정해준 도서 목록 중에서 자신의 수준과 흥미에 맞는 책을 찾아서 매시간 30~40분 정도 읽고 나머지 10분 동안 자신이 읽은 부분에서 기억에 남는 내용과 그것에 대한 이유 혹은 자신에게 주는 의미를 적어서 내는 것이다. 그러면 나는 그 활동지를 검토해서 피드백을 달아주고, 다음 시간에 이어서 또 읽고 작성하는 형식으로 진행한다.

그런데 이런 읽기 수업에 대해 이야기할 때마다 '읽기'라는 것이 어떻게 수업이 될 수 있는지에 대한 질문을 받곤 했다. 즉, 읽기는 스스로 알아서 하는 것인데 귀한 수업 시간을 개인적으로 할 수 있는 독서 시간으로 배정하는 것이 과연 효과가 있을까 하는 것이다. 하지만 알아서 읽기를 기대하는 사이에 우리 학생들은 학년이 올라갈수록 독서 시간과 양이 감소하고 책과 점점 더 멀어지고 있다. 그럴 수밖에 없는 것이 대학 입학 시험이라는 부담감 때문에 책 읽는 시간을 쏟는 것이 사치스럽게 느껴지기 때문이다. 또한 혹시나 여유 시간이 주어진다 하더라도 평소에 독서 습관이 돼 있지 않은 학생들에게는 독서보다는 TV나 스마트폰을 활용해서 머리를 식히는 것이 더 쉬운 일이다. 혹시나 독서에 대한

교과를 피게 하는
독서 수업

중요성을 깨닫고 독서를 시작해보려는 마음을 먹었다 하더라도 그동안 책을 안 읽어왔던 학생들은 어떤 책을 읽어야 할지에 대해서도 막막하기 마련이다. 그렇다면 교과 시간에 필독서로 나오는 도서들은 어떠한가? 그 도서가 자신의 독서 수준과 딱 맞으면 정말 다행이지만 자신의 수준보다 높을 경우 수행평가 때문에 책은 어떻게든 읽어낼지 몰라도 독서에 대한 효능감이 떨어지게 된다. 결국 마음에서 '독서'라는 것을 떠올렸을 때 '힘들고 지루하고 어려운 것'으로 귀결되어 버릴 것이다.

한국출판연구소의 2007년 국민 독서 실태 조사를 살펴보면 학생들의 독서 장애 주요 요인은 '학과 공부, 학원 수강 등으로 인한 시간 부족'(21.8%), '독서 습관 부족'(18%), '어떤 책을 읽을지 모름'(15.2%) 등으로 나타났다. 이러한 조사 결과를 보면서 학생들이 독서를 할 수 있도록 이 장애 요인들을 해결해주어야 하지 않을까 하는 생각이 들었다. 또한 노명완 교수의 〈고등학교 독서교육 활성화를 위한 기초연구〉(2005)를 살펴보면, 학생들은 학교에서 주당 독서 시간을 확보해서 자율적으로 독서를 할 수 있도록 해주기를 원하고 있었다. 이것은 학생들이 독서를 하기 위해서는 입시와 성적의 압박을 벗어나서 독서에 몰입할 수 있는 독립적이고 실제적인 독서 시간이 필요하다는 것을 알려주고 있다.

물론 모든 학생들에게 독서 시간이 주어진다고 해서 독서가 저절로 이루어지지는 않는다. 고등학생이지만 독서 습관이 잡히지 않은 학생들이 많다. 그런 학생들은 자신이 어떤 책을 좋아하고 어떤 책을 읽어야 하는지 갈피를 잡지 못한다. 혹시라도 자신과 맞지 않는 책을 찾아서 읽게 되면 금방 지치게 된다. 또한 독서 습관이 있다고 하더라도 읽다가 난관에 부딪히면 포기한다. 높은 수준의 책에 도전하기보다는 자신이 읽어왔던 패턴의 책만 읽게 되는 경우가 많다. 그래서 나는 읽기 시간이 시작되면 한 명 한 명 학생들의 책 읽는 모습을 '스캔'한다. 이해하면서 읽고 있는지, 그냥 책장을 넘기는 것은 아닌지, 다른 생각을 하느라고 집중을 못 하고 있는 것은 아닌지, 읽는 척을 하고 있지만 졸고 있는 것은 아닌지를 파악한다. 그래서 필요에 따라 책의 내용을 다시 설명해 주거나 수준에 안 맞는 경우 다른 책을 함께 찾아보거나 함께 읽어가며 내용을 파악하도록 도와주는 역할을 해주는 것이다. 그렇게 해주지 않으면 책에 흥미가 없는 학생들이나 책 읽기 능력이 부족한 학생들은 어느 순간 읽기를 포기하고 더 무력해지기 십상이다. 따라서 읽기 수업의 성패는 학생이 얼마나 자기에게 맞는 책을 고르느냐와 교사가 얼마나 세심하게 학생 한 명 한 명의 상태를 잘 파악하는가에 달려있다. 겉보기에는 정적이 흐르는 아주 조용한 읽기 시간인 것 같지만 읽기를 포기하려는 학생들의 무기력과 읽기라는 흐름에 아이들을 끼워 넣고자 하는 교사와의 전쟁의 시간인 것이다. 그때 교사는 그 무기력에 맞서서 함께 싸워주고 용기를 주는 시간으로 만들어나가야 한다.

그렇게 읽기 시간을 함께 보낸 다음 10분 정도는 자신이 읽은 범위의 페이지와 기억에 남는 내용, 이유, 느낌, 예상되는 내용을 활동지에 기록하고 제출하는 것으로 수업을 마무리한다. 난 학생들이 써낸 글의 충실한 독자가 되어 나의 감상과 생각을 적어주는데, 되도록 길게 쓰려고 노력한다. 300명이 넘는 아이들의 글에 하나하나 길게 글을 쓰는 것이 쉽지는 않지만 학생들이 독서를 하면서 의사소통하는 기쁨을 느끼게 하고 자신의 글에 반응이 있을 수 있다는 사실을 꼭 알려주고 싶었다. 그래서 자신감을 가지고 자신이 읽고 있는 것에 대해 좀 더 의미를 부여할 수 있으면 했다. 사실 학생들이 제출한 내용이 전부 공감이 되는 것은 아니었다. 그래서 혹 내용이 빈약하거나 이해가 안 되는 경우엔 질문을 하거나 반론을 써주기도 했고, 진지하지 못한 글과 태도에 대해선 따로 불러서 왜 이렇게 썼는지, 혹시 불편한 것이 있거나 책 내용이 이해가 잘 안 돼서 그러는지 물어보았다. 그런 것도 아닌 정말 수업을 가볍게 여기는 경우라 여겨지면 진지한 태도를 요청했다.

비록 일주일에 한 시간이었고 성적에 들어가는 시간은 아니었지만 학생들은 생각보다 진지하게 임해주었다. 물론 끝까지 책에 대해 흥미를 느끼지 못하고 방황한 학생도 있었지만 자신이 책 읽기를 좋아하는지 몰랐는데, 이 시간을 통해서 책이라는 게 참 재미있는 것이고 즐거운 것이라는 것을 알았다고 얘기해주는 학생들도 꽤 있었다.

2. 읽기, 쓰기, 듣기, 말하기를 함께하는 독서 수업으로

독서 수업에서의 말하기 수업은 주로 같은 주제를 가지고 같은 텍스트를 읽고 토론이나 토의를 하는 것이 일반적인데, 학생들이 다양한 책을 함께 읽고도 말하기 활동으로 끌어낼 수는 없을까 고민을 하게 되었다. 그러던 중 논문 하나를 발견했다. '자기 선택적 독서 프로그램'을 소개하는 내용이었다. 그것은 두 시간 연달아 하는 블록 수업으로 첫 번째 시간에는 각자 자신이 읽고 싶은 책을 읽고 두 번째 시간에는 읽은 내용에 대해서 발표하고 질문하는 방식으로 진행하는 것이었다.

나는 이것을 창의적 체험활동 시간에 하고 있는 읽기 수업에 접목시켜보는 것은 어떨까 생각했다. 그러나 창의적 체험활동 시간은 두 시간을 연달아 하는 블록 수업이 아니었다. 그렇다고 한 시간 안에 읽기도 하고 서로 토의도 하는 것은 무리가 있었다. 또한 한 시간 읽고 나서 일주일 뒤 한 시간 동안을 토의 시간으로 하는 것도 바람직한 것 같지는 않았다. 토의 수업이든 토론 수업이든 조별로 수업을 진행할 때는 조를 구성하는 구성원들의 토의의 목적에 대한 이해도와 각자의 성실성 그리고 서로를 존중하는 마음과 배려가 매우 필요하다. 구성원들끼리의 관계가 원만해야 각자 자기가 읽은 내용을 정리해서 발표하는 것을 서로 말할 수 있고 들어줄 수 있다. 그런데 2학년 학생들을 일주일에 한 시간씩 창의적 체험활동 시간에만 만나다 보니 학생들 사이에서 어떤 일이 일어나는지 알기가 어렵고, 알게 된다 하더라도 그것들을 조율해주기가 쉽지 않아서 섣불리 도전할 수 없었다. 이런 고민을 하고 있던 시점에 교감 선생님으로부터 방과 후 독서 프로그램 제안을 받았고, 방과 후 프로그램이라면 좀 더 적극적인 읽고 말하기 시간이 가능하지 않을까라는 생각이 들어서 바로 기획에 들어갔다.

기획한 프로그램의 첫 번째 방침은 무엇보다 각자의 적성과 흥미에 맞는 것을 스스로 선택해보는 기회를 주는 것이었다. 늘 주어진 것이 익숙한 학생들에게 자신이 선택하고 그 선택에 대해 책임을 지는 기회, 실패해볼 수 있는 기회, 그런 작은 실패들을 통해 도서 선택의 실력을 기르는 기회를 제공하고 잃어버렸던 책에 대한 흥미를 찾아주는 것이었다. 여기서 독서지도사의 역할은 방만한 도서들 안에서 길을 잃지 않도록 방향을 제시해주고, 실패가 거듭되는 상황에서도 학생들이 포기하지 않도록 함께 책을 골라주고 필요한 정보를 제공하는 것이다.

두 번째 방침은 책을 읽고서 끝나는 것이 아니라 자신의 감상을 다른 사람에게 표현해보는 것이었다. 자기가 읽은 내용을 재구성해서 조원들에게 발표하는 것이다. 학생들에게는 발표 수업 외에는 말하기 연습을 할 기회가 별로 없다. 그런 학생들에게 매시간 자기가 책을 통해 배운 것을 말하는 기회를 준다면, 다른 학생들이 말하는 것을 보면서 자신의 말하기를 점검할 수 있고, 그 점검을 통해 말하기 실력을 키울 수 있게 될 것이다. 말하기 실력을 키우는 기회가 될 것이다. 이러한 방침을 통해서 읽기 습관 기르기, 말하기, 다른 사람의 말하는 것 듣고 배우기, 말하고 듣기로 생각하기, 생각을 감상문으로 표현하기를 목표로 하는 프로그램을 만들게 되었다.

프로그램의 이름은 어떻게 할까 고민이 되었다. 이런 고민을 여러 선생님들께 말씀드리자, 학생들이 책을 선택할 때 자신의 진로를 염두에 두고 선택할 수 있도록 계획을 조금 보완해서 진로 독서 프로그램이라고 하면 어떻겠냐고 말씀을 하셨다. 기왕이면 자신의 진로탐색 기회도 가질 수 있는 것이 좋다는 생각이 들었다. 다만 그 진로탐색의 기초가 외부의 상황보다 '나를' 탐색하는 것에서 시작하는 것이 좋겠다고 생각했다. 물론 대학에 가면 어떤 전공이 있고 세상에는 어떤 직업들이 있는지에 대한 교육도 중요하다. 그렇지만 이 시간만큼은 '내가' 무엇을 좋아하고 무엇에 반응을 보이고 무엇에 관심이 있는지에 대해서 알아내는 과정, 그리고 그 관심사에 도움이 되는 것을 찾아가는 과정이 됐으면 했다. 그리고 자신이 가야 할 길을 정했다면 그 분야에 대한 도서들을 찾아보고, 그 분야에 대한 관심을 더 깊이 내면화하는 과정이 될 수 있다는 생각이 들었다. 그래서 고민 끝에 나온 프로그램의 이름은 '나를 찾아 떠나는 독서 여행'이 되었다.

모두 40시간으로 1학기 두 시간씩 10개 차시, 2학기 두 시간씩 10개 차시씩 하는 것으로 시간 배정이 되었고, 인원은 20명 정도로 결정했다. 2014년 초에 1학년, 2학년 학생을 대상으로 첫 모집을 했다. 생각보다 반응이 매우 뜨거웠다. 80명 가까이 지원을 한 것이다. 이 학생들과 전부 다 함께 할 수는 없었기에 이 프로그램에 지원하게 된 동기 등을 써 내도록 했다. 그러자 인원이 40명으로 줄었다. 그중에서 20명을 뽑는 것보다는 더욱 많은 아이들에게 기회를 주는 방향으로 결정했다. 결국 1학기에 2학년 20명 10개 차시, 2학기에 1학년 20명 10개 차시로 진행하는 것으로 프로그램을 시작했다.

3. 마음 준비하기와 책 고르기

프로그램 첫 시간에 2학년 학생들과 마주했는데, 기대도 되면서 그 기대만큼 많이 떨리기도 했다. 학생들도 마찬가지인지 설렘 가득한 눈빛들을 볼 수 있었다. 한 명도 늦거나 빠지지 않고 앉아 있었다. 그러한 눈빛이 끝까지 함께하길 바라는 마음으로 첫 시간을 시작했다. 먼저 프로그램의 궁극적인 목적과 세부 방침을 자세히 알려주었다. 무엇보다도 능동적으로 말해야 하며 다른 친구들의 이야기를 경청해야 함을 강조했다. 그런 태도를 통해서 서로에게 배우는 기쁨을 얻게 될 거라고 알려주었다.

〈나를 찾아 떠나는 독서 여행에서 필요한 자세〉

- 결석하지 않겠습니다. 혹시라도 빠질 경우에는 선생님과 의논하여 빠지는 부분을 스스로 해결하도록 노력하겠습니다.
- 선생님의 설명을 잘 듣고 잘 보고 잘 따라 하겠습니다.
- 모든 활동에 적극적이고 긍정적인 태도로 임하겠습니다.
- 친구들의 의견에 경청하는 태도로 임하겠습니다.
- 모든 친구를 스승으로 생각하고 배우는 태도로 임하겠습니다.
- 개인의 유익뿐 아니라 공동체의 유익도 생각하겠습니다.

오리엔테이션 자료로 썼던 공지 사항

그리고 간단한 성향 검사를 했다. 그 결과를 통해 자신이 알고 있었던 성향과 비교해보고, 검사지에서 말하는 것들이 자신과 맞는지 살펴보는 시간을 가졌다(인터넷이나 책을 찾아보면 자신의 성향을 검사해주는 프로그램이 많이 있는데 나는 《진로를 디자인하라》에 나와 있는 성향 유형 검사를 사용했다). 그리고 성향 유형 검사 결과를 바탕으로 여러 가지 성향을 섞어서 조를 구성했다.

두 번째 시간에는 책을 고르는 시간을 가졌다. 논문에서 소개된 '자기 선택적 독서 프로그램'에서는 책 고르는 방법으로 'BOOKMATCH 전략'을 제안한다. 'BOOKMATCH 전략'은 책을 고르는 기준을 제시한다. 그래서 알파벳 하나당 하나씩의 기준과 의미가 있다. 예를 들어 첫 알파벳 'B'는 'Book Length'를 뜻하는 것으로 먼저 책의 분량을 살펴보는 것이다. 자신이 평소에 읽어왔던 분량 등을 고려하여 읽을 수 있는 분량인지를 살펴본다. 다음 알파벳 'O'는 'Ordinary Language'로 일상 언어를 뜻한다. 아무 곳이나 펼쳐서 읽어보고 단어가 편안하게 다가오는지, 내용이 이해되는지 등을 살피는 것이다. 제목이나 책의 느낌을 보고 선택했다가 막상 읽어보면 자신과 맞는 책이 아님을 느끼게 되는 경우가 있는데 이를 방지하기 위한 기준이라 할 수 있다. 이런 식으로 9가지 기준을 제시하고, 그 기준에 따라 각자 고른 책이 자신에게 맞는지를 찾아가는 방법이다. 이 기준을 표로 정리해서 나눠주고 각각의 기준에 대해 짧게 설명해주었다. 그리고 그 기준을 바탕으로 내가 읽을 수 있는 책인지를 평가해본 다음 각각에 해당하는 내용을 적어서 보고서로 작성할 것을 안내했다. 그럼에도 막상 보고서를 작성하려면 어떤 식으로 작성해야 하는지를 잘 모르는 학생들이 있을 것 같아서 미리 작성되어 있는 보고서를 함께 나눠주었다. 그렇게 학생들이 그 보고서를 작성해 오면 함께 살펴보면서 학생이 그 책에 대해 어느 정도 파악하고 있는지를 함께 점검하고 이야기를 나누며 책을 읽을지를 결정했다.

〈표 1〉 BOOKMATCH

단계		책 선정을 위한 기준
B	책의 분량 (Book length)	이것이 나에게 좋은 길이인가? 너무 적은가, 딱 맞는가, 너무 많은가? 책을 접하고 싶은 느낌이 드는가?
O	일상 언어 (Ordinary language)	아무 페이지나 펴서 크게 읽어 보아라 자연스럽게 들리는가? 잘 흘러가는가? 의미가 통하는가?
O	구조(Organization)	책이 어떻게 구조화되었는가? 활자의 크기와 한 페이지의 글자 수는 편안한가? 한 챕터가 긴가? 짧은가?
K	책의 선행지식 (Knowledge prior to book)	제목을 읽고 겉표지를 보거나 책 뒤의 요약문을 읽어라 이 책의 주제, 저자에 대하여 내가 이미 아는 것은 무엇인가?
M	다룰 만한 텍스트 (Manageable text)	책 읽기를 시작하라 이 책의 단어들은 쉬운가, 딱 맞는가, 어려운가? 이 책은 적절한 정도의 도전심을 주는가? 내가 읽은 것을 나는 이해할 수 있는가?
A	장르에의 호소 (Appeal to genre)	장르가 무엇인가? 전에 이 장르를 읽어보았는가? 나는 이 장르를 좋아하거나 좋아하기를 기대하는가?
T	주제 적합성 (Topic appropriateness)	나는 이 책의 주제가 편안한가 내가 이 주제에 관하여 읽을 준비가 되었다고 느끼는가?
C	연관(Connection)	이 책을 연관 지을 수 있는가? 이 책은 어떤 것이나 어떤 사람을 나에게 상기시키는가? 나는 이 책을 다른 책이나 실제 삶의 경험과 연관 지을 수 있는가?
H	높은 흥미 (High interest)	나는 이 책에 흥미가 있는가? 이 책을 다른 사람이 추천하였는가? 내가 이 책을 읽는 목적은 무엇인가?

이 BOOKMATCH 전략은 어떻게 책을 골라야 할지 몰라 제목의 끌림과 표지의 느낌으로 선택해왔던 학생들에게 도서를 체계

적으로 점검할 수 있도록 하는 활동으로 매우 유용했다. 책을 고를 때 어떤 기준으로 골라야 하는지에 대해서 배우는 시간이 된 것이다. 하지만 책을 고르는 이 방법이 완벽하다고 생각하지는 않는다. 다만 그동안 책을 너무 쉽게 혹은 막연하게 골라왔던 습관들을 조금씩 고쳐나가는 데 도움을 주기 위해 필요한 방법이라는 생각이 들었다. 하지만 이 과정을 반복하면서 학생들은 책을 고르기 전에 많은 양의 글을 써 내야 하는 것을 조금씩 버거워하기 시작했다. 사실 내 눈에도 책을 고를 때마다 9가지 기준을 전부 다 써내는 것이 좀 번거로워 보였다. 학생들이 책을 고르는 데 써야 할 에너지를 보고서를 작성하는 데 사용하는 바람에 정작 책을 고르고 읽는 데에 집중하기 어려워하는 것은 아닌지에 대해 생각해보게 되었다. 그래서 9가지 기준 중에 뒷부분(MATCH)을 빼고 'BOOK' 부분만 써보도록 해보고, 이에 더해 학생들의 반응과 책 고르는 과정을 살펴보면서 조금 더 가볍게 만들어보기도 했다. 그런 과정 속에서 나와 학생들에게 맞는 방법을 찾아 조금씩 수정해나갔다. 또 책을 선택하는 데 큰 어려움을 겪지 않는 학생들에게는 이 과정을 생략하도록 했다. 무엇보다 이러한 훈련을 통해 나에게 맞는 책을 고르는 감각을 스스로 익히는 것을 목적으로 했기에 학생들이 보고서를 내는 것에도 너무 연연해하지 않기로 했다.

책 고르기 시간을 준비하면서 학생 한 명 한 명의 성향과 진로 방향을 보면서 거기에 맞을 만한 책을 한 권씩 추천해주기 위한 준비도 해놓았다. 그래서 학생들의 맞춤 도서 목록을 표로 만들어 나눠주었다. 막상 학교 도서관의 많은 책들 앞에 서면 무슨 책을 읽어야 할지 감이 안 오는 경우가 많기 때문에 그 막막함을 덜어주면서 시작하고 싶었다. 그 목록에 호기심을 보이는 학생들에게는 그 책에 대해 알려주고 설명해주었다. 처음에는 선생님이 추천해준 도서 목록에 의지하는 부분이 많았지만 시간이 지날수록 각자 알아서 자신에게 맞는 도서를 준비해 오는 모습을 볼 수 있었다. 그러다 보니 역으로 학생들의 설명과 보고서를 통해 나 역시도 분야별 도서 목록의 정보를 더 늘릴 수 있었다.

2차시의 1교시 책 고르기 시간이 끝나고 2교시에는 자신이 고른 책에 대해서 어떻게 골랐는지, 어떤 책인지를 조별로 소개하는 시간을 가졌다. 이 프로그램의 첫 번째 말하기 시간인 것이다. 사실 말하기는 이론으로 배우는 것이 아니라 모델을 통해서 배우는 것이 더 효과적이기 때문에 교사의 시범에 초점을 두기로 했다. 그래서 말하는 방법에 대해서는 짧게 언급하고 나 역시도 학생들과 같이 책을 고르고 조별 토의에 동참했다. 각자 조별로 알아서 조장을 정하게 하고, 조장이 발표를 진행하고 나는 조별 토의 때마다 조원으로 참여해서 말하기의 모델을 보여주기로 했다. 그렇게 모델을 보여줬음에도 학생들은 발표하는 것을 어색해 했다. 사람들 앞에서 자신이 읽은 내용을 설명해주는 것이 쑥스럽고 부담스러웠던지 자신이 쓴 내용만을 쳐다보며 소리내어 읽고 끝내는 것이었다. 첫술에 어찌 배부르랴. "우리 발표를 할 때는 되도록 자신이 쓴 글을 읽기보다 친구들에게 이야기하듯이 풀어서 설명해주는 것을 목표로 준비를 하면 좋을 것 같아."라고 이야기를 하고 2차시를 마무리했다.

ㄴ. 말하기 수업 생각보다 어렵다

3차시부터는 드디어 1교시에는 책을 읽고 2교시에는 조별 토의를 하는 본격적인 수업이 진행되었다. 1교시에 책을 읽으면서 마지막 10분 정도 자신이 읽은 내용을 독서기록장[1]에 정리했다. 그렇게 보고서에 정리를 하면서 조별 토의에서는 어떤 식으로 발표할 것인지도 준비하도록 했다. 독서기록장에는 '내용 요약', '인상 깊었던 구절', '나에게 주는 의미', '궁금한 사항'에 대해 적을 수 있게 구성하고, 그 밑에는 조별 토의를 하면서 발표가 가장 인상 깊었던 조원과 그 이유에 대해 적는 칸과 내가 발표했을 때 받은 질문과 답을 적는 칸도 포함시켰다. 즉 학생들이 각자 자기가 읽은 부분을 발표하면 나머지 친구들은 그 발표를 듣고 꼭 질문을 하도록 했다. 그리고 발표자는 그 질문에 대답을 해주는 것으로 발표를 마무리하게 했다.

학생들은 1교시의 책 읽기와 독서기록장 작성은 무난하게 해냈다. 하지만 조별 토의는 힘들어했다. 나도 학생들과 함께 책을 읽고 조별 토의에 돌아가면서 참여했는데, 말이 적은 아이에게 질문

---

1. 참고 자료 참고

도 하고, 발표한 내용에 대해 내가 알고 있는 것이나 궁금한 것들을 이야기했다. 그래서 내가 토의에 참여한 조에서는 토의가 조금이나마 활발히 진행됐지만, 그렇지 않은 조는 어떻게 하고 있는지 알 수가 없었다. 눈치껏 다른 조들을 살펴보곤 했지만 뭔가 활발하게 진행되기보다는 형식적으로 진행되는 것은 아닌지 걱정이 됐다. 그러다 보니 조별 토의를 지켜볼수록 마음이 조금씩 초조하고 조급해지기 시작했다.

조별로 돌아가면서 발표하는 방법을 설명해주고 시범도 보여줬지만 여전히 학생들은 말하기 대신 자신이 정리해서 적은 내용을 읽어내는 것에서 벗어나지 못하고 있었다. 어느 정도 시간이 지나면 고쳐질 것이라고 생각했으나 발표 태도가 잘 고쳐지지 않는 몇몇 학생들을 보며 마음이 점점 더 답답해졌다.

조별 토의 시간 : 각자 읽은 내용을 친구들에게 설명하고 있다

조급한 마음에 나는 발표하는 학생을 보고 "선경아, 쓴 내용을 읽지 말고 요약 정리해서 말해볼까?"라고 했는데, 그 이후 선경이의 표정이 급격히 어두워지는 것을 느꼈다. 내가 실수를 한 것 같다는 생각이 직감적으로 들었다. 그날 수업이 끝나고 선경이와 이야기를 나누었는데, 선경이는 "저는 여기서 책만 읽을 줄 알았지. 이렇게 말까지 해야 할 줄은 몰라서 당황스럽고 힘들었어요."라고 말했다. 어두운 표정과 어찌해야 할지 모르겠다는 선경이의 표정을 보며 준비되지 않은 상태에서 등 떠밀리듯 말해야 했던 막막함과 부끄러움이 공감되어 너무 미안한 마음이 들었다. 다른 친구들도 그랬을지 모르지만 특히 선경이에게는 초반에 이 수업에 대한 설명과 준비 작업이 많이 부족했던 것 같다는 생각이 들었다. 이미 지나간 것은 어쩔 수 없었기에 그때부터 내 욕심을 내려놓고 학생들에게 안심이 될 수 있는 말을 자주 해주려고 노력했다. 되도록 독서기록장을 보지 않고 발표를 하되, 그것이 안 되는 친구들은 읽으면서라도 발표를 하는 것으로 이야기하고 조금 더 지켜보기로 했다.

하지만 조별 토의가 어려운 또 한 가지 문제가 있었다. 시간이 갈수록 가끔씩 빠지는 학생들이 생기는 것이었다. 이유도 제각각이었다. 병원에 가야 하는 상황, 친구 생일 파티에 가야 하는 상황 등등. 처음에 미리 3번 이상 빠지면 수료를 할 수 없다고 공지했기에 3번 이상 빠지는 학생들이 많지 않았지만 적절한 인원으로 조를 구성해놓은 의미가 없어졌다. 결국 매일매일의 상황에 따라 조가 재구성되었다. 그래서 평소에 발표를 잘하고 자신 있어 하는 친구들을 적절히 배치할 수 있었던 장점도 있었지만, 강의식 수업이 아닌 함께 만들어가는 수업이었기에 몇 명만 안 와도 그 조는 찢어져서 토의를 하게 되거나 다른 조에 흡수를 시킬 수밖에 없었다. 그럴 때마다 그 조원들의 표정이 어두워지는 것을 보며 마음이 안타까웠다.

5. 반성과 함께 프로그램을 재구성하다

1학기 10개 차시라는 시간은 짧은 시간이었다. 조금씩 프로그램에도 서로에게도 이제 좀 적응해가나 싶었는데 끝나버린 것이다. 마지막 차시는 수료식으로 진행했다. 수료증 수여에 이어 학생들 각자 자신이 읽은 책 목록과 감상문을 정리하는 시간을 가졌다. 학생들은 수료 감상문을 작성하며 서로가 훈훈한 덕담을 나누며 수고했다는 인사말을 주고받았다. 겉으로 보기엔 별 불만 없이, 특별한 문제 없이 조용히 끝난 1학기 프로그램이었지만 내가 기대했던, 학생들의 적극적인 참여나 원활한 토의는 일어나지 않았다. 그것은 또한 수료 감상문을 살펴보면서도 확인되었다. 조별 토의에서 말하는 것이 끝까지 어려웠다고 몇몇 학생들이 적어 낸 것을 보며, 조별 토의 활성화를 위해서는 좀 더 세심한 배려가 필요하다는 것을 느꼈다. 그래서 방학 때 수료한 학생들을 불러서 맛있는 것을 사주면서 어려웠던 것들 혹은 도움이 필요했던 것들이나 제안하고 싶은 것은 없는지 이야기하는 시간을 가졌다.

학생들은 처음에는 다 좋았다고, 별 문제 없었다고 말했다. 하지만 내가 구체적으로 하나하나 질문을 하자 한두 명이 쭈뼛쭈뼛 힘들었던 부분들을 대답하기 시작하더니 각자 자기의 생각들을 자연스럽게 말하기 시작했다.

"진짜 좋았는데요. 조원들이랑 약간 어색해서 처음에 말하기가 좀 힘들었어요."

"저는 저번에도 말씀드렸지만 처음에 제가 말하는 시간이 없는 줄 알았는데요. 발표하라고 하셔서 깜짝 놀랐어요."

"조원들이랑 친해지는데 오래 걸렸는데 나중에 또 조가 막 바뀌고 그래서 힘들었어요."

"질문을 하라고 하는데 질문할 게 너무 없고, 찾아지지 않아서 힘들었어요."

"나를 찾아준다고 해서 시작했는데 내가 찾아진 것 같지 않아서 답답했어요."

아이들의 이야기를 들으면서 프로그램 속에 결핍된 몇 가지와 업그레이드해야 할 부분들이 있음을 구체적으로 알게 되었다. 첫 번째는 처음 시작할 때 서로 친해질 시간이 충분하지 않았다는 것이다. 어떤 프로그램을 하든 시작할 때는 아이스브레이크를 하면서 참여하는 학생들의 성향도 살펴보고 서로에게 익숙해지는 시간을 가졌는데, 이번 프로그램에서는 열 번이라는 시간이 적다고 느꼈고, 그래서 준비하는 시간을 최대한 줄여 본격적인 수업을 더 많이 하려는 욕심에 프로그램을 조급하게 끌고 나갔던 것 같다. 또한 이번 프로그램의 학생들은 내가 대부분 아는 학생들이었고,

같은 학교 2학년들이라 서로서로 어느 정도는 알고 있을 거라고, 혹시 많이 친하지 않아도 서로 발표도 하고 질문도 하다 보면 자연스럽게 친해질 수 있을 거라고 쉽게 생각했던 것 같다. 그래서 아이스브레이크 시간 대신 짧게 서로에 대해, 그리고 이곳에 온 각오와 다짐에 대해 소개하고 인사만 했던 것이 경직된 마음을 풀 수 없게 만들어버린 것이다.

두 번째는 조 구성에 배려가 필요하다는 것이었다. 고등학생이니까 좀 더 성숙한 모습으로 다양한 사람들을 받아들여야 한다는 생각이 있었다. 그래서 친분 등을 고려하기보다는 초반에 실시한 검사 결과에 따라 다양한 성향을 섞는 것에 치중했다. 하지만 이것은 말 그대로 나의 '이상'이었을 뿐이다. 정직하게 생각해보면 나 역시도 생소한 곳에 가면 말하기가 꺼려지고 모르는 사람들 앞에서 말하는 것이 쉽지 않은데 학생들은 오죽했을까. 거기에 친한 친구가 조에 한 명도 없다고 급격한 불안 증세를 보이는 학생의 호소에도 나는 "여기 전부 다 서로 친한 친구는 없다"며 바꿔주지 않았으니, 말하기 수업이 더욱 경직될 수밖에 없었던 것이다.

세 번째는 질문 만들기의 어려움이었다. 질문은 압박한다고 생기는 것이 아니기 때문이다. 또 그냥 마음속에 질문이 생길 때만 하라고 한다면 질문을 점점 안 하는 분위기로 흐를 가능성이 컸다. 질문 시간을 없애자는 의견도 있었으나 발표자가 발표하고 아무런 질문이 없으면 형식적인 말하기 시간이 된다는 내 설명에 아이들 역시 질문하는 시간이 있어야 한다는 것에는 동의했다. 그리고 함께 좋은 아이디어에 대해 얘기를 나눠보았다.

"선생님, 꼭 질문이 아니더라도 발표자가 한 말에 대해 자신이 알고 있는 것이나 해주고 싶은 말을 하는 것은 어떨까요?"

좋은 생각이었다. 어쩌면 하고 싶은 말이 있었는데 잘난 척하는 것처럼 보일까 봐 말하지 못하는 학생도 있었을지 모른다는 생각이 들었다. 이것이 질문을 하는 능력을 끌어내지는 못할지라도 말하기 시간을 더욱 풍성하게 해주는 요소는 될 것 같았다. 수업에 대해 진지하게 건의해주고 좋은 의견을 내준 학생들과 함께하는 시간이 아프기도 했지만 유익했다. 또 학생들에게 고마웠다.

이렇게 반성한 내용을 바탕으로 2학기 수업을 재구성해보았다. 가장 먼저 바꿔야 할 것은 첫 번째 시간의 아이스브레이크였다. 즐거우면서도 서로의 얼굴을 익힐 수 있게 돌아가면서 각자의 얼굴 한 부분씩만 그려서 완성하는 게임을 준비했다. 그렇게 서로의 얼굴을 억지로라도 보는 시간을 가지고 자신의 각오와 다짐을 발표하는 시간을 가졌다.

또 중요한 것은 조 구성이었다. 무엇보다 조별 토의를 진행하면서 '말하기의 모델'을 보여줄 수 있는 리더십 있는 학생을 조장으로 배치했다. 1학기에 이 프로그램에 참여했던 학생들 중에서 적극적으로 참여했던 4명에게 한 번 더 프로그램에 참여해서 멘토 역할을 해보도록 제안했다. 그 학생들은 흔쾌히 하겠다고 답했다. 나는 특별하게 무엇을 가르치려 하기보다는 저번 학기에 경험했던 것들을 바탕으로 모델이 되어 보여주기만 하면 된다고 역할을 설명해주었다.

그렇게 시작한 2014년 2기 프로그램 멘토 4명의 참여는 생각보다 놀라운 결과를 가져왔다. 아무래도 그 4명은 1학기에 자신의 생각을 활발하게 이야기하고 질문도 스스럼없이 했던 친구들이었기에 많은 애정을 가지고 프로그램에 임해주었다. 1학년들은 선배들이 조별 토의를 진행해주자 신기해하며 잘 따랐고, 2학년들은 읽은 것을 잘 정리해서 이야기해주었다. 나는 종종 4명의 멘토를 만나 조별 토의 상황을 물어보고, 문제가 있다면 진행 방법을 함께 의논하며 점검했다. 그러다 보니 1학년은 2학년 모델을 좇아가는 분위기가 자연스럽게 되었고 토의 분위기 역시 무르익어갔다. 특히 2학년 학생들이 조별 토의 중에 사명감을 가지고 1학년 학생들이 말하기를 잘할 수 있도록 안내하고 돕는 역할을 적극적으로 하고 있는 모습은 놀라울 정도였다.

"오늘 우리 조는 보고서는 덮고서 한번 말해보자."

"오늘 민선이는 한 명 이상에게 꼭 질문해야 해."

"질문할 게 없어? 그럼 따라 해봐. 네가 읽은 부분 중에 기억에 남는 내용은 뭐야?"

학생들은 내가 지도할 때보다 압박감이 덜한지 선배들의 조언에 흡수되어 조금씩 조별 토의 시간에 적응해갔다. 이제는 내가 참여하는 것보다 학생들에게 시간을 주고 토의할 때 더 활발해지는 것을 느낄 수 있었다. 자신의 경험을 토대로 수업을 이끌어갔던 2학년들이 진정한 교사가 되어준 것이다. 그러면서 조별 토의를 통해 말하기 훈련의 의미와 중요성을 스스로 느껴간 것 같다.

2014 2학기 나를 찾아 떠나는 독서여행 소감문

2학년 정○○

1학기 때 이 프로그램을 신청했을 때는 책을 읽어보는 목적만 가지고 신청했었기 때문에 질문, 질문에 대한 대답 소개 등 말하는 능력 같은 것들은 떨어졌었다. 그러나 2학기에 이 프로그램을 다시 하게 되는 기회가 생겨서 자꾸 말하게 되니까 발표할 때도 어색하거나 부끄럽지 않고 나의 의견을 좀 더 정확하고 자신 있게 표현할 수 있게 된 것 같아 내심 뿌듯했다. 1학기 때와 달리 내 취향의 책을 확실히 찾을 수 있게 되었고 책을 무조건 '좋다'라고만 평가했던 것과 달리 이제 그 책에 대해 나의 의견을 내고 비평하는 것이 자연스러워진 것 같다. 이런 나의 변화가 신기하기도 하고 어색하기도 하다. 그러나 싫지는 않다.

아쉬웠던 점은 그다지 없다. 그리고 건의사항 같은 것들도 없다. 1학기 때는 아쉬웠던 점이랑 건의사항을 구구절절 늘어놓았던 것 같은데……. 내가 변하게 되니까 이 프로그램 자체가 재미있어진 것 같다.

무척 유익하고 즐거운 시간이었던 것 같다. 시간이 갈수록 이 시간이 재미있어지고 흥미로워져간 시간이었다. 이 프로그램으로 인해 나의 진로나 성격에 대한 생각에 변화가 생긴 것 같다.

이번 프로그램을 새롭게 접하는 1학년 학생들은 2학년 선배들의 자연스러운 발표 모습을 보고 감탄하기도 하고 선배들의 말에 빠져들어 경청하는 모습을 보여주었다. 이러한 분위기 덕분에 1학년 학생들은 1학기에 했던 친구들보다 더 빨리 수업에 적응하고, 말하기와 듣기를 수월하게 습득해나가는 것을 확인할 수 있었다.

즉 선배들이 역할 모델이 되어 말하기를 쉽게 배워나간 것이다.

또 선배들은 1학년 친구들이 거침없이 질문하는 모습을 보고 많이 배웠다고 이야기했다. 처음에 이 수업을 할 때는 질문을 해야 한다는 것에 대해 너무 큰 압박감이 있었다고 했다. 그런데 1학년 학생들은 "이 책 재미있어?" 혹은 "너무 두꺼운 거 같은데 전에도 이렇게 두꺼운 책 읽은 적 있어?" "너는 주인공이 한 일을 너한테 하라면 할 수 있을 거 같아?" 등과 같이 질문에 거침이 없었다며, "우린 질문에 대해 너무 무겁게 생각했었나 봐요."라고 말하였다. 서로가 서로에게 배운다는 의미를 조금씩 체득해가는 것 같아서 뿌듯했다.

나를 찾아 떠나는 독서여행 소감문

1학년 우○○

처음 나를 찾아 떠나는 독서여행을 했을 때는 '아 그냥 책 읽는 곳인가?'라는 생각을 했는데 책 읽는 것뿐만 아니라 서로 모여 앉아 토의까지 해서 약간 당황했었다. 원래 나는 남들 앞에서 말하는 걸 좋아하지 않아서 그 얘기를 들은 이후 기대감이 없어졌었다. 그런데 한 주 한 주 책을 읽고 그 책에 대한 내용을 다 같이 말하고 듣다 보니 생각이 바뀌게 되었다. 원래 난 말하는 걸 좋아하는 타입이었나? 그리고 발표 내용을 준비하기 위해 계속 내 생각을 표현하다 보니 이 프로그램을 하기 전보다 표현력이 늘어난 것 같다. 뿐만 아니라 내 희망 직업과 관련된 책을 읽으니 다른 책을 읽었을 때보다 유익했던 것 같고 내가 읽은 책을 남들에게 말하다 보니 책 내용이 더 오래 기억이 남을 수 있어서 좋았다. 이 프로그램을 하면서 딱히 아쉬운 점은 없었던 것 같다. 그저 내 개인적인 생각이지만 책 읽는 시간도 충분했던 것 같고 자신이 읽은 책 내용을 이야기하며 다른 사람이 읽은 책에 대해서도 알게 되니 정말 좋은 시간이었다. 처음엔 별로였지만 지금 생각해보면 '나를 찾아 떠나는 독서여행' 프로그램은 정말 뜻 깊었던 것 같다.

6. 2015년 또 업그레이드된 '나를 찾아 떠나는 독서 여행'

이렇게 2014년 1년간의 '나를 찾아 떠나는 독서 여행'이 끝나고 올해 2015년에도 이 프로그램은 진행되고 있다. 올해도 작년과 같이 많은 학생들이 신청했다. 또한 작년에 프로그램을 함께 했던 1학년 친구들 몇 명에게 조장 역할을 부탁했더니 흔쾌히 하겠다고 해주었고, 부탁하지 않은 많은 친구들도 이 프로그램을 다시 신청해서 조금은 더 수월하게 수업 분위기를 잘 만들어 갈 수 있을 것 같다는 생각이 들었다. 또 프로그램에 인원을 제한하여 참여하는 학생들을 나눠서 1학기, 2학기로 진행하는 것이 아니라 아예 한꺼번에 1년 프로그램으로 하는 것이 어떨까 생각하게 되었다. 인원이 많아지면 내가 좀 정신이 없을 수 있겠지만 이미 이 프로그램을 경험한 친구들도 많으니 함께 도와가면서 만들어갈 수도 있을 것 같았다.

이번에는 수업 시작 전에 학생들이 평소에 말하기와 듣기에 대해 얼마나 친숙하게 생각하고 자신 있어 하는지를 알아보기 위해 체크리스트를 만들고 그것을 각자 체크해서 내도록 했다. 그리고 그것을 바탕으로 점수를 매겨서 골고루 조를 나누었다. 또한 소외되거나 함께해줄 친구가 없어서 경직되는 학생이 없도록 함께하고 싶은 친구 한 명의 이름을 꼭 적어내도록 했다. 그렇게 적어낸 친구들은 최대한 같은 조가 되도록 배려해주었고, 조장과 부조장은 작년에 프로그램을 이미 경험했던 친구들로 구성했다.

2015년도에 프로그램에서 새롭게 생긴 부분이 있는데, 조원들이 돌아가면서 서기가 되어 조원들 발표를 정리해서 조별 보고서를 작성하는 것이었다. 사실 2014년도에도 하려고 했으나 말하기를 독려하느라 하지 못했다. 하지만 2015년에는 조별 분위기가 좀 더 빠르게 자리를 잡아서 조별 보고서를 작성해도 말하기와 듣기에 많은 지장을 주지 않을 것 같았다. 이것을 하는 이유는 교사로서 모든 조 안의 상황을 파악하려는 것도 있지만, 말하는 사람의 의도를 파악해서 최대한 효율적으로 기록해보는 훈련이 필요할 것 같아서였다.

평소 수업 시간에 아이들이 필기하는 모습을 보면서 이런 훈련이 꼭 필요하다는 생각을 한 적이 있었다. 학생들은 수업 시간에 선생님이 강의하는 내용을 들으면서 칠판에 있는 내용을 옮겨 적는다. 그러다 보니 칠판 내용을 다시 물어보면 알지 못하는 경우가 있다. 즉 학생들 모두가 필기한 내용을 소화하면서 적는 것이 아니었다. 도움히 전혀 안 되는 것은 아니겠으나, 그런 필기는 다시 보아도 무슨 말인지 이해가 안 되고 이해가 안 되면 다시 보기가 싫어진다. 수업의 효율을 위해서도 들으면서 들은 내용을 재구성해 필기하는 방법을 습득하는 기회로 삼으면 좋겠다는 생각이 들었다.

욕심 같아서는 모든 조원들에게 내용을 요약하도록 하고 싶었으나, 그렇게 되면 말하고 대화하는 분위기가 아니라 모두 고개 숙이고 쓰는 분위기가 될 것 같아 돌아가면서 한 명씩만 쓰도록 했다. 따라서 서기는 매주 돌아가면서 바뀌는 것으로 정했다. 하지만 역시나 처음 시도를 하다 보니 학생들에게 취지와 방법이 제대로 전달되지 않았나 보다. 한 사람이 전부 발표하는 것을 듣고 정리하는 것인데 학생들이 보고서 종이를 돌리면서 각자 자기가 한 말은 적어서 돌리는 것이었다. 그래서 그렇게 하는 것이 아니라고 말해주었더니, 학생들은 자신들의 방식에 대해 그 취지를 내게 설명했다.

"선생님, 그것보다는 각자가 정리하는 게 더 효율적이에요."

"말하는 사람의 하는 말이 정확하게 이해됐는지 몰라서요. 차라리 본인이 적는 것이 나아요."

이 이야기를 듣고 2015년도 프로그램의 조별 토의가 2014년도에 비해서 훨씬 활발하게 진행되고는 있었지만, 학생들이 여전히 서로 주고받는 이야기의 핵심을 정확하게 파악하지 못하고 있는 것은 아닌지, 약간은 포기하고 있는 것은 아닌지 점검해보게 되었다. 또한 다른 사람의 말을 자신의 말로 재구성하는 것에 대해서도 약간의 두려움이 있다는 것을 느끼게 되었다. 조별로 앉아 있는 상태에서 전체에게 공지를 하다 보니 말하는 바가 제대로 전달되지 않는 것을 느꼈다. 그래서 이제는 각각의 조별로 찾아가서 이것을 하는 취지를 알려주었다.

"애들아, 우리가 이것을 하는 이유는 다른 사람이 하는 말을 듣고 그것을 정리해보는 연습을 하기 위해서야. 만약에 다른 사람이 발표하는 내용의 핵심이 파악이 안 된다면 그 부분에 대해 질문할 것이 생기는 거겠지? 또 발표를 못 알아듣는다고 해서 쉽게 포기하는 것이 아니라 경청하는 태도를 기를 수도 있을 거야. 생각해봐. 평소 수업 시간에 선생님이 칠판에 적어주는 내용을 생각 없이 따라 적는 것은 사실 필기로서 크게 의미가 없어. 그런 필기는 다시 보아도 눈에 잘 들어오지 않잖아. 제대로 된 필기는 칠판의 내용을 참고해서 선생님께서 하신 말씀을 내 말로 정리해서 적어두는 것이라고 할 수 있어. 이번 기회에 친구들의 발표를 들으면서 그 말을 요약하고 너희 나름대로 핵심을 파악하는 연습을 해보는 거야. 혹시 발표하는 친구의 말을 알아듣지 못했을 경우에는 말하는 중간에는 끊지 말고 말이 끝나면 질문하도록 해. 하지만 되도록 한 번에 알아들을 수 있도록 경청하며 적어야겠지? 또 모든 내용을 다 적지 않아도 괜찮아. 선생님이 읽으면서 왜 이렇게 못 썼는지 혼내지 않을 테니까 너무 겁먹지 말고 다른 사람이 말하는 내용의 핵심을 자신이 스스로 파악하고 쓰고 있는지를 점검하면서 써봐."

그렇게 일일이 설명을 해주었더니 알아듣고 쓰기 시작했다. 나중에는 서기뿐 아니라 자발적으로 여백에 친구들의 발표 내용을 적어 내는 친구들이 생기기도 했다. 아직은 마무리되지 않은 2015년 학생 한 명 한 명이 얼마나 성장하게 될지 기대가 된다.

지난해보다는 훨씬 안정되고 밝은 분위기의 학생들을 보면서 이런 문화가 계속 전해지기를 바란다.

프로그램을 수료한 학생들 중에는, 프로그램이 끝나면 자신에 대해 확실히 알 줄 알았는데 그렇지 못해서 약간은 실망했다는 이

<조별토의 보고서>

작성자 학번 : 10여   이름

날짜 : 2015년 6월 3일 / (　　)조

	이름	내용
1		〈나는 봉사조정이 안 대는 우텐2째입니다〉 죽은공이 국사요원에서 도르트 댄건르 가는 라정에 대한 책이다.
2		〈이 선생의 학교 폭력 평정기〉 규헌이 보는 학교 폭력의 모습이 대비히 쓰여 있다. 방관자의 입장에서 본 학교폭력에 대비해 쓰여 있다. 반 신세는 겸민이나 반 바뀌면서 원학하는것을 보고 학교내에서 학창방학에서의 권력이 밀라서 쉽게 바뀌능지 느겼다.
3		〈김아나의 잣사받기〉 이별에는 많은 유형이 있다. 잘잘못 # 너의 우지바서는 안달다.
4		〈강정을 다스리는 사람은 강정에 휘둘리는 사람〉 강정 중에는 쓸데 없는 감정은 없다. 부정적인 감정도 쓸모있다. 두려움을 느껴야 각정을 # 한다.
5		〈좋은 시민의 사회기〉 넘이 현국무대비 섭우가 이바기게 흔나고 자삭났다.
6		〈누군가는 나를 바보라고 말하지만…〉 야대영봉을 도기바따서 사능 백사의 이야기다. 앵이에서 안기만 한 일은 없다. 이뻐건 구옷없이 좋일 수 없는 일은 순간이다. 역햄(번경해서 안전직없 완유묵다 변화감이 좋겄 같다.
7		〈너의 분메서 희망을 보다〉 내당에서 어떤새 강제질문한 아이들에대바 쓰여있다. 따뚜 보이지 않고 마음에서 낙면 직낙했다' 라는 구절로 내당아이들, 개봉을 이바 할 수 없따.
8		〈병동의 상배학〉 밀항방법의 행동으로 예복수 없는 그 사람의 삼배와 관련된 내봉이다. 약학의 책상 밑에 4번 불으면 상배방의 나이에대반 신라가 따이즉수읻다.

조별 토의 보고서 사례

야기를 한 학생이 있었다. 또 간혹 주위 선생님들 중에 "이 프로그램을 거치면서 학생들이 어떻게 나를 찾아갔나요?"라는 질문을 하시는 분도 있었다. 그런 질문을 들으면 '프로그램의 이름이 너무 거창한가?'라는 생각도 든다. 생각해보면 초등학교 이후 20년 이상 나를 찾아보려고 이리저리 고민한 나도 아직까지 '내가 좋아하고 잘할 수 있는 일이 무엇인가'에 대해 완전한 결론을 내리지 못했는데, 학생들이 10주 만에 '나를' 찾을 수 있다는 것은 너무 터무니없다는 생각도 들었다. 하지만 이 프로그램의 핵심은 '떠나는'이라는 단어에 있다. 책을 통해서, 주위 친구들의 이야기를 통해서 여러 가지 간접 경험을 해보는 시간, 내가 어떤 것에 반응을 보이고 어떤 것에 마음과 생각이 활성화되는지를 체크해보는 시간을 경험하는 것이다. 10주 혹은 20주의 경험만에 그것을 온전히 알기는 어렵겠지만 자신을 체크해보고 점검해보는 경험이 습관이 되어 이 프로그램이 끝난 후에도 이 훈련을 바탕으로 지속적인 독서가가 되어 자신을 발견하는 데에 많은 도움을 받는 시간을 가지게 되길 바란다.

나의 독서 기록장

학번 :   이름 :

♥ 책제목 : ♥ 지은이 : . ♥ 출판사 :	♥ 오늘 날짜 2015년 월 일 ♥ 내가 읽은 페이지와 시간 p ~ p / 분

내용 요약	
인상 깊은 구절	
나에게 주는 의미	
궁금한 사항	

〈조별 토의〉

1. 발표가 가장 인상 깊었던 조원과 그 이유를 적어봅시다.

2. 내가 받은 질문이나 멘트 그리고 나의 답변을 쓰세요.

미술 교과 연계 독서 협력수업

모방을 통한
비평과 창작

위현미

1. 우리는 어떻게 '그림'을 말하게 되었는가?

독서를 이용한 교과 연계 협력수업을 계획하면서 내가 가장 중요하게 생각하는 것은 아이들이 책을 읽는 순간만큼은 책의 내용을 재미있게 느끼며 읽었으면 하는 것이다. 그러나 교과 연계 협력수업을 하다 보면 교과 내용과 관련된 주제가 정해지고 그에 맞는 책을 선정하게 되어 다소 딱딱한 독서를 하게 되는 경우가 있다. 2014학년도에는 이왕이면 아이들에게 재미도 주고, 교과가 원하는 목표에도 도달할 수 있는 과목과 연계를 시도하고 싶었다. 이런 생각을 바탕으로 연계를 시도한 교과가 미술이다. 아이들이 명화를 감상하면서 재미있게 책을 읽고, 미술 교과의 감상에 관련된 목표를 달성하기도 좋을 것 같았다.

교과 연계 협력수업에는 독서 수업을 하고자 하는 담당 교과 교사의 의지가 매우 중요하다. 새로운 학년마다 담당 교과 교사가 새롭게 결정되고 교과 교육과정과 시수 등이 2월 하순경이 되어야 명확히 정해지기 때문에 사실상 그 시기가 지난 이후에야 협력수업을 할 교과와 교사를 제대로 대면할 수 있다.

그럼에도 학년 초인 3월이 아니라 2월에 미술 교사와 협력수업에 대한 논의를 생각보다 쉽게 할 수 있었다. 이는 미술 교과 담당교사가 혁신 업무를 책임지는 연구부장직을 맡고 있으면서 2013학년도부터 함께 근무하고 있어서 학교 내에서 독서 토론 논술 수업 운영에 대한 중요성을 잘 알고 있었기 때문이다. 먼저 미술 교사에게 연락을 취했다.

"선생님, 새 학기에 저와 독서 수업하는 것 어떠세요?"

"정말 좋지요. 저도 선생님과 독서 수업을 하면 좋겠다고 이전부터 계속 생각하고 있었어요."

교과 연계 협력수업을 위해 내가 먼저 다가갈 수 있었던 것은 미술 교사가 평소에 보인 창의적이고 자유로운 수업 운영 모습 때문이었다. 수업과 아이들에 대한 이런저런 대화를 나눌 때, 미술 교사가 "우리 아이들은 미술 작품 체험의 기회가 적어요. 가능하다면 아이들에게 다양한 미술 작품을 직접 보여주고 감상시키고 싶어요."라고 말한 적이 있었다. 그 이후에 미술 교사는 유명 미술관 체험 프로그램을 적극 이용하여 아이들과 체험 학습을 다녀오기도 했다. 이를 보면서 매번 미술관을 가서 감상하지 않더라도 우리 아이들에게 예술 작품을 감상할 수 있는 기회를 책으로 제공할 수 있으리라 생각했고 이 참에 이를 실현해보려 한 것이다.

"아이들에게 책을 통해 다양한 명화를 감상할 기회를 주고 싶어요."라고 내가 다시 말을 건넸다.

"좋습니다. 명화를 통해 미술을 더 알게 하는 시간을 만들어봅시다."라는 미술 교사의 긍정적인 답변을 얻었고, 1학기에는 1학년, 2학기에는 2학년과 하자는 큰 구도도 잡았다.

2009년 미술과 개정 교육과정 목표 중 하나인 '자신과 주변 세계에 대한 미적 감수성을 기른다'에 따라 우리는 미술 관련 서적을 통해서 학생들로 하여금 미술사에서 의미 있는 작품을 감상하게 하고, 그 작품 감상을 통해서 아이들이 스스로 자신의 느낌을 창의적으로 표현할 수 있게 도울 방법에 대해 고민하자고 했다. 담당 교사와 함께 교과서를 분석하여, 협력수업을 할 단원을 정했다. 실제 작품 활동이 주요 내용인 단원을 제외하고 감상을 강화할 수 있는 내용이 들어있는 단원이 3단원 '미술에서의 주제'와 5단원인 '미술 비평하기'였다. 단원의 수업 목표에 맞는 학습 내용을 선정하였다. 명화 감상 이후에 자기가 본 명화를 자기 식으로 해석할 수 있는 모방화 그리기로 수업 내용을 정하였으나, 전체 그림을 다 따라 그리는 것은 개인차가 있는 아이들에게 무리한 요구일 수도 있다는 데에 의견이 맞아서 마음에 드는 한 부분만 따라 그리게 하기로 했다. 일단 기본적인 협의를 마치고 처음에 시작한 일은 도서를 선정하는 것이었다. 수업 내용을 풀어나가는 데 적합한 관련 도서 선정을 마치고 수업안을 짜고 학습지를 만드는 과정을 진행하는 중 점차 틀이 만들어졌다.

협력수업을 할 단원에 대한 논의를 할 때부터 담당 교사는 '다양한 미술 작품 감상과 그것을 바탕으로 한 생각 넓히기, 감상을 바탕으로 한 미술 작품 재창작하기'를 염두에 두고 있었다. 그리고 나의 수업 계획 의도는 학습이라는 큰 벽에 싸여 지내는 아이들에게 예술을 통해 잠시라도 말랑말랑한 숨통을 만들어주는 시간을 주겠다는 것이었다. 그 시간 동안 아이들이 그림 자체에 집중할 수 있기를 소망했다. 공부라는 부담에서 벗어나 온전히 예술을 즐기면서 오히려 여유를 얻고, 감수성을 확장하고, 그것을 통해 창의성이 더 커질 수 있기를 희망했다.

2. 감상과 창작을 종합한 수업설계

작품으로 표현되어 우리 앞에 있는 미술, 특히 아이들이 감상할 명화의 범주에 드는 그림은 생명력을 담고 있다. 화가의 의도와 작품 속 인물들의 마음, 그림이 그려지던 시기의 모습을 아름답게 담고 있다. 이런 그림들을 감상함으로써 아이들은 자신도 모르는 사이에 작품이 가지고 있는 모든 미적인 것을 받아들이게 된다. 작품 감상을 통해 감수성을 키우게 하려는 의도에 맞게 선정한 교과 단원은 3단원 '미술에서의 주제'와 5단원인 '미술 비평하기'였다. 이 두 단원이 포함한 미술 감상과 감상을 통한 사고력 확장 및 재창작의 의미를 미술-독서 토론 논술 협력수업을 통해 실현시킬 수 있을 것 같아서였다.

1차시는 읽기 전 단계에 해당하는 흥미 돋우기 수업을 하고, 본격적인 2, 3차시의 수업은 아이들에게 책을 통해 명화를 감상하고 명화에 대한 해설을 읽게 한다. 그리고 4차시에 자신의 마음에 드는 명화를 선택해서 스스로의 감상을 밝히는 것으로 독서 토론 논술 부분의 수업을 계획했다. 5, 6차시에는 각자가 선택했던 그림에서 고른 마음에 드는 부분을 이용해서, 담당 교사 주도로 '부분 모방화[1] 그리기' 활동을 진행하기로 했다.

---

1. 특별히 통용되는 명칭은 아니나 우리는 이렇게 부르기로 했다. '모방화'라는 일반적인 명칭에 이번 수업의 특징인 '명화의 부분'만 모사하는 활동을 드러내기 위해 '부분 모방화'라는 말을 쓰기로 했다.

<표 1> 수업설계안

목적	미술 작품 감상하고 재창작하기				
대상	중학교 1학년 5개 반				
연계 단원	3. 미술에서의 주제 / 5. 미술 비평하기				
총 차시	총 6차시				
내용	읽기 전	흥미 돋우기	그림이 이야기 하는 것 알아보기	— 파워포인트를 활용하여 명화를 보며 그림에 대한 흥미 돋우기(그림 감상과 감상한 생각 나누기) : 고흐 그림 — 명화가 담고 있는 그림에 대한 이야기 자세히 들여다보기 : 벨라스케스 그림 — 책 소개하기	1차시
	읽기 중	독서 하기	미술 관련 책 읽고 감상하기	— 미술 관련 도서 읽으며 자신만의 시점으로 그림 감상하기(책을 통해 다양한 그림을 감상하고, 마음에 드는 그림을 찾아 감상 쓰기)	2, 3 차시
	읽기 후	감상 표현 하기	부분 모방화 그릴 그림 고르기	— 미술 도서를 다시 훑어보며 부분 모방화 작업을 할 그림 고르기 — 선정한 작품에 대한 나만의 이야기 만들기	4차시
		미술 작업 하기	부분 모방화 그리기	— 독서 수업에서 고른 그림의 부분 모방화 그리기	5, 6 차시

아이들이 읽을 책의 선정 기준은 미술에 대한 호기심을 높이고 미술 감상에 대한 흥미를 유발시키기 좋은 책이었다. 도판이 크고 색채가 분명한 것으로, 어렵지 않고 설명이 너무 많지 않으며 명확한 정보를 명료하게 전달하는 것을 선정하기로 했다. 선정하기 전에 우리가 정한 기준에 맞는 시중에 나온 미술 관련 서적을 최대한 많이 확보하여, 담당 교사와 협의를 했다. 적합한 책으로 6종의 책을 선정했고 6권씩 36권을 준비해 놓았다. 이 책들은 미술 교과 교실에 비치해 놓았기 때문에 아이들이 수업 시간 이외에

도 미술실을 이용할 때 자유롭게 볼 수 있었다.

〈표 2〉 수업에 사용한 도서 목록

어린이 미술관 1	어멘더 렌쇼	사계절
어린이 미술관 2		
모나리자도 반한 서양미술관	강은주	거인
한국 명화 세계 명화	장세현	채우리
공부가 되는 명화 시리즈	글공작소	아름다운사람들
한국의 멋	최순자	상상의풍경

1차시 흥미 돋우기 수업에 들어가기 전에 아이들이 미술에 대해 얼마나 관심을 가지고 있는지 알아보기로 했다. 수업 전에 간단한 설문지를 아이들에게 나눠주었다. 수업을 전개하면서 아이들에게 접근할 그림들을 선정하는 데 도움을 얻고자 해서였다. "미술-독서 토론 논술 협력수업 이전에 명화집이나 미술에 대한 책을 따로 읽어본 적이 있는가?"라는 질문이었고, 아이들이 선택할 답변으로는 '예'와 '아니오'의 두 가지를 제시했다. 설문지를 제출한 5개 반 151명 중, 37.1%인 56명의 아이들이 '예'라는 응답을 했다. 아이들이 하는 설문에 대한 대답이 흔히 그렇듯이, 그저 책 한 권을 뒤적여 보기만 하다 끝난 아이들부터 심도 있게 많은 책을 섭렵한 아이들까지 다양한 아이들이 '예'라고 답했다.

이렇게 단정하는 이유는 이후에 진행된 수업에서 아는 화가 이름 대기나 화가에 대한 간단한 상식적인 이야기를 주고받았을 때, 고흐나 김홍도 이상의 답이 나온 경우가 그리 많지 않았기 때문이다. 파워포인트 화면에 유명한 화가 이름을 띄워놓고 누구인지,

무슨 그림을 그렸는지 맞추기를 했을 때도, 서양화가로는 레오나르도 다 빈치, 고흐, 뭉크 정도, 우리나라 화가로는 김홍도, 신윤복 정도를 알고 있었다. 실제로 유명한 그림을 보며 이야기를 나눌 때도 배경지식을 가진 한 반에 한두 명 정도의 아이들만이 맞는 답변을 내놓곤 했다. 실은 명화라고는 바로 이 수업 시간에 처음 보는 아이들도 많았던 것이다. 그 덕분에 모든 아이들의 눈이 반짝거렸다.

3. 명화에 대한 흥미 돋우기

어떤 그림으로, 어느 화가의 그림으로 흥미 돋우기 수업을 본격적으로 진행할 것인가를 꽤 고민했다. 익숙한 화가, 유명한 화가, 눈이 확 뜨일 것 같은 명화 등. 결국은 고흐였다. 모든 아이들이 알 법한 화가, 고흐. 고흐의 〈아를 포름 광장의 카페테라스〉를 선택했다. 이렇게 수업을 시작하기로 결정한 것은 미술에 대한 여러 자료를 조사하던 중 읽게 된 《미술관 옆 사회교실》(전혜인 외)에서 고흐가 그린 그림과 그 배경이 되는 곳을 비교 설명한 내용을 보고 힌트를 얻어서이다. 쉽게 비교 가능한 그림과 사진이면 아이들이 그림에 관심을 기울이는 데 더 효과적이겠다는 생각이 들었다. 인터넷으로 검색해서 사진 자료를 찾아 그림과 함께 제시했다. 먼저 자료 화면으로 현재 그곳의 사진을 보여주면서 아이들에게 물었다.

"이곳은 어디일까요?"

"스위스요."

"유럽이요."

근사치의 답변이 돌아오자

"시간은 언제쯤일까요?"라고 화제를 돌렸다.

"아침이요."

"낮이요."

"저녁이요."

다음 화면으로 고흐의 작품을 보여주면서 이야기를 넓혀나갔다.

"이 그림을 그린 화가가 누구죠?"

"고흐요."

거의 모든 학생이 맞는 대답을 했다.

"어떻게 고흐라고 생각했죠?"

"색깔 때문에요."

"고흐 그림은 저런 느낌이 많아서요."

"그럼, 제목을 아는 사람도 있나요?"라고 물어보았다.

"……."

간혹 한두 반에서만 "무슨 테라스인데……."라는 답이 나왔다.

"언제를 그린 것이죠?"

"밤이요."

"저녁이요."

〈아를 포름 광장의 카페테라스〉, 빈센트 반 고흐

　고흐는 어느 위치에서 보고 그림을 그렸을지, 왜 밤을 그렸는
지, 사진작가는 왜 그 위치에서 그 시간에 사진을 찍었는지 사진
과 고흐의 그림을 두고 여러 이야기를 나눴다. 어떤 정답도 없는
이야기다. 혹은 가능한 답으로부터 몇 광년 떨어진 답이 돌아오
기도 했다. 아이들은 자기만의 이유를 생각하고, 말하고 또는 들
었다. 아이들이 품고 있는 개별적인 미적 안목과 그림에 대한 해
석을 그대로 인정하는 시간이었다. 간혹 단순한 발표라도 아이들

에게 큰 부담이 되는 것이 사실이다. 그런 아이들에게는 듣는 기회가 중요하다. 친구들이 한 진지한 말과 우스운 답은 그 아이들에게 고스란히 쌓인다. 흥미 돋우기 수업이라 가볍게 질문을 던지고 더 가볍게 답을 받았다. 예술 작품 감상에 정답은 없으니까.

말로만 던지고 넘어가는 고흐 그림 감상을 끝내고 조금 더 깊이 들어갔다. 명화집 혹은 명화 설명 책을 읽기 전에 그림을 읽는 방법에 대해 아이들과 공유할 필요가 있었다. 예시 그림을 한 가지 더 보면서 알아보기로 했다. 벨라스케스의 〈시녀들〉로 정했다. 미술사에서 의문점이 많기로 몇 손가락 안에 드는 작품인 데다 아이들이 흥미롭게 볼 구석이 많은 작품이어서 선택했다.

먼저 그림을 보여주었다. 그림에 대해서는 일절 설명하지 않았다. 아이들에게 말로 표현하고 싶더라도 참고, 작품에서 인상적으로 보이는 것을 자유롭게 활동지에 써보라고 했다. 그림을 감상한 것에 대해 모두 공유할 수 있게 쓴 내용을 전원이 말하게 했다. 자신이 받은 첫인상을 말하라고 했다. 보통 아이들이 처음 적은 단어가 자신의 감상이기 때문이다. 주변의 아이들이 이야기하기 시작하면 아이들은

〈시녀들〉, 디에고 벨라스케스

금세 마음이 바뀌거나 친구들의 답변을 보고 새로이 적기도 한다. 심지어 자기가 쓴 단어를 지우고 친구들이 말한 것을 써 넣기도 한다. 그래서 자신이 활동지에 쓴 첫 단어를 말하게 했다. 여러 내용을 쓴 아이도 맨 처음 적은 단어를 발표하게 했다.

다양한 아이들의 답변을 몇 가지로 구분해보았다. 아이들의 답변은 다양한 것 같아도 그들 나름의 공통점을 지닌다.

전체적인 색감의 분위기를 읽은 학생들은 "깜깜하다.", "어둡다.", "무섭다."는 말로 색채에서 느낀 것을 표현했고, 이는 제일 많은 수의 아이들 입에서 나온 단어였다.

가운데 있는 공주를 본 인상으로 "예쁘다.", "우아하다.", "인형 같다.", "가운데가 높은 사람이고 근처 사람이 하인인 것 같다.", "치마가 크다."고 말한 아이들도 있었다. 인물에 집중한 아이들이었다.

아이들은 이야기를 좋아한다. 순간적으로 본 그림에서도 이야기를 중시하는 아이들은 "가족이다.", "파티(무도회)를 한다.", "결혼식을 하는 것 같다.", "무대(연극) 같다.", "인형의 집 같다.", "권력이 있는 집안 같다.고 발표했다.

또 전체를 읽기보다 자신의 눈에 들어온 한 부분만을 극대화해서 읽어내는 아이들의 경우에는 "여자가 많다.", "꼭두각시 같다.", "서커스를 한다.", "그림을 그리는 것 같다.", "개가 있다."고 말했다.

전체적인 공간에 주목하는 아이들은 '무대 뒷모습이다.", "미술학원 같다.", "궁전 같다.", "창고처럼 보인다."라고 말했다. 그 외에 "유럽의 분위기다.", "고풍스럽다.", 어디선가 본 적이 있다."

등의 많은 이야기들을 표출했다.

간단한 내용이고 적은 것을 읽는 수준이어서 발표들도 잘했고, 잘 들었다. 같은 답변이 나와도 오케이, 다른 답변이 나와도 오케이. 아이들도 자기와 같은 답변에는 공감대를, 다른 답변에는 신선함을 느낀 것 같았다.

아이들의 발표를 바탕으로 〈시녀들〉에 대해 이야기를 나누었다.

"자, 이 그림의 주인공이 누구일까요?"라며 그려진 대상에 대해 질문을 던졌다.

"가운데 있는 여자아이요."

"공주 같아요."

"그런데 이 그림의 제목이 뭐라고 했지요?"

"〈시녀들〉요."

"어, 공주를 주인공으로 그린 것 같은데."

"옆에 시녀들이 많아서 제목이 그런가 봐요."

공주는 누구인지, 이 시대는 언제쯤인지 이야기를 나누어가면서 그림에 대한 아이들의 관심을 키워나갔다.

"이 그림에는 그림을 그린 화가가 있어요. 어디에……."

말이 끝나기도 전에 아이들이 소리쳤다.

"왼쪽에 붓을 들고 있어요."

"에, 그럼 화가는 누구를 그리는 거예요?"

"공주가 주인공인 것 같은데 공주는 왜 화가 옆에 있어요?"

화가는 왜 이런 그림을 그렸을지, 누구를 그리려고 한 것인지, 제목은 왜 〈시녀들〉인지에 대해 이런저런 이야기를 주고받았다.

이 과정을 통해서 그림을 보는 데 주의를 기울일 것들에 대해 아이들과 자연스럽게 알아본 것이다. 그림을 감상할 때는 누구 혹은 무엇을 그린 것인지를 확인하여 대상과 소재를 알아볼 수도 있고, 그림의 제목과 내용을 연결시켜 그림에 대한 이야기를 추측할 수도 있음에 대해 알려주었다. 이런 과정을 거치자 아이들은 2차시, 3차시에 책을 읽을 때, 이미 알게 된 〈시녀들〉 그림을 매우 몰입해서 챙겨 보기도 했다.

4. 자신만의 시점으로 그림 감상

2차시를 시작할 때, 지난번에 보여준 작품과는 느낌이 또 다른 그림인 귀스타브 카유보트의 〈비 오는 파리 거리〉를 보여주며 마음을 열게 했다. 보이는 느낌은 어떤지, 색감이 주는 느낌은 어떨지, 무슨 장소일지, 시대는 언제쯤일지 등을 이야기했다. 책을 읽고 그림을 볼 때, 그냥 감상하기도 하고, 그림에 따라서는 자세히 분석하기도 하고, 왜 이런 그림일지 질문을 던져보기도 하라고 운을 뗐다.

아이들에게 책을 배부하고 읽게 했다. 근처에 앉은 아이들이 같은 책을 읽도록 무작위로 배부했다. 전반적으로 아이들은 새로운 그림에 놀라고 신기해했다. 또 아는 그림이 나오면 반가워했다. 추상화보다는 사실적인 그림에 '잘 그린다.'는 반응을 더 보였다. 추상화나 단순미가 있는 그림을 좋다고 선택하는 아이들은 한 반

〈비 오는 파리 거리〉, 귀스타브 카유보트

에 한두 명 정도였다.

　마음에 든다고 많은 아이들이 거론한 작품들은 유명한 작품인
〈모나리자〉, 〈절규〉, 〈천지창조〉, 〈아테네 학당〉, 〈별이 빛나는
밤〉, 〈아르놀피니 부부의 초상〉, 〈그랑자트 섬의 일요일 오후〉,
〈이삭 줍는 여인들〉 등이었다. 흔히 상투적으로 하는 말들에 배
경지식이 중요하다는 것이 있다. 가끔은 너무 가볍다 싶을 정도
로 자주 쓰이기도 한다. 그러나 아이들이 도서 선정을 하는 모습
을 보면 이 말이 괜히 나온 것이 아님을 알 수 있다. 미술 작품, 미
술 도서 뿐 아니라 그냥 읽고 싶을 책을 고를 때도 새로운 것을 고
르는 아이들은 그다지 많지 않다. 나의 경험상 아이들이 아는 책
을 고르는 비율은 6:4 정도로 새로운 책을 고르는 것보다 높다.

두 번 읽을지언정 자신이 알고 있는 책을 고르는 경우가 많다. 이번 마음에 드는 미술 작품 선정에서도 아이들은 자신들이 이미 알고 있는 작품을 확인해서 좋다고 했다. "아는 그림이 나와서 좋았다."거나 "이미 알고 있던 모나리자에 대해 더 많은 것을 알게 되었다."라는 감상을 말했다.

또 하나의 특징은 앞에서도 말했듯이 사실적인 그림을 좋아한다는 것이다. 게르하르트 리히터의 그림인 〈베티〉, 알트도르퍼의 〈알렉산더의 이수스 전투〉, 〈샬럿의 처녀〉라는 존 윌리엄 워터하우스의 그림은 거의 모든 아이들이 "이거 사진이에요? 그림이에요?"라고 질문을 했다. "처음에는 사진인 줄 알았는데 그림이어서 깜짝 놀랐다."라는 반응도 있었다. 렘브란트의 〈니콜라스 툴프 교수의 해부학 강의〉도 "실제적인 사실과 창백한 시체의 얼굴 등과 같은 실제와 비슷한 그림을 그려서 좋다."며 아이들이 마음에 든다는 말을 많이 했다.

아이들은 색깔에도 민감한 반응을 보였는데, 브뤼헐이나 게인즈버러의 그림은 색감 때문에 좋아하는 경우였다. 브뤼헐의 〈농가의 결혼잔치〉나 〈네덜란드 속담〉을 꼽은 아이들은 "밝은 색, 어두운 색 등 색채가 조화로워서 정말 좋았다."라고 말하면서, 그림이 선명한 색이나 밝은 색을 사용한 것이어서, 보는 데 편안하고 밝은 감정을 느낀다고 했다. 게인즈버러의 그림 〈앤드루스 부부〉를 보고는 "부부가 정말 잘 어울리고 푸른색이 전체적으로 들어가 있어서 정말 좋았다."라고 감상을 적었다.

대단히 많은 아이들이 쇠라의 〈그랑자트 섬의 일요일 오후〉를 좋다고 했다. 이유는 이 그림이 점묘화라는 사실 때문이었다. "점묘화이기 때문에 이 작품을 골랐다. 내가 점으로 그림을 그리려고 한 적이 있는데 너무 힘들어서 그만 두었었다. 이걸 점으로 표현한 것이 믿기 힘들다."라고 아이들은 말했다. '부분 모방화 그리기'를 할 때에도 이 작품을 고른 아이들이 상당히 많았다. 붓에 물감을 묻혀 면을 채워나가며 그림을 완성하는 것이 아닌, 점으로 그림을 만든다는 것에 상당히 놀란 모양이었다.

상상을 깨뜨린 작품에 호감을 보인 아이들도 몇몇 있었다. 잭슨 폴록의 〈넘버1〉이나 몬드리안의 〈빨강·파랑·노랑의 컴퍼지션〉, 혹은 르네 마그리트의 〈이것은 파이프가 아니다〉의 독특하고 새로운 그림에 호감을 표하기도 했다. 또 흔히 접하지 못했던 설치미술 작품에 대해서도 호기심을 보였다.

아이들은 수업 시간에 주어진 책 한 권을 자기 능력껏 감상했다. "모나리자에 대한 수수께끼를 처음 알았다.", "나도 그냥 그리지 말고 새로운 방법으로 그림을 그려보고 싶다.", "화가를 많이 알게 되었고, 특이하고 재미있는 그림이 있어서 재미있었다.", "나는 카라바조의 〈그리스도의 매장〉이 좋았다. 왜냐하면 핏줄과 주름 하나하나가 잘 묘사되어서 맘에 들었다.", "세잔의 〈사과 광주리가 있는 정물〉은 색이 굉장히 멋졌다."처럼.

3차시에는, 모든 반의 아이들이 관심을 표했던 작품들을 선별해서 화면에 띄웠다. 이 작품을 2차시에 본 적이 있는지 묻고, 다른 친구들은 이 작품에 대해 어떤 호감을 표시했는지 알려주면서 도입 수업을 했다. 2차시 수업에서 읽지 않은 다른 책을 같은 방법

〈모나리자〉, 레오나르도 다 빈치

〈절규〉, 에드바르트 뭉크

〈별이 빛나는 밤〉, 빈센트 반 고흐

〈이삭 줍는 여인들〉, 장 프랑수아 밀레

〈천지창조〉, 미켈란젤로 부오나로티

〈앤드루스 부부〉, 토머스 게인즈버러

〈알렉산더의 이수스 전투〉, 알브레히트 알트도르퍼

〈아르놀피니 부부의 초상〉, 얀 반 에이크

〈샬럿의 처녀〉, 존 윌리엄 워터하우스

〈그랑자트 섬의 일요일 오후〉, 조르주 쇠라

〈농가의 결혼잔치〉, 피터르 브뤼헐

〈그리스도의 매장〉, 미켈란젤로 메르시 다 카라바조

으로 나눠주고 읽도록 했다. 이번 협력수업 중 한 사람당 최소 2권의 책을 읽은 셈이다. 책마다 구성이 다르고 설명도 차이가 있어서 아이들은 같은 그림이 나온다고 지루해하지는 않았다. 다만 한국화를 서양화에 비해 덜 좋아하는 경향이 있었지만 반대로 서양화가 싫고 한국화가 좋다는 아이들도 있었다. "재미있는데 우리나라 그림보다 다른 나라 그림이 더 좋고 예쁘다."라고 이야기한다.

아이들은 그림 보는 것이 더 먼저여서 그림만 훑어보고 다 읽었다고 하는 경우도 많았다. 그림에 대한 설명은 읽지 않고, 이 그림이 왜 이런 것이냐고 물어오는 아이들도 꽤 되었다. 물론 그림도 자세히 보고 설명도 잘 읽는 아이들도 많았다. 진지하게 한 그림만 열심히 집중해서 보기도 했다. 어떤 경우든 자신에게 가장 끌리는 그림을 발견하고 기뻐했다. 혹여 마음에 드는 그림을 발견하지 못한 아이도 "지루하지만 〈그랑자트 섬의 일요일 오후〉를 보고 그나마 할만 했다."며 아는 그림을 좀 더 자세히 보아서 좋았다고 했다.

아마도 37.1%의 명화집을 보았던 아이들도 이번 협력수업만큼 자세히 집중적으로 명화를 본 적은 없었을 것이다. "그림에 대한 여러 가지 뜻을 알게 되어서 좋았다.", "그림에도 숨겨진 비밀과 이야기가 있다는 것을 알아 신기했다.", "잭슨 폴록의 작품이 어수선해 보이기도 하지만 재미있고 신기했다. 색깔을 고르기도 힘들 것 같았고, 처음에는 작품 같아 보이지 않았지만 계속 보니 좋은 작품인 것 같았다.", "이렇게 많은 그림을 보지 않는데 이번 기회로 여러 가지 그림을 보아서 좋았다."

수업의 목표였던 작품 감상을 통해 감수성을 키워주자에 맞는 글이 있었다. 보람이 느껴지는 순간이었다. "여러 가지 아름다운 작품들을 보니 감수성이 풍부해지는 것 같다." '감수성'이라는 단어 하나에 감동을 받은 순간이다. 흔히 수업의 목표가 거창한 것은 아닌지 의심이 들거나 아이들이 목표 도달을 잘 할지 우려가 되지만 이상적인 수업 목표를 세우는 경우가 많다. 그러나 아이들은 목표와 수업 내용이 잘 어우러지기만 한다면 교사가 원하는 목표에 도달하는 것 같다. 요번 수업에선 '감수성'이라는 단어에 일치된 한 아이의 반응이 좋기도 했지만, 그 외에도 많은 아이들이 말한 "작품을 보아서 좋았다."라는 것이 바로 그 '감수성'이었다고 생각한다. 수업의 목표 도달은 가르치는 자의 몰아붙이는 힘에 의해서만이 아니라 아이들이 스스로 무의식적으로 도달할 때에 더 의미가 있음을 확인하는 순간이었다.

5. 좋아하는 그림을 이야기로 표현하기

읽은 내용을 정리하는 마지막 시간인 4차시에는 마음에 드는 작품을 골라 이야기를 만들었다. 처음에 읽었던 책을 나눠주고 정해놓았던 마음에 드는 그림을 다시 확인했다. 활동지는 '제목, 화가, 그림에 대한 정보, 내가 고른 명화 이야기, 그중에서 그림을 그릴 부분'으로 구성했다. 일반적으로 아이들은 이야기 만드는 것을 좋아하기 때문에 재미있게 작업했다. 마음대로 이야기를 만들어도 된다고 하니 흡족한 반응을 보였다. 물론 이야기를 만드는 것을 힘들어 하는 아이들이 있기는 했다. 그러나 그런 아이들에게도 무엇이든 괜찮다, 네가 만들고 싶은 이야기를 쓰면 된다, 아니면 네가 장면을 고른 이유라도 적어라 등의 열린 태도를 보여주었다. 귀찮아서 안 쓰는 한두 명을 빼고는 다들 재미있게 썼고, 혹은 쓰다 보면 재미있어지는 경험을 했다.

게다가 이번 이야기 만들기는 무(無)에서 튀어나오는 것이 아니라 완벽한 대상이 존재했다. 그 대상을 자기 입맛에 맞게 바꾸기만 하면 되는 것이기에 아이들이 좀 더 쉽게 접근했다. 이야기를 만들어 내는 품이 좋은 아이들도 있었다.

〈계란을 부치는 노파〉, 벨라스케스, 김○○

- 내가 고른 명화 이야기 : 한 노파가 부엌에 있었다. 저녁에 먹을 멜론과 포도주가 없어 아이에게 사오라고 시켰다. 아이가 멜론과 포도주를 사오자 노파는 그대로 계란을 부쳐 주었다.
- 부분 그림 그릴 장면 : 계란이 부쳐지고 있는 곳. 그림이 아니라 사진 같다.

〈굶주린 사자가 영양을 덮치다〉, 루소, 박○○

- 내가 고른 명화 이야기 : 아마존에서 사자가 영양을 잡고 있다. 영양은 이제 끝이라는 듯이 눈물을 흘린다. 그 뒤 나무 위에 있는 표범은 사자와 영양을 노려보면서 숨을 죽이고 기다리고 있다. 올빼미와 몇몇의 동물들이 관전하고 있다. 저 뒤에서 해가 저물어간다.
- 부분 그림 그릴 장면 : 표범. 사자가 영양을 잡는 것을 스틸하려고 뒤에서 숨죽이고 기다리는 표범의 모습이 재미있다.

〈민중을 이끄는 자유의 여신〉, 들라크루아, 임○○

- 내가 고른 명화 이야기 : 우린 용감한 전사다. 난 프랑스 국기를 들고 우리 혁명을 방해하는 것들을 없애 버릴 것이다.
- 부분 그림 그릴 장면 : 여인이 국기를 들고 있는 모습. 혁명의 중심인 것 같아서이다. 난 평범한 주부였다. 그런데 돈이 없어서 아들과 남편이 굶어 죽었다. 절망하고 분노하고 일주일 동안 실성해 있었다. 그러다 주위를 돌아보니 다른 사람들의 상황도 비슷했다. 그러자 나는 혁명을 일으킬 사람들을 모았고 계획을 실행했다. 그리고 나는 혁명의 중심에 서 있다.

〈잠자는 집시〉, 루소, 이○○

- 내가 고른 명화 이야기 : 달빛 아래 잠든 여인과 사자의 모습이 동화의 한 장면처럼 재미있고 비밀스러운 이야기를 전달하는 것 같다.
- 부분 그림 그릴 장면 : 사자. 나는 이 여인을 잡아먹고 싶다. 하지만 다이어트를 해야 되면 채소만 먹어야 한다. 그리고 엄마가 사람 잡아먹는 동물은 나쁜 동물이라고 말했다. 이제 사람 잡아먹지 말아야지.

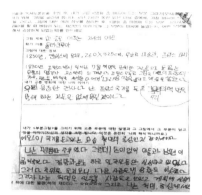

시각적 예술 작품을 감상하고, 그것을 바탕으로 내가 이야기를 만들어본다. 게다가 나중에 그리는 작업까지 하다 보면 아이들은 한꺼번에 예술에 대한 경험을 총체적으로 하게 되는 것이 아닐까! 한 작품이라도 온전히 깊이 바라보면 그림의 깊은 속뜻뿐 아니라 바

〈민중을 이끄는 자유의 여신〉을 감상한 아이의 활동지

라보는 자신의 모습까지 읽어낼 것이다. 그림 감상이라는 매개를 통해 자신을 들여다보는 시간이었을 것이다. 아이들이 만든 이야기 속에는 아이들 자신이 담겨 있기도 하다.

〈절규〉, 뭉크, 유○○

● 내가 고른 명화 이야기 : 오늘 월요일인데 일요일인 줄 알고 늦잠 자다가 늦게 일어났다. 학교 지각할까 봐 빨리 준비하고 뛰어서 학교 왔는데 실내화 가방을 안 가져왔다. 어쩔 수 없이 다시 집에 가서 실내화 가방을 가지고 부랴부랴 뛰어서 학교 왔는데 이미 지각이다. 선생님께 혼났다.

6. 아이들이 '명작'을 그리다

마음에 드는 그림을 골라 이야기를 만든 아이들은 또다시 새로운 고민에 빠졌다. 이번엔 그림이었다. 어느 부분을 그림으로 옮겨야 할지 막막해하는 아이들도 있었다. 이때 아이들에게 작용하는 것은 어느 곳이 그리기에 쉬운 부분인가 하는 점이었다. 그림 그리기 실력이란 알다시피 정말 개인차가 크다. 4차시에 마음에 드는 부분을 고를 때, 나중에 그림 그릴 것을 감안해서 고르라고 했다. 아이들은 그 순간 진짜 마음에 드는 그림보다는 자신이 그릴 수 있는 부분이 담겨 있는 작품을 고르기도 한다. 수단이 목적을 잠식하는 순간이다.

그래도 적잖은 아이들은 자신이 좋아하는 그림을 껴안고 이러지도 저러지도 못한다. 어느 부분을 그려야 할지 결정 장애에 빠지기도 한다. 물론 그림 전체를 선택하는 아이들도 많고 자신의 그림 실력에 대한 자신만만함으로 어려운 그림을 일부러 고르는 아이도 있다. 그들의 모습이 예쁘고 귀여웠다. 좋아하는 예술 작품을 앞에 놓고 어떻게 요리할까 준비하는 작은 예술가들 같았다.

멀게만 느껴지는 예술 작품을 친구들과 함께 감상한다. 자기 나름대로 기준에 맞추어 마음에 드는 작품으로 고른다. 작품이 좋다고는 했는데, 이것을 어떻게 재해석해서 새로운 작품으로 창작할지 고민해본다. 이런 과정들을 통해 아이들이 예술을 온전히 느껴보는 것. 담당 교사와 내가 협력수업에서 원했던 부분이 바

학생 작품 모음

〈그랑자트 섬의 일요일 오후〉, 쇠라

유정은 학생 작품

〈큰 모자를 쓴 에뷔테른〉, 모딜리아니

박효경 학생 작품

〈절규〉, 뭉크

이나원 학생 작품 〈굶주린 사자가 영양을 덮치다〉, 루소

양고은 학생 작품 〈농가의 결혼 잔치〉, 브뤼헐

이수진 학생 작품 〈별이 빛나는 밤〉, 고흐

로 이런 것이다. 그리고 아이들은 자연스럽게 그 과정을 걸어갔다.

담당 교사 주도로 이루어진 5, 6차시 작품 활동 시간 사이사이에 아이들이 도서관으로 나를 찾아와서는 "제가 좋아하는 그림은 〈그랑자트 섬의 일요일 오후〉인데, 어디를 그려야 할지 모르겠어요. 알려주세요."라고 말하는 아이도 있었다. "너, 지난번에 어느 부분을 골라서 이야기를 만들었니?"라고 물으면, "양산 쓰고 가는 엄마와 아이요."라고 말한다. "그럼, 그 두 사람만을 그리면 되겠네."라고 말해주기도 했다. 아이들도 내 생각과 같을지는 모르겠으나 이런 고민도 나름대로 창작의 고통이겠다. 그릴 그림을 결정짓고 돌아가는 아이의 뒷모습을 보며 빙그레 미소를 지을 수밖에 없었다.

수업이 마무리되고 담당 교사와 함께 본 아이들의 작품들은 매우 아름다웠다. 아이들이 대견했다. 자신들이 감상한 그림을 곧잘 재창작해냈다. 물론 여기에는 책을 읽는 능력과는 다른, 그리는 능력이 필요하고, 그림을 잘 그린 아이들이 책을 성실히 읽은 아이들이라고는 말할 수 없을 것이다. 하지만 책 한 권을 온전히 읽고, 자신이 고른 작품에 대해 이야기를 꾸미며 깊이 생각하고, 그림을 그리기 위해 몇 번에 걸쳐 그림을 감상했다. 나는 "이거면 충분하네요."라고 담당 교사에게 말을 건넸다. "그렇죠. 이른바 명화라는 작품들에 흠뻑 빠져본 셈이니까요."라는 답변이 돌아왔다. 많은 아이들이 그린 일요일 오후를 즐기는 사람들이, 쇠라의 작품 못지않게 더 멋있어 보였다.

7. 아이들에게 힘이 되는 시간이기를

여러 차례에 걸쳐서 'OO과 독서 토론 논술 협력수업'을 하면서 끊임없이 생각했다. 이 수업의 핵심을 'OO과'에 둘 것인지, '독서 토론 논술' 수업에 둘 것인지, 아니면 '협력'수업에 둘 것인지. 이 사업에 4년 반 동안 몸을 담았으면서도 정답을 찾기는 힘들었다. 매 번, 매 수업마다 고민을 했다.

그러나 나에게 답은 한 가지다. 온전히 독서 토론 논술을 위한 수업이든, 각각의 교과와 연계해서 하는 협력수업이든 간에 아이들이 친구들과 함께 책을 읽고, 같이 이야기하고, 서로서로 생각을 나누는 이 시간이 우리 아이들에게 힘이 될 거라는 점을 확신한다. 어떤 형태로든 아이들이 삶의 다양함을 읽어낼 수 있는 근육으로 붙을 것을 확신한다.

아이들은 다양하다. 독서 토론 논술 수업과 관련된 수업을 무조건 좋아하는 아이, 자유로운 독서 토론 논술 수업은 좋지만 협력 수업 식의 조건이 붙는 수업은 싫어하는 아이, 책과 관련된 것은 무조건 싫은 아이, 무엇을 하든 무기력한 아이, 학교에서 시키니까 그냥 하는 아이. 이런 아이들과 수업을 하니까 수업을 위해 교실에 들어갈 때면 간혹 "또 책이에요?"라는 말을 노골적으로 하는 아이가 있다. 그러나 수업이 진행되면서 책을 읽고, 이야기를 나누고 하는 과정에서 그런 아이들도 자기가 좋아하는 부분을 발견하고, 그것으로 호기심이나 흥미의 끈을 붙잡게 되면 지루해했던 수업이든 싫어했던 책이든 몰두하게 되는 경우가 많다.

자의든 타의든 책 읽기, 이야기하기, 글쓰기를 수업 시간 중에 학교 교육 안에서 만난 아이들은 혼자 책 읽고, 혼자 글 쓰고, 혼자 생각한 것보다 훨씬 큰 힘을 얻을 것이다. 독서 토론 논술 수업이 이렇게 학교 안에서 이루어진 것은 모든 아이들에게 가장 공평하고 직접적인 힘을 준 첫발일 것이다.

독서 토론 논술 수업이 적용되는 모든 수업 시간 속에서 아이들은 책을 통해 개개인에게 맞는 힘을 얻을 수 있을 것이라 확신하며, 그들에게 힘을 줄 갖가지 책을 들고 책을 통해 아이들이 발견할 세상을 어떻게 보여줄까 하는 발전적인 고민과 함께 아이들을 만날 것이다.

"얘들아, 책 읽는 순간을 즐겨!"

참고자료

그림 출처 : From Wikimedia Commons, the free media repository

● 〈아를 포름 광장의 카페테라스〉, 빈센트 반 고흐
https://commons.wikimedia.org/wiki/File:Van_Gogh_-_Terrasse_des_
Caf%C3%A9s_an_der_Place_du_Forum_in_Arles_am_Abend1.jpeg

● 〈시녀들〉, 디에고 벨라스케스
https://commons.wikimedia.org/wiki/File:Las_Meninas,_by_Diego_
Vel%C3%A1zquez,_from_Prado_in_Google_Earth.jpg

● 〈비 오는 파리 거리〉, 귀스타브 카유보트
https://commons.wikimedia.org/wiki/File:Gustave_Caillebotte_-_Paris_
Street;_Rainy_Day_-_Google_Art_Project.jpg

● 〈모나리자〉, 레오나르도 다 빈치
https://commons.wikimedia.org/wiki/File:Mona_Lisa,_by_Leonardo_da_
Vinci,_from_C2RMF_retouched.jpg

● 〈천지창조 〉, 미켈란젤로 부오나로티
https://commons.wikimedia.org/wiki/File:God2-Sistine_Chapel.png

● 〈별이 빛나는 밤〉, 빈센트 반 고흐
https://commons.wikimedia.org/wiki/File:VanGogh-starry_night_
ballance1.jpg

● 〈이삭 줍는 여인들〉, 장 프랑수아 밀레
https://commons.wikimedia.org/wiki/File:Millet_Gleaners.jpg

● 〈절규〉, 에드바르트 뭉크
https://commons.wikimedia.org/wiki/File:The_Scream.jpg

● 〈앤드루스 부부〉, 토머스 게인즈버러

https://commons.wikimedia.org/wiki/File:Mr_and_Mrs_
Andrews_1748-49.jpg

● 〈알렉산더의 이수스 전투〉, 알브레히트 알트도르퍼

https://commons.wikimedia.org/wiki/File:Albrecht_Altdorfer_-_
Schlacht_bei_Issus_(Alte_Pinakothek,_M%C3%BCnchen).jpg

● 〈아르놀피니 부부의 초상〉, 얀 반 에이크

https://commons.wikimedia.org/wiki/File:Van_Eyck_-_Arnolfini_
Portrait.jpg

● 〈샬럿의 처녀〉, 존 윌리엄 워터하우스

https://commons.wikimedia.org/wiki/File:John_William_Waterhouse_-_
The_Lady_of_Shalott_-_Google_Art_Project.jpg

● 〈그랑자트 섬의 일요일 오후〉, 조르주 쇠라

https://commons.wikimedia.org/wiki/File:A_Sunday_on_La_Grande_
Jatte,_Georges_Seurat,_1884.jpg

● 〈농가의 결혼 잔치〉, 피터르 브뤼헐

https://commons.wikimedia.org/wiki/File:Pieter_Bruegel_the_Elder_-_
Peasant_Wedding_-_Google_Art_Project.jpg

● 〈그리스도의 매장〉, 미켈란젤로 메르시 다 카라바조

https://commons.wikimedia.org/wiki/File:The_Deposition_by_
Caravaggio.jpg

● 〈잠자는 집시〉, 앙리 루소

https://commons.wikimedia.org/wiki/File:Henri_Rousseau_010.jpg

● 〈굶주린 사자가 영양을 덮치다〉, 앙리 루소
https://commons.wikimedia.org/wiki/File:Rousseau-Hungry-Lion.
jpg?uselang=ko

● 〈민중을 이끄는 자유의 여신〉, 외젠 들라크루아
https://commons.wikimedia.org/wiki/File:Eug%C3%A8ne_Delacroix_-_
La_libert%C3%A9_guidant_le_peuple.jpg

● 〈큰 모자를 쓴 에뷔테른〉, 아메데오 모딜리아니
https://commons.wikimedia.org/wiki/File:Modigliani_Amedeo_14.jpg

● 〈계란을 부치는 노파〉, 디에고 벨라스케스
https://commons.wikimedia.org/wiki/File:Diego_Vel%C3%A1zquez_017.
jpg

교과를 피계하는 독서꽃수업

국어 교과 연계 독서 수업

그림책을 활용한
소설 쓰기

이재연

1. 아이들의 상상력을 자극하는 책에서 시작하다

사람이 살면서 하는 여행 중에 가장 멀리 다녀오는 여행은 '머리에서 가슴까지의 여행'이라고 한다. 눈으로 보이는 거리는 50㎝ 남짓에 불과한 이 거리가 얼마나 멀 수 있는지 우리는 잘 알고 있다. 아마도 우리 아이들이 학교에서 배우는 다양한 교과의 내용도 그처럼 멀지 않을까? 시험을 치르기 위해 머리로는 이해했으나 그 지식들이 과연 가슴까지 와 닿았는지 조심스레 의구심을 가져본다.

가슴에 와 닿는 책 읽기. 어쩌면 이 장대한 포부가 학교 독서교육의 근간이 되어야 한다고 생각한다. 이를 위해서는 학생들이 읽고 싶은 것이 무엇인지에 대한 깊이 있는 고민과 그것이 어떻게 학생들의 가슴에 닿을 수 있을지에 대한 방법적 모색을 먼저 생각해야 한다. 현재 학생들이 어떤 상황에 놓여있는지, 그 상황 속에서 어떤 책을 읽으면 좋을지, 책과의 소통은 어떤 방법을 취해야 할지 등 다양한 측면에서 관찰하고 다각도에서 그 과정을 탐색해야 한다. 그때야 비로소 학생들의 가슴에 와 닿는 책 읽기가 이루어졌다고 할 수 있을 것이다.

독서교육의 시작지인 동시에 종착지인 가슴에 와 닿는 책 읽기에서 출발한 '그림책을 활용한 소설 쓰기' 수업은 학생들과 있었던 우연한 에피소드를 통해 디자인되었다.

신천고등학교 헤움도서관은 지역 주민을 위한 개방형 도서관으로 비교적 다양한 종류의 그림책을 구비하고 있다. 어느 날 도서관에서 한 학생이 물었다.

"선생님, 그림책은 유치원생만 봐요?"

"당연히 아니지. 그림책이라고 꼭 유치원생만 보는 건 아니야. 어른들도 볼 수 있고 남녀노소 누구나 읽을 수 있는 책이지."

대답을 마친 후 그 학생이 흥미를 가질 만한 그림책 몇 권을 추천해주었다. 학생은 추천받은 그림책들을 한참 집중해서 읽은 후, "정말 그러네요. 어, 이거 생각보다 재밌는데요."라고 말하며 도서관을 떠났다.

며칠 후 그 학생은 친구들과 함께 도서관을 다시 찾았다. 그러고는 곧장 그림책이 있는 서가로 가 친구들에게 자신이 읽었던 그림책들을 골라주며 읽어보라고 권하였다. 친구들이 책을 읽는 동안 내게로 와서는 "선생님, 오늘도 재미있는 그림책 추천해주세요."라고 말하였다.

학생들이 돌아간 후 '아, 그림책을 가지고 수업 자료로 활용해 고등학생들과 수업을 해도 괜찮겠다.'라는 생각이 들었다. 동시에 반성도 했다. 말로는 "그림책은 남녀노소 모두를 위한 책"이라고 이야기하면서 마음속으로는 '아동용 책인데 어떻게 고등학생 수업자료로 쓸 수 있겠어?'라고 가능성을 열어두지 않고 있었던 것이다.

얼마 후에는 도서관에 찾아온 학생들이 국어 수행평가 때문에 고민을 털어놓는 일도 있었다.

"선생님, 짜증나요. 수행평가로 소설을 써야 하는데 뭘 어떻게 써야 할지 도대체 모르겠어요."

한참 투정을 쏟아내고 난 후에야 비로소 여학생 무리는 돌아갔다. 아이들이 돌아가고 난 후 '왜 이렇게 어려워하지?' 고민해보았다. '그 과제가 내 앞에 놓여있다면 어땠을까?' 생각해보니 막막할 수 있겠구나 싶었다. 아이들의 막막한 심정에 공감했으니 간지러운 곳을 긁어주면 되는 것이다. 뭘 쓸지 모르겠다고? 그럼 쓸 거리를 주면 된다. 어떻게 쓸 줄 모르겠다고? 그럼 소설 쓰는 과정을 세분화하여 보여주면 될 것이 아닌가. 답은 쉽고 명확하게 나왔다. '그림책'이었다. 더 정확히 말하면 글이 없는 그림책. 학생들에게 글이 없는 그림책을 보여주고 자유롭게 상상하도록 한 후 스스로 상상한 이야기를 가져다 자신만의 소설로 쓰게 하는 것이다. 아이들의 상상력을 자극하는 책에서 시작하는 것이다.

2. 성공 경험을 쌓는 것이 중요하다

그림책을 소설 쓰기 재료로 삼는다고 하여도 한 가지 중요한 문제가 남는다. 어떻게 쓸 것인가? 이 문제를 해결하기 위해 평소 독서교육에 관심이 많으신 국어 선생님께 도움을 요청하기로 했다.

우리 학교는 혁신교육지구 내 혁신학교로 교과 연계 독서교육에 관심을 가진 선생님들이 많다. 그중 이번 학기에 함께 협력수업을 진행하고 있는 국어과 선생님 한 분과 협의에 들어갔다. 나는 학생들과 있었던 두 일화로 이야기를 시작했다. 국어 선생님도 평소 학생들이 글쓰기를 넘을 수 없는 벽이라고 인식하고 있는 점에 안타까움을 표하며 그림책을 활용한 소설 쓰기 수업은 좋은 아이디어 같다며 흔쾌히 수업에 함께하는 것에 동의해주셨다.

일 년 또는 한 학기의 교육과정이 이미 계획되어 진행되고 있는 학교 현실에서 그 생각들을 바로 수업에 적용하여 구현하기란 쉽지 않은 일이다. 하지만 두 교사의 마음이 통했는지 우리는 행운을 잡을 수 있었다. 국어 시간 내 2개 차시의 단기 독서 프로그램으로 계획하여 2차 지필 평가가 끝난 7월로 수업 일정을 잡았다. 또한 교과 연계 독서교육에 관심이 많은 선생님들과 수업을 함께 나누고자 이것을 공개수업으로 진행하기로 했다.

수업을 준비하면서 가장 중점을 둔 것은 글쓰기를 어려워하는 학생들에게 '소설을 쓰는 것이 결코 어렵지 않다'는 것을 개인적으로 경험할 수 있게 해야 한다는 것이었다. 다른 문화와 마찬가지로 학교 독서 문화도 개인의 노력만으로 만들어지기는 쉽지 않다. 그러나 개인의 인식 전환은 그래도 쉽게 이루어질 수 있지 않을까 생각했다. 물론 인식의 전환 역시 문화 형성만큼이나 긴 여정일 수 있다. 그럼에도 감히 이렇게 이야기할 수 있는 건 학교에서 만난 우리 아이들이 변화하는 모습을 보았기 때문이다.

학교에 온 첫해에 나는 약간 무리한 시도를 과감하게 했다. 당시 우리 학교 학생들은 독서에 대해 부정적인 경험을 가지고 있었다. 그래서 학생들에게 추천 도서 목록이나 필독서를 제시하지 않고, 자신이 좋아하는 책 한 권을 선택해서 끝까지 읽도록 했다. 아이들을 믿고 선택에 맡겨둔 것이다. 그 대신 자신이 선택한 책을 끝까지 읽었는지 여부는 반드시 확인을 하여 믿음에는 책임이 따른다는 걸 알 수 있도록 하였다. 학생들은 일주일에 한 번 독서 시간에 도서관으로 내려와 자기가 고른 책을 약 20분간 읽고 그날 자신이 읽은 내용 중 기억할 만한 구절 세 가지를 골라 이유와 함께 적어서 내면 되는 수업이었다. 1년 동안 학생들은 매주 도서관에 와서 자신이 고른 책을 읽으며 도서관이라는 공간과 친해지며 책과의 반복된 만남을 통해 독서 습관이 자연스레 몸에 배도록 하였다. 일 년의 길고도 긴 레이스 동안 한 학년 300여 명의 학생들과 독서지도사는 서로가 서로에게 위로받고 생각을 나누면서 완주의 기쁨을 맛보았다. 또한 완주의 기쁨을 맛본 학생들 중 일부는 독서 습관이 몸에 밴 것인지 고2나 고3이 되어서도 꾸준히 도서관을 찾고 있다.

그래서 이제는 읽기 경험만이 아니라 글쓰기 경험에도 도전하고 싶었다. 그림책을 활용한 소설 쓰기 수업은 이를 위한 첫 번째 시도였다. 맛있는 밥상을 차릴 때 가장 중요한 것 중 하나는 밥과 찬이 될 신선한 식자재이다. 소설 쓰기에서 신선하고 싱싱한 식자재로 학생들이 거부감 없이 편안하게 느껴 다가가기 쉽고 열린 생각을 이끌어낼 수 있는 그림책을 활용하는 것이다. 그림책 이야기를 가져다 소설로 재창작할 수 있도록 한 것이다. 활동지 역시 소설 쓰기를 위한 상세한 안내를 제시하기보다는 학생 스스로 구조화하여 이를 담아낼 수 있도록 최대한 단순하게 만들었다.

활동지 작성 사례

내가 선택한 그림 책 (○표 하세요)	
이상한 화요일 (데이비드 위즈너)	○
노란 우산 (류재수)	

<독서+국어>　　　　그림책을 보고, 나만의 소설을 써 봅시다.

1학년 (10)반 (　　) 이름 :

제목 : ~~지구온난화~~ 지구의 주인은 누구인가?

~~인간들의 무차별한~~ 사람들이 무차별하게 세상을 바꾸는 바람에
~~동물들이~~ 이상해지고 있다. 매주 ~~수~~화요일만 되면 하늘에서 동물들이
떨어진다. 처음 발생한건 화요일 ~~수~~시정쯤 밤 11시 2분이 되서도
사람들은 눈치 채지도 못한다. 인간들은 동물들의 서식지를 파괴하고
잡아먹고 동물들을 괴롭혀왔다. 계속 지구를 개발하려다 지구에
오존층이 파괴되고 이상한 빛 때문에 동물들이 진화되고 있다.
하늘을 날 수 있게되고 나뭇잎을 타고 날아다닌다. 인간들은
사태에 심각성도 모르고 지구 개발을 계속한다. 새벽 4시
3분 개가 개구리를 쫓아다가 개구리떼의 습격 당한다.
인간과는 친한 개까지도 점령당해버린거다. 시간이 흐르고
아침이되었다. 나뭇잎만 놓고 흔적을 감춰버린 개구리들이
흔적인 나뭇잎을 본 사람들은 이상하게 생각하기 시작한다.
~~진화주의를~~ 하지만 때는 이미 늦어버렸다. 다음주 화요일
가서 방금 아닌 모든 동물들이 하늘에서 내릴거에
돼지들이 내리기시작했고 다음 이야기는 아무도 알 수없다.
사람들이 동물에게 점령당할지 서로 화합하고 지구에서 잘
살 수있을지 지구의 주인은 누가되는지 궁금해진다.

〈표 1〉 수업 전개 개요

학습목표	교과 연계 독서 수업을 통해 창의적으로 소설을 창작할 수 있다.		
대 상	고등학교 1학년 10개 반		
연계 단원	국어 / 4. 독서의 특성과 방법		
수업 자료	도서 《노란 우산》 (류재수, 보림) 도서 《이상한 화요일》 (데이비드 위즈너, 비룡소) 그 외 그림책 31권(목록 첨부)		
차 시	총 2차시		
차시별 수업 내용	1차시	· 그림책과 친해지기 · 발문을 통한 소설 쓰기	독서지도사 교과 교사
	2차시	· 《노란 우산》과 《이상한 화요일》 그림책 읽기 · 나만의 소설 쓰기 · 소설 발표하기	독서지도사 교과 교사

3. 소설 쓰기를 위한 준비

협의를 거쳐 본 수업의 주제를 '그림책 독서를 통한 소설 창작'이라고 잡고 교과 연계 독서 수업을 위한 준비에 들어갔다. 수업 시간에 사용할 그림책은 《노란 우산》 (류재수)과 《이상한 화요일》(데이비드 위즈너) 두 권으로 정했다.

비오는 날의 풍경을 담은 《노란 우산》은 감성적 측면이 강조된 그림책으로 노란 우산을 중심으로 각양각색의 우산들이 등굣길을 따라 하나 둘 점점 늘어나는 행렬을 사랑스러운 색채로 표현하였다. 이에 비해 《이상한 화요일》은 화요일 저녁 8시, 한 마을에서 일어난 기이하고도 이상한 사건을 묘사한 책이다. 공상의 대가인 작가가 보여주는 화요일 밤의 기막힌 풍경은 우리를 딱딱

교과를 끼게하는
독서 수업

하고 교훈적 주제에서 벗어나 기상천외한 상상과 즐거운 환상 속으로 푹 빠져들게 한다.

일반적으로 독서 수업에서 학생들은 주어진 책이나 자신이 선택한 책 혹은 발췌문으로 제시된 글을 읽는다. 하지만 이 수업은 그림책 독서를 통한 소설 창작이라는 특성상 일반적 독서 방법과는 다르게 접근하였다. 나만의 책 읽기가 아니라 모두 다 함께 읽기. 그래서 수업에 활용할 두 권의 그림책을 마치 벽면에 게시된 영화 포스터를 보듯 한 반 학생이 모두 볼 수 있도록 교실 양 벽면에 부착하여 읽을 수 있도록 하였다. 이 방법은 평소 교실 또한 교구의 하나로 수업을 이루는 요소라 생각했던 바, 교실이라는 교구를 최대한 활용해보기로 한 것이다.

또한 본교가 지역 개방 도서관으로 비교적 다양한 종류의 그림 도서를 구비하고 있다고는 하나 수업을 위해 똑같은 그림책 서른 권을 준비할 수 없다는 이유도 있었다.

이를 위한 준비 과정은 다음과 같다.

1. 수업에 사용할 《노란 우산》과 《이상한 화요일》 그림책을 준비한다.
2. 《노란 우산》 15페이지, 《이상한 화요일》 16페이지를 스캔하여 모두 컬러 출력한다.
3. 출력물을 한 장씩 코팅한 후 끈으로 연결한다.
4. 학생들이 모두 볼 수 있도록 교실 양 벽면에 부착한다.

그림책을 한 장씩 컬러 복사하고 코팅해서 끈으로 연결한다.

한 장씩 코팅된 그림책을 펼쳐서 교실 벽면에 부착한다.

4. 1차시 '그림책과 친해지기'와 '발문을 통한 소설 쓰기'

　수업은 1학년 국어 시간 2개 차시에 걸쳐 국어 교사와 독서지도 사가 협력수업 방식으로 진행하였다. 1차시는 크게 전반부와 후반부로 나누어 전반부는 독서지도사가, 후반부는 국어 교사가 이 끌어갔다.

　1차시 전반부는 그림책과 친해지기 위한 시간이었다. 《노란 우산》과 《이상한 화요일》을 읽고 소설 창작에 들어갈 수도 있었으나 학생들 중 일부는 '고등학생이 그림책을?' '선생님이 우리를 무시하고 그러시나'라며 거부감을 가질 수 있다고 생각했다. 또한 자주 얼굴을 봐야 친해지듯 오랜만에 접하는 그림책과 익숙해지는 시간이 필요하다 여겨졌다.

이를 위해 다양한 그림책을 접할 수 있는 시간을 마련한 것이다. 독서지도사는 책상 위에 학생들이 읽을 수 있도록 모둠별로 인원수만큼의 그림책을 준비하였다. 글이 적은 그림책이라 할지라도 천천히 그림을 살펴가며 읽을 수 있도록 너무 많은 책을 놓아두지는 않았다.

학생들은 자신의 그림책을 다 읽은 후 서로의 책을 돌려 읽어가며 그림책과 익숙해지는 시간을 가졌다. 한 반 30여 명의 개성이 모두 다르듯 준비한 그림책의 특성도 제각각이었다. 학생들은 자기 모둠 위에 놓인 책들을 다 읽고 난 후 "넌 뭐 읽어?", "이거 읽어 봐. 완전 웃겨.", "줘봐. 나도 한 번 보자." 하면서 모둠끼리 자유롭게 서로서로 바꿔가며 웃고 떠들며 편안하게 이야기를 나눴다.

학생들과 책을 읽고 난 후 생각을 나누는 독후 활동 시 책의 내용에 따라 독후 활동 방법이 달라진다. 본 수업에서는 그림책을 활용하다 보니 특별한 장치 없이 편안하게 자신이 읽은 책에 대해 자유롭게 이야기를 나누었다. 여타 다른 시간의 모둠별 자유 토론을 할 때면 몇몇 학생만 이야기하고 대부분의 학생들은 조용히 묵언수행으로 일관하는 경우가 많았는데 이 수업에서는 사용 도서가 그림책이어서 그런지 학생들이 활발하게 이야기를 나누는 모습을 엿볼 수 있었다. "어, 이거 유치원 때 읽은 책이야.", "유치원 때 생각난다.", "이거 중학교 국어책에 나왔던 《돼지책》이다."

자연스레 공감을 이끈 책은 아이들의 닫힌 입을 열었으며 모둠 안에서뿐 아니라 모둠과 모둠에서 한 반 전체 수다로 이어졌고, 전체 독서 토의의 장으로 연결되었다. 이는 아마도 학생들이 다 함께 공감할 수 있는 책이었기에 가능했던 것으로 함께 나눌 수 있는 무언가가 얼마나 중요한지 새삼 실감하는 계기가 되었다.

1차시 후반부는 소설 쓰기를 위한 준비 단계이다. 소설을 쓰는 것이 결코 어렵지 않다는 것을 보여주기 위해 국어 교사는 꼬리에 꼬리를 무는 생활 속 밀착 질문으로 수업을 진행하였다. 일상 속에서 소재를 찾아 학생들과의 자연스러운 대화를 통해 한 편의 소설을 만들어간 것이다. 이 과정에서 소설의 기본요소인 인물, 사건, 배경, 주제 등 국어 지식적인 부분을 자연스럽게 녹여 한 편의 소설이 완성됐다. 우리의 목소리가 합쳐져 함께 쓰는 소설인 것이다. 묻고 답하는 과정 속에는 학생들의 삶과 모습이 자연스레 드러났다. 내가 매일 가는 시장이 나오고 우리 이웃이 등장하며 그 속에서 학생들의 생각이 엿보였다. 특히 학생들은 자신이 아는 장소나 인물이 나올 때 교사의 물음에 더욱 집중하고 몰입하였다.

선생님 선생님이 아침 출근길에 삼미시장에서 뭘 봤는지 아세요?
학생 1 어, 나도 삼미시장으로 오는데…….
학생 2 어 그래. 나도 그 길로 오는데 왜 널 못 봤지?

학생 3 저 가끔씩 선생님 봤어요.

학생 4 우리 엄마 가게도 거기에 있어요.

선생님 그렇구나. 우리 ○반은 삼미시장이랑 인연이 있는 친구들
이 많네. 그렇다면 오늘 우리 반의 소설 속 배경은 삼미시
장으로 할까?

학생들 좋아요.

학생들이 몰입한 발문 과정은 생각보다 훨씬 더 재미있고 기발
한 소설을 탄생시키곤 하였다. 이처럼 우리 학생들의 생활과 밀
접한 자연스러운 발문 과정을 보여줌으로써 학생들의 삶이 국어
지식 안으로 들어오게 되는 것은 아닐까? 더 이상 딱딱한 국어 교
과서 속 지식이 아니라 나와 가족과 친구들의 이야기가 소설의 주
인공이 되고 사건이 되어 갈등을 만들고 해결해가는 것이다.

5. 2차시 '자유롭게 소설 쓰기'

학생들은 도서관 양쪽 벽면에 붙여져 있는 두 개의 그림책 중
소설로 쓰고 싶은 그림책 한 권을 정했다. 그 후 각자 자신의 활동
지를 들고 양쪽 벽면에 부착되어 있는 그림책 앞에서, 옆에서, 혹
은 자기 자리에서 자유롭게 글을 써갔다. 30여 명의 학생이 움직
여 다소 복잡하지 않을까 걱정됐지만 그 안에서 스스로 자신들만
의 룰을 만들어가는 모습이 신기하면서도 기특하였다. 그림책을
보는 시간과 방법은 학생별로 천차만별이었다. 1분 만에 다 보는

학생, 아예 그림 앞에서 소설을 쓰는 학생. 그러나 대부분의 학생들은 그림책을 보는 데 5분을 넘기지 않았다. 다만, 소설을 쓰는 중간에 다시 나와서 그림을 확인하는 학생들이 많았다.

책 선택에서는 비교적 6:4의 비율로《노란 우산》을 선택하는 학생들이 많았다. 이는 그림만으로는 이야기의 예측이 쉽지 않고 숨겨진 의미를 찾기 위해 상상력을 발휘해야 하는《이상한 화요일》보다는 비교적 단순한 그림만으로 쉽게 이야기가 추측되는《노란 우산》이 소설 창작으로 접근하기 쉬운 것이 한 가지 요인으로 여겨진다.

소설 창작 수업

소설 창작 수업

소설 창작에 들어가자 평소 글쓰기가 어렵다고 투정을 부리던 모습들은 사라지고 대부분의 학생들은 몰입하여 골똘히 자신의 글을 쓰고 있었다. 개중에는 중간중간 발산되는 생각들을 입으로 먼저 내뱉으며 깔깔거리는 아이들도 있었지만 이 모습 역시 교실 속 풍경이라 생각한다. 집중해 글을 써 내려가는 학생, 깔깔대며 그냥 이 시간이 마냥 즐거운 학생, 이 모습을 흐뭇하게 바라보는 교사, 딱딱한 교실 속 무표정한 학생과 교사의 모습이 아닌 모두가 이 시간을 즐기는 국어 시간 속 풍경이었다.

학생들이 소설을 쓰는 동안 국어 교사와 독서지도사는 학생들 사이를 돌아다니며 조금 늦게 따라오는 학생들을 독려하기도 하고 학생들이 쓴 글을 보며 추후 학생들이 발표할 자료로 활용할 수 있도록 하였다. 약 15분의 소설 쓰기를 마친 후 각자 자신이 쓴 소설을 발표하는 시간을 가졌다. 발표라면 누구보다 싫어했던 학생들이 한 학생이 발표 스타트를 끊자 서로 발표하겠다며 손을 드는 풍경에 웃음이 나오기도 하였다.

열심히 뭔가를 집중해서 쓰고, 열심히 다른 친구의 이야기를 듣고, 나아가 적극적으로 발표하려는 그 모습 속에서 우리 아이들의 표정은 모두 '맑음'과 '행복' 그 자체였다.

이제는 성공적 읽기 경험에 쓰기 경험, 그리고 성공적 말하기 경험까지 더해진 것이다. 우리 아이들에게 '어, 소설 쓰는 거 어렵지 않네' 혹은 '그거 별거 아니네', '말하기 할 만한 걸', '생각보다 떨리지 않던데' 하는 또 다른 긍정의 인식 변화가 일어난 것은 아닐까 하는 기분 좋은 상상을 해본다.

학생들의 글 속에서 똑같은 등굣길 우산 행렬이었지만 각양각색의 다양한 이야기가 탄생했다. 앞으로 다가올 군대 가는 길을 떠올리는 학생, 짝사랑하는 여자 친구의 미행 길로 풀어낸 학생, 학생을 걱정하는 선생님이 학생들 집을 가가호호 방문하며 함께 등교하는 등굣길로 묘사한 학생 등도 있었다. 그중에서 아래의 글은 청소년기의 살아있는 고민이 고스란히 잘 담겨 읽는 이나 듣는 이 모두에게 공감을 이끌어내었다.

내 자리

김○○

　나는 노란 우산. 지금은 무엇을 해야 할지 몰라 돌아다니고 있다. 길을 걷다보니 파란 우산을 만났다.

　"파란 우산아, 파란 우산아 어딜 가니?"

　"나는 내 자리를 찾고 있어."

　"노란 우산아, 노란 우산아 나를 봐봐. 내 자리를 찾아보자."

　파란 우산과 노란 우산은 자신의 자리를 찾으러 돌아다니다가 빨간 우산을 만났다.

　"빨간 우산아, 빨간 우산아 어딜 가니?"

　"나는 내가 무엇을 해야 하는지 찾고 있어."

　"노란 우산아, 파란 우산아, 우린 무엇을 해야 하는지 찾자."

　빨간 우산, 파란 우산, 노란 우산이 놀이터에 들어갔을 때 분홍 우산이 보였다.

　"분홍 우산아, 분홍 우산아 어딜 가니?" 나는 나를 필요로 하는 '이'를 찾고 있어.

　"빨간 우산아, 파란 우산아, 노란 우산아, 우리를 필요로 하는 '이'를 찾자. 노란 우산 외에 세 개의 우산들은 분수대에서 초록 우산을 만났다.

　"초록 우산아 초록 우산아 어딜 가니?" 나는 내가 낄 자리를 찾고 있어.

　"분홍, 빨간, 파란, 초록 우산아 우리가 낄 자리를 찾아보자."

　그렇게 우산들은 하나, 둘 다른 우산들을 만나 돌아다니기 시작했어요.

우산들이 길을 걷고 있을 때 비가 오기 시작했어요. 그러자 파란 우산이 말을 했어요.

"저기 봐. 우산 통이 비어있어. 아마도 저 자리가 내 자리일 수도 있을 것 같아."

그리고 빨간 우산이 얘기했어요.

"저 자리에 있으면 내가 무엇을 해야 되는지 알 수 있을 거 같아."

분홍 우산도 이야기했죠.

"그래 아마도 저 자리에 있으면 나를 필요로 해주는 '이'가 찾아가 줄 거야."

그리고 나머지 우산들도 자신이 찾던 그곳을 찾아서 기뻐했어요. 하지만 노란 우산은 기뻐하지 않았어요. 그러자 초록 우산이 와서 말을 했어요.

"노란 우산아 지금 이곳이 우리가 낄 자리라는 거야." 노란 우산이 말했어요.

"왜 저기가 우리가 낄 자리라는 거죠?" 초록 우산이 대답했어요.

"저 우산들은 꿈을 찾은 거잖아. 그럼 우리처럼 꿈을 찾지 못한 우산은 저 우산들 사이에서 꿈을 찾을 수 있을 거야."

노란 우산은 초록 우산의 말을 듣고 자신의 꿈을 찾겠다고 결심하고 우산통 그 자리로 돌아갔습니다.

소설 창작 수업 발표 모습

6. 가슴에 와 닿는 독서 수업

우리 아이들이 왜 그렇게 행복한 표정을 지으며 수업에 열심히 참여했을까? 답은 쉽다. 쓰고 싶었기 때문이다. 학생들에게 쓰고 싶은 것을 쓰고, 말하고 싶은 것을 말할 수 있는 기회의 장을 만들어준다면 아이들은 우리가 상상하는 것 이상의 잠재된 능력을 보여줄지 모른다. 이 수업을 계획하고 구현하고 난 후 든 생각은 수업목표처럼 단순하게 한 가지로 압축된다. 느껴야 움직인다.

"어떤 느낌?"

"책 읽기가 힘들고 재미없는 일만은 아니다."

"글쓰기가 막막하고 어떻게 해볼 수 없는 것만은 아니다."

"말하기가 떨리고 피할 수만 있다면 피해야 하는 것만은 아니다."

책을 읽고 자신의 생각을 글로 쓰고 말로 표현하는 것이 결코 어렵고 힘들고 떨린 것만은 아니라는 사실을 학생들의 가슴에 닿게 해주고 싶었다. 느꼈다면 움직일 수 있을 테니까. 최소한 마음에 와 닿는 작은 울림을 경험한 학생은 졸업을 하고 학교를 떠나 어른이 되어서 책을 찾으러 서점에 가고 많은 사람들 앞에서 자신의 생각을 이야기하며 나를 글로써 표현할 수 있는 학생이 될 수 있을 것이다.

성공적 쓰기를 경험한 신천고등학교 학생들은 2015년 '나의 꿈 나의 진로를 찾아 떠나는 도서 탐험' 프로그램에 참여 중이다. 매주 도서관에 내려와 꿈에 관한 책을 읽고 그 기록들을 차곡차곡 '책 talk 책 talk 포트폴리오'에 적어 나가며 자신의 꿈에 한 발짝 한 발짝 다가가고 있다.

그림책 도서 목록

No	책제목	글/그림	출판사	키워드
1	달 샤베트	백희나	스토리보울	환경, 지구온난화
2	돼지 이야기	유리	이야기꽃	환경, 구제역살처분, 공장식 축산
3	늑대가 들려주는 아기 돼지 삼형제 이야기	존 셰스카/ 레인 스미스	지크	입장 바꿔 생각하기
4	지각대장 존	존 버닝햄	비룡소	권위적인 선생님, 소통
5	돼지책	앤서니 브라운	웅진주니어	입장 바꿔 생각하기
6	개구리 왕자 그 뒷이야기	존 셰스카/ 스티븐 존슨	보림	발상의 전환
7	나의 사직동	한성옥, 김서정	보림	서울 속 향수
8	숲 속으로	앤서니 브라운	베틀북	앤서니 브라운판 빨간 모자
9	빨간모자	그림 형제/ 베너뎃 와츠	시공주니어	그림책으로 보는 고전
10	아씨방 일곱 동무	이영경	비룡소	그림으로 보는 고전수필
11	까마귀 소년	야시마 타로	비룡소	왕따, 소외, 극복
12	오수의 개	정하섭/ 김호민	웅진주니어	주인을 위한 희생, 헌신
13	푸른 개	나자	파랑새	편견, 사랑
14	점	피터 H. 레이놀즈	문학동네어린이	작은 칭찬 하나, 자신감
15	백두산 이야기	류재수	보림	우리 땅의 유래, 신화
16	어머니 이야기	한스 크리스티안 안데르센	북하우스	모성애
17	괜찮아	최숙희	웅진주니어	무한긍정
18	레스토랑 Sal	소윤경	문학동네어린이	환경, 이면의 이야기
19	빨간 나무	숀 탠	풀빛	독서치료, 희망
20	엄마가 뽈났다	최숙희	책읽는곰	이해
21	괴물들이 사는 나라	모리스 센닥	시공주니어	동심, SF
22	엄마 마중	이태준	소년한길	그림책으로 보는 근대
23	낡은 목마 이야기	에밀리 림/ 닐 샤프	주니어북스	배려, 올바른 가치관
24	삐비 이야기	송진헌	창작과비평사	자폐아, 왕따
25	열두 띠 이야기	정하섭/ 이춘길	보림	그림으로 배우는 12띠
26	무지개물고기	마르쿠스 피스터	시공주니어	다문화, 다름 차이
27	가시내	김장성/ 이수진	사계절출판사	우리말
28	나무를 심은 사람	장 지오노/ 프레데릭 백	두레아이들	희망, 희생
29	우리 할아버지	존 버닝햄	비룡소	가족, 이해
30	엄마가 화났다	최숙희	책읽는곰	가족, 배려, 이해
31	모기와 황소	현동염/ 이억배	길벗어린이	유머, 우리말

교과를 꽃피게하는
독서 수업

창의적 체험활동, 메타인지 전략 활용 독서 수업

성찰하는 학습을 위한,
메타인지 독서 전략

최선아

1. 방황하며 자신을 찾아가는 독서

좀 놔둬요

성적이 이게 뭐냐?
— 뭐가 어때서요.

복장이 이게 뭐냐?
— 뭐가 어때서요.

지금 태도가 뭐냐?
— 뭐가 어때서요.

나가!

박성우, 《난 빨강》 가운데

지난해 독서 시간에 아이들은 이 시를 보고 "맞아, 맞아!"를 연발하며 자신들 이야기라고 찐하게 공감했다. 나도 시의 마지막 구절처럼 '나가!'를 외치곤 하는 어른이 됐지만, 시를 함께 감상하던 순간만큼은 아이들과 함께 중년의 청소년이 되었다. 그만할 땐 나도 늘 삐딱해 있었던 것 같다. 그런데 누구나 태어나면 한 번씩 겪는 청소년기의 성장통이 과거보다 유난히도 요란스럽게 느껴지는 이유는 뭘까? 청소년기에 대한 내 기억이 흐려져서인가? 나도 구태의연한 어른이 된 건가? 아이들의 반항기를 볼 때마다 자꾸만 내 어린 시절과 비교하려 든다. 방황하는 아이들의 앞날을 자꾸만 걱정하게 된다. 다른 어른들과 별반 다를 것 없다고 생각하면서도 뭔가 더 이야기를 해주어야 한다는 생각에 아이들의 귀에 들릴 리가 없는 잔소리를 끊임없이 늘어놓게 된다.

그러다가 박성우 시인의 《난 빨강》을 수업 시간에 함께 읽으면서 아무래도 이래서는 안 되겠다는 생각이 들었다. '하고 싶은 조언을 내 방식으로 하자.' '아이들이 스스로 자신의 사춘기를 고민하는 시간, 책 속에서 위안을 얻고 자기 정체성의 실마리를 찾는 시간을 만들어주자.' 책을 읽으며, 등장인물이 되어 이야기 속에 푹 빠져보고, 자신과 등장인물을 견주어보고, 이러한 자신을 객관적으로 바라보며 스스로 내면을 돌아보는 독서라면 좋을 것 같았다.

2. 메타인지를 활용한 독서란 무엇인가?

청소년기에 생기는 객관적인 자기 인식의 눈을 책 읽기 활동과 연결해 보기로 했다. 책의 내용을 인지하고 책의 내용과 연결해서 자신의 모습을 객관적으로 바라보고 평가하는 독서, 바로 '메타인지를 이용한 독서'다.

메타인지에 대한 논의를 처음으로 이끌어낸 존 플레이블(John H. Flavell)은 메타인지를 다음과 같이 설명한다.

메타인지는 기본적으로 개인의 인지 과정과 결과, 또는 이 모든 것들에 대한 지식으로서 정보 또는 자료를 학습하는 것과 관련된 속성이다. 메타인지는 다른 인지들 중에서도 몇몇 구체적인 목적 또는 목표를 수행하기 위해 적극적으로 자신의 인지 활동을 감시하고, 그에 따른 규제를 통해 인지 과정의 조화를 꾀하는 것으로 기억, 이해, 주의집중, 의사소통, 그리고 일반적인 문제해결 활동 등의 인지 과정에 중요한 기능을 한다.

메타인지는 자신의 생각에 대해 판단하는 능력이다. 메타인지는 '초인지'(超認知, metacognition), '상위 인지'(metacognition)라는 용어로도 자주 쓰인다. 인지 앞에 붙여진 '메타(meta)'라는 접두어는 우리말로 풀이하자면 '초월한', '~를 뛰어넘어선'이라는 의미가 있다. 인지를 뛰어넘는다는 뜻이며, '인지 위의 인지'이다. 자신의 사고 과정에 대해 들여다보는 것으로 자신이 알고 있는 것과 모르고 있는 것을 알고, 메타인지 훈련 전략을 통해 성찰하고 변화시켜가는 것이다. 이는 자기 인지 활동에 대해 인식하는 것과 인식을 바탕으로 조절하는 능력을 말하는 것으로 각각 '점검하기'와 '조절하기'라고 한다.

독서에서 작동하는 메타인지는 책을 읽는 자신의 모습을 객관적으로 바라보는 것이다. 내가 책을 읽는 목적은 무엇인가, 이를 위해서 어떻게 읽을 것인가, 잘 읽고 있는가, 내용을 잘 이해하는가 등의 자기 질문을 통해 자신의 독서 행위와 태도를 점검하고, 이를 통해서 자신의 읽기 행동을 조절하는 것이다. 다시 말하면, 메타인지는 아이들이 어떤 계획을 세워서 책을 읽어야 할지를 포함하여 어떤 방법으로 읽으면 더욱 재미있고 이해가 잘 갈 수 있는지, 어떤 정보를 서로 관련지어 자신이 원하는 학습 내용을 구성할지, 구성한 학습 내용이 나에게 과연 적절했는지 등을 판단하는 의사결정 능력을 포함하는 인지능력이다.

일반적으로 책을 읽는다고 하면 책을 읽고 자신의 감상을 떠올리거나 작가의 메시지가 무엇인지 생각한다. 이러한 독서 과정에는 책을 읽고 감상을 하고 있는 '나'가 있다. 반면 메타인지를 이용한 독서에는 앞의 '나'와 다른 또 하나의 '나'가 있다. 그것은 책을 읽고 감상을 하는 '나'를 되돌아보고 평가해보는 또 하나의 '나'다. 그 또 하나의 '나'가 바로 메타인지다. 또 하나의 '나'는 내가 책을 읽는 과정을 점검한다(점검하기). 잘 읽고 있는지, 읽기에 문제는 없는지, 문제가 있다면 어떻게 하면 잘 읽을 수 있을지 살핀다. 그리고 점검을 통해 읽기에 문제가 있다고 판단되면 해결책을 찾아 적용해보는 조절을 한다(조절하기). 메타인지를 활용한 독서는 스스로 책을 읽고, 점검하고, 조절함으로써 능동적이고 깊이 있는 독서를 가능하게 한다.

3. 창의적 체험활동 시간을 이용한 수업 계획

1학년을 대상으로 9개 차시 '창의적 체험활동 시간'을 이용한
독서 프로그램을 계획했다.

〈표 1〉 메타인지를 이용한 독서 프로그램 개요

목적	메타인지 전략을 이용한 성장소설 읽기	
대상	중학교 1학년 10개반	
총 차시	9차시	
내용	읽기 전(1차~2차시)	메타인지 전략 알기 (내적 대화 이해하기) 도서 목록 작성하기
	읽기 중(3차~7차시)	메타인지 전략을 사용한 읽기 (기록하며 읽기)
	읽기 후(8차~9차시)	감상 공유하기

1차시에는 책을 읽는 다양한 방법을 알아본다. 읽기 과정에서
일어나는 메타인지 중 하나는 내가 무엇을 어떻게 읽고 있는가
를 아는 것이다. 어떻게 읽고 있는지 제대로 인식하기 위해서는
먼저 읽는 방법을 아는 것이 필요하다. 읽기 방법은 책을 읽으며
우리 머릿속에서 일어나는 생각들을 여섯 가지 유형으로 정리해
서 설명한다. 이 여섯 가지는 독서에서 도달해야 하는 목표를 내
용 이해와 주제 파악으로 잡았을 때 잘 읽기 위해 필요한 읽기 전
략을 유형화시킨 것이다. '내가 알고 있는 것 떠올리기'와 '어려운
것, 궁금한 것 찾고 확인하기', '앞으로 어떻게 될지 상상하기'는
내용을 보다 잘 이해하기 위해서 필요한 읽기 방법이고, '글을 이
해하는 데 도움이 되는 것 발견하기'와 '주제가 무엇인지 생각하

기'는 글의 주제를 파악하기 위한 것이다. '그 외'는 앞에서 구분한 다섯 가지 유형 이외의 다른 방법들을 모두 포함한다. 책을 읽을 때 내 안에서 일어나는 생각이라는 뜻에서 '내적 대화'라 했다. 여섯 가지 유형은 다음과 같다.

— '내가 알고 있는 것 떠올리기'는 책을 읽으면서 내가 알고 있었던 배경지식을 끌어오는 것이다.
— '어려운 것, 궁금한 것 찾고 확인하기'는 읽으면서 모르는 낱말, 문장, 표현, 등이 생겼을 때 그것을 해결하는 것이다.
— '앞으로 어떻게 될지 상상하기'는 뒷이야기를 예측하는 활동이다.
— '글을 이해하는 데 도움이 되는 것 발견하기'는 글의 전체 내용의 흐름을 이해하거나 작가의 의도를 짐작할 수 있는 단서를 찾아내는 활동이다. 이 유형은 '어려운 것, 궁금한 것 찾고 확인하기'와 비슷하지만 그보다는 좀 더 깊이가 있는 활동이다.
— '주제가 무엇인지 생각하기'는 작가의 의도를 생각하는 것이다. 이야기를 거의 다 읽었을 무렵에 주로 생각해보는 활동이다.
— '그 외'는 앞의 다양한 활동 이외의 것들을 말하는 것으로 자기 경험과 연결하거나 평가해 등의 활동, 책을 읽다 딴생각을 한 것, 졸립다거나 배고프다거나 하는 생리적인 욕구까지도 포함한다.

2차시에는 스스로 읽을 책을 고르는 활동을 한다. 다양한 도서 선택 기준을 바탕으로 나에게 맞는 책은 무엇인지 탐색해보는 시간이다.

3차시에는 '내적 대화'를 기록하는 작성법을 알아보고 기록하며 읽기가 시작된다.

4차시부터 7차시까지는 기록지를 작성하며 책을 읽는다. 읽기 중 떠오른 자기 생각을 쓰고 선생님의 피드백을 받으며 자신이 잘 읽고 있는지 점검하고 조절하는 과정을 반복하게 된다. 가장 활발히 메타인지를 사용하고 연습하는 시간이다.

8차시에는 친구들에게 읽은 책을 소개하기 위해 감상평을 정리한다.

9차시에는 작성한 감상평을 발표를 통해 함께 공유한다.

읽기 행위는 자발성을 가질 때 가장 효과적으로 진행될 수 있다. 메타인지도 마찬가지다. 아이들은 자신이 읽고 싶은 책을 스스로 골랐을 때 자발적으로 읽는다. 자신을 객관적으로 바라보고 평가해보는 행위 역시 스스로의 의지가 있어야 발휘된다. 교사가 아이들의 자발성을 이끌어내기 위해서는 흥미를 끌 수 있는 도서 준비와 아이들 스스로 자신의 독서를 점검할 수 있게 하는 적절한 질문을 담은 활동을 계획해야 한다. 더불어 아이들이 책에 흥미를 갖고 집중할 수 있도록 따뜻한 격려와 이해를 해줄 수 있는 넓은 마음이 필요하다.

4. 책을 읽으며 자신과 대화하기 : 내적 대화

본격적인 독서 활동을 하기 전, 책을 읽을 때 우리 머릿속에서 일어나는, 또는 일어나야 하는 현상에 대해 이야기를 나누었다. 파워포인트 자료 화면을 준비했다. 준비한 자료는 영화 〈셜록 홈즈〉(2009)에서 폭발이 일어나 연기와 함께 사람들이 공중에 붕 떠 있는 장면, 영화 〈완득이〉에서 동주 선생님이 교무실에서 라면을 먹고 있는 모습, 맑은 바닷물이 찰랑대는 바닷가 휴양지 사진 등이었다. 학생들에게 화면을 보고 떠오른 느낌, 관련된 경험 등을 이야기해보도록 했다.

"폭발해요."

"사람들이 날아가요."

"바다다!!"

아이들은 자신의 머릿속 생각을 말하는 것이 어려운 것 같았다. 쭈뼛쭈뼛 장면을 설명할 뿐이었다.

"애들아, 장면을 읽지 말고 너희가 느낀 느낌이나 생각한 걸 말해봐."

'사실과 생각은 다르다'는 것을 설명하고 다시 말해보라고 주문하자 그제야 조금씩 이야기를 시작했다. 넘어가는 장면의 수가 많아질수록 아이들은 생각 말하기에 익숙해졌다.

휴양지 사진을 보면서 가장 많은 느낌과 상상이 쏟아져 나온다.

"쉬고 싶어요."

"목말라요."

"신혼여행이 떠올라요."

"예쁜 여자가 있을 것 같아요."

와글와글, 시끌시끌 교실 안은 어느 순간 활기가 넘쳤다.

"지금 너희들이 화면을 보고 얘기하는 생각과 느낌들은 책을 보면서도 우리 마음속에서 일어난다. 책을 읽을 때 생각과 느낌들을 책의 내용과 연관 지으며 읽으면 더 잘 읽을 수 있어."

책을 읽을 때 머릿속에서 떠오르는 다양한 생각들을 '내적 대화'라고 한다는 것을 알려주었다.

이번에는 책을 읽으며 어떻게 '내적 대화'를 하는지 보여주었다. 파워포인트 자료로 책의 일부를 발췌했다. 그것을 읽으며 떠올렸던 나의 생각들을 문장 중간중간에 말풍선으로 넣었다. 화면을 천천히 읽으면서 책을 읽을 때 머릿속에서 이루어지는 독서상황을 고스란히 보여주었다.

《로그인 하시겠습니까》(이상대 엮음, 아침이슬)라는 책에서 발췌한 중학교 학생의 소설을 읽기자료로 나눠주었다. 평소 주인공을 뚱뚱보라고 놀리는 사촌이 같은 학교 상급반으로 전학을 오고, 아침식사 자리에서 대화를 나누는 내용이다. 이제 아이들 차례다. 교사의 시범을 보고 아이들이 스스로 해보는 거다. 내가 보여준 시범처럼 읽으며, 중간중간 떠오른 생각들을 그 자리의 여백에 쓰도록 했다. 무엇이든 좋다고 했다.

"헐~ 졸리고 배고프다는 것도 써도 돼요?"

"책 읽기 싫다는 걸 써도 돼요?"

"그림으로 그려도 돼요?"

교과를 꿰게 하는 독서수업

"욕은요?"

"뭐든~ 좋아."

뭐든 좋다는 말에 눈이 반짝거리는 아이들이 보인다. 마치 어디 두고 보자는 듯이 활동지에 뭔가를 적기 시작했다.

'뚱보라고 부르니까 기분 나쁘겠다.'

'화나겠다.'

'열 받았겠다.'

'저런 사촌이 같이 학교를 다니면 싫겠다.'

'도대체, 얼마나 뚱뚱한 걸까?'

'우리 사촌 오빠도 저렇게 개념이 없는데.'

'재미있었다.'

'사촌 오빠가 멋있게 생겼을 것 같다.'

'사촌 오빠가 있으면 좋겠다.'

결과물들은 화려했다. 다양한 느낌이나 생각이 나오기도 했고 등장인물의 모습을 상상해서 그림으로 표현하기도 했다. 역시 책을 잘 읽는 아이들은 읽으며 떠오른 느낌이나 생각이 풍부했다. 줄마다 '졸립다'와 '배고프다'를 반복한 아이도 드물게 보였다. 정말 읽기 싫었던 모양이다. 아이들의 내적 대화를 보면서 개개인의 독서 상황을 파악해볼 수 있었다. 독서 시간에 더 관심을 기울여야 할 것 같은 아이들이 보였고, 책을 좋아하고 잘 읽는 친구가 누구인지도 파악할 수 있었다. 내적 대화를 연습한 후, 칠판에 내적 대화 유형 여섯 가지를 적었다.

여섯 가지 유형은 읽는 방법을 기준으로 나눈 것이다. 책을 읽으며 떠올릴 수 있는 여러 가지 생각을 유형화한 것으로 읽기에서 발현되는 메타인지인 점검하기와 조절하기를 촉진시키는 질문이 되기도 한다.

자신이 책을 잘 읽고 있는지 객관적으로 판단한다는 것은 쉬운 일이 아니다. 객관적인 눈이 있어도 기준이 없다면 제대로 된 판단을 할 수 없다. 여섯 가지 유형은 그런 판단의 기준이 된다. 책을 읽을 때, 이 여섯 가지 기준을 이용해 책을 읽고 있는가 생각하면서 자신의 독서를 평가하게 된다. 평가를 통해서 문제가 발견되면 이를 해결할 수 있는 방법도 찾을 수 있다.

모든 유형이 다 중요하지만 아이들에게 특별히 강조한 것은 '그 외'의 유형으로 분류한 '딴생각'이다. '딴생각'은 읽기를 방해하지만 그것을 인식하는 것은 중요하다. 인식을 통해 문제를 수정하기 위한 노력을 할 수 있기 때문이다. 집중을 방해하는 문제가 해결되면 다시 독서에 몰입할 수 있다.

아이들은 자신이 쓴 내적 대화가 어떤 유형인지 판단해보면서 자신이 책을 읽을 때 어떻게 읽는지 알아가기 시작했다. 나는 아이들에게 독서에서 새롭게 알게 된 다양한 내적 대화를 사용해보고, 자신이 어떻게 책을 읽고 있는지 자기를 살피며 책을 읽자고 했다.

5. 추천 도서 목록 준비

2차시, 한 학기 읽게 될 도서 목록을 뽑는 시간을 가졌다. 도서는 총 70여 권을 미리 선별해두었다. 자유롭게 도서를 선택하게 하는 것이 가장 좋은 독서 환경이겠지만 자유롭게 찾아 읽기는 자칫 읽기 지도를 어렵게 한다. 책을 읽는 행위가 개별적이므로 독서 상황에서 벌어지는 문제도 개별적이고 다양하다. 이때 읽기 문제를 지도하려면 교사가 아이들이 읽을 책을 사전에 파악해둘 필요가 있다. 도서 파악은 아이들의 책 읽기를 성공적으로 이끌어주는 안내를 위해서 반드시 해야 하는 작업이다. 수업을 위해 뽑은 70권은 독서를 지도하기 위해 파악할 수 있었던 최대치였다.

책의 종류는 청소년 아이들 또래의 이야기가 담긴 성장소설로 했다. 같은 고민이나 상황에 처한 주인공의 이야기라면 아이들이 책 속에 빠져들 수 있을 것이라 생각했기 때문이다. 주제는 나, 가족, 친구, 이성 친구, 선생님으로 정했다. 스펙트럼이 넓은 중학생들의 읽기 수준을 감안해, 초등 중학년 이상의 가벼운 수준부터 중학교 3학년까지 읽을 수 있는 책으로 준비했다.

아이들이 앉아 있는 책상 위에 각각 주제를 나타내는 팻말을 올려놓고 그 주제에 맞는 도서들을 책상 위에 늘어놓았다. 아이들은 도서 목록 작성표를 한 장씩 받아들고 책상 사이를 돌아다니며 도서를 탐색했다. 앞에서 말했던 여러 가지 선택 기준을 참고하여 이번 학기에 읽을 책 여섯 권을 정하는 것이다. 여섯 권은 자기에게 맞는 책을 고르는 안목을 갖기 위한 연습이며 책을 읽다가 포기하게 될 경우, 예비로 가지고 있어야 하는 목록이다. 도서 목록에는 선택한 책의 제목, 작가, 출판사와 함께 선택한 이유까지 쓰도록 했다. 선택 이유를 쓰게 하는 이유는 그러면서 한 번 더 신중하게 생각할 수 있으며 교사가 도서 선택에 도움을 줄 수 있어서이다.

책의 무게로 차분했던 정적인 공간이 책상 사이를 이리저리 움직이는 아이들의 활기로 술렁거렸다. 무리를 지어 다니지 말라는 주의에도 아랑곳하지 않고 그저 신났다. 단짝끼리 몰려다니며 도서 목록을 함께 공유하는 아이들도 있고 혼자 조용히 책을 탐색하는 아이들도 있다. 어쩌다 손에 잡은 책이 맘에 들어 목록 작성을 제쳐두고 이미 읽기 시작하는 아이도 있다. 얇은 두께를 찾거나 큰 글씨, 예쁜 디자인을 보는 아이들이 있는가 하면, 꼼꼼히 목차를 보고, 내용을 읽어보고, 작가의 말도 들여다보는 신중파도 있다. 친구에게 추천을 부탁하기도 하고 이도 저도 어려우면 내게 달려와 재미있는 책을 추천해달라고 한다. 목록에는 아이들 각자의 환경과 고민이 담기기도 한다. 부모님에 대해 이해해보고 싶어서 책을 고르기도 하고, 친구와 잘 지내고 싶어서 친구를 주제로 한 책을 고르기도 했다.

책을 살피는 아이들 사이를 오가면서 어느 정도 목록이 작성되고 있을 즈음, 목록이 완성되면 확인을 받으라고 했다. 아이들이 작성한 도서 목록을 일일이 확인했다. 책을 선택한 이유를 살펴서 조언을 해주었다.

목록 확인은 아이들이 쓴 도서 목록과 선택 이유를 확인하며 나누는 대화를 통해 이루어진다. 이 활동은 도서 선택이 잘못되어 읽던 책을 바꾸느라 왔다 갔다 하는 어수선함을 줄여준다. 또 책을 제대로 고를 수 있는 안목을 가르쳐줄 수 있다. 책을 잘 고르는 일이 잘 읽는 것만큼이나 중요하다는 것도 깨닫게 한다. 교사의 목록 확인은 아이들의 성공적인 책 읽기를 도울 수 있다.

장난치며 대충 고른 도서 목록은 금방 표가 난다. 그냥 골랐기 때문에 이유가 없거나 부실하다. 이 경우 대부분 똑같은 이유를 내려 쓰는 경우가 많다. '겉표지가 예쁜 것', '제목이 마음에 드는 것'이라는 이유가 가장 많다. 외모만 보고 고르면 읽다가 포기하는 경우가 많으니 책장을 펼쳐 한 장 정도는 읽어보고 다시 결정하라고 안내한다. 분량과 글자 크기만 생각한 친구들도 있다. 분량과 글자 크기 역시 중요한 고려 사항이지만 가장 중요한 것은 역시 책의 내용을 살펴보는 것이다. 자기가 현재 가지고 있는 고민이 있다면 거기에 맞는 주제도 살펴볼 필요가 있다. 고른 책을 끝까지 읽어내지 못하는 것을 보면 안타깝지만 이런 시행착오를 겪어보는 것은 필요하다. 경험을 통해 신중한 선택의 중요성을 스스로 깨달을 수 있기 때문이다.

신중하게 목록을 작성한 아이들의 경우는 목록에 있는 책들은 어떤 순서대로 읽으면 좋은지, 이 책은 무엇을 염두에 두고 읽으면 재미있는지 설명해주었다. 뭘 고를지 모르겠다는 경우에는 친구들의 추천을 먼서 빌아보라고 권한다. 또래 정서는 서로 통하는 법이다. 전에 재미있게 읽은 책이 무엇인지 묻기도 한다. 대답한 책이 내가 알고 있는 책이면 비슷한 스타일이나 분위기의 책을 찾아 준다. 모르는 책이라면 장르나 좋아하는 이야기의 특징이 무엇인지 다시 물어서 거기에 맞춰 책을 추천한다.

다른 반 아이들의 반응을 말해주기도 한다. 아이들은 다른 반 아이들의 반응에 관심이 높다. 특히 '옆 반 어떤 아이들이 이 책을 너무 좋아하더라', '인기 있었다.' 이런 추천은 고를 책이 없다고 투덜대거나 도서 탐색 활동 자체를 시큰둥하게 여기는 아이들의 호기심을 끌었다. 너도나도 다른 반 친구들이 고른 책을 읽겠다며 한바탕 소란을 피우기도 했다.

자기에게 맞는 책을 스스로 고르도록 하는 것도 메타인지를 이용한 독서 활동 중 하나이다. 책을 고르고 선택한 이유를 쓰고, 선생님과 목록을 확인하면서 객관적인 눈으로 자신의 선택을 평가할 수 있다. 아이들은 작성한 목록대로 자기 책을 읽어나갔다. 중간중간 읽다가 실패한 도서는 빼고 새로운 도서로 목록을 수정하며 책을 읽었다.

6. 독서 몰입을 돕기 위한 교사의 역할

3차시는 본격적인 읽기가 시작되는 시간이다. 읽기 전 먼저 내적 대화를 기록하는 기록지와 기록 방법을 설명해주었다. 내적 대화의 유형들을 염두에 두고 기록할 필요는 없다. 그냥 읽으면서 떠오른 생각과 느낌을 쓰는 것이다. 기록지는 A4지를 반으로 나눈 형태다. 왼쪽에는 책을 읽으면서 느낌이나 떠오른 생각이 떠오를 때 책의 어느 부분인지 쪽수나 낱말, 문장, 문구 등을 쓰고, 오른쪽에는 그때 떠오른 생각이나 느낌을 쓴다.

성장소설 읽기

〈표 2〉 내적 대화 기록지 견본

학년		반	번호			이름	
주제		내적 대화하며 독서하기				(활동지)	

	책 이름				
	글쓴이			옮긴이	
	펴낸 곳				

1. 내가 알고 있는 것 떠올리기　　2. 어려운 것, 궁금한 것 확인하기
3. 앞으로 어떻게 될지 상상하기　　4. 글을 이해하는 데 도움이 되는 것 발견하기
5. 주제가 무엇인지 생각하기　　　6. 그 외

	날짜	읽은 쪽	낱말, 쪽수, 문구	유형	생각한 내용
내적대화					
되돌아보기					

아이들은 지난 시간 확인받은 자기 목록의 책을 정한 순서대로 읽기 시작했다. 겹치는 목록끼리는 읽는 순서를 다르게 해서 같

은 책을 가지고 다투는 일이 없도록 했다. '읽기 시작'이라는 출발 신호는 떨어졌지만 아이들이 책 속으로 들어가는 데 걸리는 시간은 제각각이다. 바로 집중하는가 하면, 책은 들었으되 마음은 책 너머 어딘가로 향하고 있기도 하다. 그런 아이들은 오랜 시간 한 페이지에 머물러 있거나 뭉텅뭉텅 책장을 건성으로 넘기는 동작으로 가늠이 된다. 물론, 눈동자의 움직임이나 향하는 시선을 봐도 알 수 있다. 아예 처음부터 책을 펼칠 생각도 없이 엎드려서 시도조차 하지 않으려는 안하무인 독서 거부자도 더러 있다.

아이들이 각자 책 속으로 들어가는 순간부터 나는 분주해진다. 관찰표에 개개인의 독서 태도나 특이 사항을 정리한다. 관찰표는 아이들의 자리를 표로 만든 것으로 그날의 독서 시간에 책에 집중하지 않는 아이들, 잠만 자는 아이들, 다른 친구들과 장난을 치는 아이들을 체크하고 각각의 문제에 대해 어떤 지도를 했는지 기록했다. 은밀한 장난으로 독서를 방해하는 아이들을 파악하고 자리 배치 변경을 고려해보기도 했다. 엎드려 있는 아이들을 격려하며 책을 바꿔주기도 하고 잠시 쉬게도 했다. 조용히 딴생각하는 아이들과 눈을 맞추고 이유를 묻기도 했다.

앞뒤의 준비와 마무리 시간을 제외하면 실질적으로 아이들이 독서에 몰입할 수 있는 시간은 30분 정도이다. 책을 잘 읽는 아이들은 이 30분 동안 많은 양의 책을 읽는다. 문제는 30분을 견디지 못하는 아이들이다. 이런 아이들은 읽기 활동과 쓰기 활동, 자유 활동을 골고루 누리게 해주었다. 10분 동안 읽게 하고 10분 동안 쓰게 했다. 읽은 부분의 생각 쓰기가 어려우면 필사를 시켰다. 책

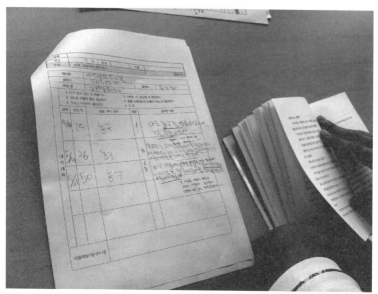

내적 대화를 기록하며 책 읽기

의 의미 있는 부분이나 좋은 문장을 베껴 쓰게 했다. 때로 독서가 힘든 아이들은 도서관 한쪽 구석으로 데리고 가서 책을 읽어주었다.

읽기 시작한 지 5분 정도 흐르면서 "책이 어렵다.", "맞지 않는다.", "재미없다." 하면서 읽기를 포기하거나 책을 바꾸겠다는 아이들이 생기기 시작했다. 먼저 책을 포기하는 이유를 물었다.

"무슨 말인지 모르겠어요."

어려운 낱말이나 표현들이 있을 때 주로 나오는 반응이다. 어려운 말이 많이 나오는 책은 이야기 구조 또한 어려운 경우가 종종 있다. 이런 경우 조금 쉬운 책, 이야기 구조가 보다 단순한 책을 찾아 주는 것이 좋다. 역시 미리 파악해둔 도서 정보가 큰 도움이 된다.

"재미없어요."

이런 반응은 셋 중 하나다. 읽기 싫다는 또 다른 표현이거나, 이야기 속 사건의 전개가 느릿느릿 진행돼서 지루하거나, 작가의 표현 방식이 아이와 맞지 않는 경우이다. 사건 전개가 느린 걸 못 견뎌하는 아이들은 대부분 독서 수준이 그리 높지 않다. 그런 아이들은 구구절절한 묘사나 인물의 감정선이 늘어지는 것을 견디지 못한다. 이런 아이들에게는 빠르게 사건이 진행되고 문장이 쉽고 간결한 도서로 바꿔 주는 것이 좋다. 분량과 글자 크기도 신경 쓰면 좋다. 그 아이가 정한 목록에 그런 책이 없다면 새 책을 골라주고 목록을 수정하게 한다. 앞부분의 지루함을 참고 읽으면서 고비를 넘기게 하는 것도 하나의 방법이 될 수 있겠다. 사전에 파악해둔 도서 정보를 풀어주어서 살짝 스포일러를 줄 필요도 있다. 어떤 독서 지도를 하든, 바로 책을 바꾸게 하는 것보다 먼저 한 번 더 고민해보라고 격려를 하는 것이 필요하다.

지나치게 책을 빨리 읽는 아이들도 주의해야 한다. 숨 가쁘게 읽어내느라 생각해보고 고민해볼 여유가 없다. 당연히 놓치는 것들이 많다. 그런 아이들은 어떻게 책을 읽는지 잘 관찰할 필요가 있다. 글자만 보는지, 대강대강 띄엄띄엄 읽는지, 페이지만 넘기는지, 기록은 어떻게 하고 있는지. 아이들에게 읽는 분량을 정해주고 읽고 나서 반드시 기록하도록 안내하고 확인한다. 읽는 중간중간 멈추고 쓰는 내적 대화 기록지가 빨리 읽기의 허점을 보완하는 데 도움을 줄 수 있다.

자신에게 맞는 책을 찾는 소란이 이어지다가 문득 정적이 흐르는 순간이 있다. 아이들 모두가 책 속에 들어가 있는 시간이다. 숨소리조차 방해가 될 것 같은 고요함! 그럴 때는 나도 모르게 가슴이 뻐근해진다. 아이들이 정말 책을 읽고 있다는 걸 느끼는 시간이다.

하지만 그것도 잠시. 책 속에 머리를 감추고 있는 아이들이 보이기 시작했다. 읽다가 조는 아이들, 읽기 싫어서 자는 아이들이다. 일단은 살짝 깨워보았다. 피곤해 지쳐 보이면 시간을 정해두고 잠을 재웠다. 읽기 싫어 꾀를 부리는 아이들에게도 눈을 붙일 시간을 주었다. 단, 조건을 걸었다. 책의 몇 쪽까지 읽고 느낌이나 생각을 간단히 메모해야만 정한 시간 동안 잠을 잘 수 있다고 단서를 달았다. 수업이 끝나기 10분 전, 아이들에게 몇 쪽까지 책을 읽었는지 활동지에 쓰고, 오늘 읽은 책의 내용을 정리했는지 확인했다. 쓰지 못한 아이들에게 다시 기록하는 시간을 주었다.

7. 메타인지를 돕기 위한 교사의 피드백

아이들이 땅이 꺼져라 한숨을 쉰다.

"읽는 것도 힘든데 글을 쓰라고요?"

"읽는 중간에 글을 쓰면 읽기에 방해가 돼요."

조금 전까지만 해도 아이들은 자신들이 고른 책을 읽고 싶어 견디기 어렵다는 표정이었는데, 읽으면서 글을 써야 한다고 했더니 볼멘 불만들이 터져 나왔다. 이럴 때, 아이들의 불만에 흔들리지 않아야 한다. 아이들은 지난 시간 정말 신중하게 책장을 펼쳐가며 골랐으니 기대가 됐을 것이다. 혹은 재미있다며 살짝 이야기의 클라이맥스를 들려준 나의 소개에, 이제 그 내용을 파헤치고 싶은 참이었다. 하지만 그때 나는 "잠깐!" 외치며 그 전에 중요하게 알아두어야 할 게 있다고 말했다.

"책을 읽으면서 한 가지 해야 할 일이 있다. 나눠주는 활동지를 읽으면서 그때그때 떠오른 생각들을 쓰는 거야. 궁금한 것에 대해 선생님한테 질문을 해도 좋고, 책을 읽는데 옆 짝꿍이 자꾸 방해한다고 일러도 좋아."

초반의 거센 저항은 읽기가 진행되면서 잠잠해졌다.

책장이 앞으로 나아갈수록 이전의 내용은 잊히기 마련이다. 그 장면의 실감났던 감동과 느낌은 시간이 가면 밋밋해진다. 잠시 멈추고 생각하고 기록하는 활동은 이야기 속 순간의 감동을 놓치지 않는 방법이다. 특히 아이들에게 읽다가 멈추고 기록하는 연습은 감상을 위한 독서뿐 아니라 학습을 위한 독서에도 유용하다. 기록은 전체를 정리하고 감상을 쓰는 8~9차시에 글의 줄거리와 감상을 정리하는 데 그 빛을 발했다.

4차시부터 7차시까지는 읽으며 생각하며 쓰는 책 읽기가 진행됐다. 수업 시작 5분은 책과 활동지 준비 시간, 30분은 책을 읽는 시간, 나머지 10분은 읽은 쪽수를 쓰고, 미처 쓰지 못했던 생각들을 마무리하는 활동을 했다. 내적 대화 기록지는 매 수업 시간이 끝날 때마다 제출하고 수업이 시작되면 피드백을 받은 활동지를 돌려받게 된다. 내적 대화 기록지는 아이들의 메타인지 상황을 보여주는, 독서 프로그램의 핵심이다. 개별 읽기가 진행되는 이 기간 동안, 아이들의 내적 대화 기록지는 메타인지를 이용한 독서를 지도하고, 개인적인 대화를 나누는 친밀의 공간이기도 했다.

수업 시간이 시작되면 아이들은 책을 읽기 전 지난 시간에 기록했던 활동지를 받는다. 받자마자 뭐가 적혀있는지 재빨리 읽어 내려가는 아이들! 그런 아이들의 반응을 살펴보는 것도 쏠쏠한 재미다.

"선생님, 오늘은 왜 아무것도 안 써주셨어요?"

"니가 열심히 안 쓰니까 나도 버텨볼라고."

기다렸나 보다.

"나는 한 줄 썼는데 다섯 줄이나 써주셨다!"

활동지마다 피드백을 달아주는 일은 쉽지 않았다. 번거롭기도 했다. 쓰지 않은 여백에 뭐라고 써주어야 할지, 잘 한 친구에게는 칭찬 말고 어떤 안내를 해주면 좋을지 머릿속에 담아두었던 좋은 문구는 어디론가 날아가버렸다. 충실하게 쓴 아이들의 내적 대화를 따라가다 보면 그들이 어떻게 책을 읽었는지 고스란히 드러난다. 아이들은 책 속 또래 주인공의 입장이 되기도 하고, 등장인물과 자신을 비교하기도 했다. 등장인물의 앞날을 걱정하기도 하고, 뒷이야기를 상상해보기도 했다. 작가의 의도를 파악해보는 아이들도 있었고 모르는 것들을 질문하기도 했다. 졸려서 책을 많이 못 읽었다며 미안하다고 쓴 아이들도 있었다. 피드백 초반에는 주로 아이들의 기록에 공감을 하거나 나의 생각을 써주었다. 기록을 충실하게 썼다면 잘 했다는 칭찬을, 아무것도 쓰지 않은 경우에는 다음번을 기대한다는 격려를 했다.

기록지에는 내적 대화를 쓰는 칸 이외에 자기가 쓴 내적 대화의 유형이 무엇인지 적는 칸이 있다. 이 칸은 선생님이 써주는 칸이다. 활동지에 피드백을 해줄 때 아이가 쓴 내적 대화가 어떤 유형인지 번호를 써준다.

1. 내가 알고 있는 것 떠올리기
2. 어려운 것, 궁금한 것 찾고 확인하기
3. 앞으로 어떻게 될지 상상하기
4. 글을 이해하는 데 도움이 되는 것 발견하기
5. 주제가 무엇인지 생각하기
6. 그 외(경험과 연관 짓기, 평가해보기, 딴생각 등)

예를 들어 선생님이 써준 내적 대화의 유형이 모두 1번이라면 자신이 독서할 때 주로 '배경지식을 떠올리며 읽는다'는 것을 알게 되는 것이다. 피드백과 함께 유형을 써주었더니 아이들은 자신의 내적 대화 기록 옆 칸의 숫자가 무엇인지 궁금해했다. 자신의 읽기 유형이라는 것을 알고 나더니, 나중에는 내적 대화도 쓰고 자기의 내적 대화가 어떤 유형인지 직접 쓰기도 했다.

아이들이 스스로 자기 유형을 파악하기 시작한 시점부터, 피드백을 구체적으로 써주었다. 아이들의 기록에 공감을 드러내거나 기록을 독려하는 정도에서 좀 더 들어가 다양한 내적 대화의 유형을 이용해 읽어보라고 안내했다. 반복적으로 같은 유형을 사용하는 아이들에게는 뒷이야기를 상상하며 읽어보라든지, 주제가 무엇인지 찾아보며 읽으라는 등의 새로운 내적 대화를 시도해보라고 했다. 아무것도 쓰지 않은 아이들에게는 '다음번을 기대한다'는 말 대신에 '이러이러한 내적 대화를 하며 책을 읽어보라'는 구체적인 읽기 방법을 제안했다. 기록과 피드백은 횟수를 거듭하면서 풍성해졌다. 특히 구체적인 피드백은 깊이 있는 내적 대화를 이끌기도 했다.

이렇게 내적 대화 기록과 피드백을 주고받는 과정 속에서 자기가 읽기를 잘하고 있는지 점검하고 조절하는 메타인지가 활성화된다. 메타인지를 이용한 읽기 수업은 자기 독서 활동이 어떤 것인지 아는 것으로부터 시작해 피드백을 참고로 새로운 내적 대화 방식을 시도해보는 조절행위로 연결된다. 기록과 피드백을 통해 자신이 잘 읽고 있는지 점검하고 다양한 읽기 방법을 연습했다.

기록지는 드러내고 싶지 않은 사춘기 고민을 발산할 수 있는 공간이 되기도 한다.

'초등학교 때 나도 스이카처럼 왕따를 당했던 경험이 있었다. 그때는 정말 괴로웠고 힘들었다. 어른들은 혼자 고민하지 말라고 하지만 정말 그 상황이면 누구에게도 말하기 어렵다. 스이카의 마음을 이해한다.'

왕따 이야기를 다룬 《미안해 스이카》를 읽고 쓴 한 아이의 내적 대화 기록이다. 초등학교 때 겪은 자신의 왕따 경험을 쓴 것이다. 힘들었겠다는 공감의 한마디가 가면, 책에 대한 감상과 함께 자기의 생각을 담은 장문의 기록이 돌아왔다. 자기표현이 별로 없는 아이였지만 내적 대화 기록지에는 마음속 묵은 감정을 쏟아 냈다. 아마도 그 아이에게 독서는 가슴속에 묻어둔 아픈 기억을 홀가분하게 떨쳐내는 배출구가 되었을 것이다. 이렇게 속내를 모두 보여준 경우는 정말 특별했던 경우다.

그밖에 소소하지만 그 나이 때에 겪는 다양한 고민들이 기록지에 담겼다. 친구와 싸웠는데 어떻게 화해해야 할지 모르겠다는 답답함을 담은 기록도 있었고, 부모님의 잔소리에 스트레스를 받는다는 이야기도 있었다.

솔직한 자기 고백에 공감하고 이해하는 피드백을 보내면 다시 답장이 오고, 그 답장에 다시 대답이 왔다. 기록과 피드백을 주고받으면서 덩어리로 보이던 사춘기 말썽쟁이들이 하나하나 보이기 시작했다.

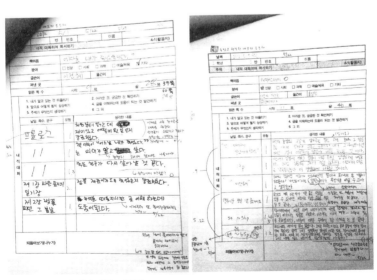

학생들이 작성한 내적 대화 기록지

8. 나의 성장을 인식하는 시간

수업 중 책 읽기 활동을 통해, 많이 읽은 친구는 세 권 이상을 읽기도 하고 어렵게 한 권을 읽어내는 아이들도 있었다. 8차시는 발표 준비 시간이다. 자신이 읽었던 책 중 가장 기억에 남고 친구들과 공유하고 싶은 책을 한 권씩 골라 별점도 매겨보고 줄거리와 감상평을 썼다. 9차시에는 감상을 공유하는 시간을 가졌다. '책은 읽지 않는 것보다는 읽는 것이 좋고, 혼자 읽는 것보다는 여럿이 함께 읽는 것이 좋다.'라는 말처럼, 가장 완성된 독서는 함께 읽고 토론하는 것이다. 이번 독서는 공간을 공유했을 뿐 읽기는 개별적이었으므로 발표를 통해 감상을 공유하는 것으로 토론을 대신했다.

독서 시간은 일방적인 가르침 없이 스스로 읽고 생각하는 가장 자기 주도적인 시간이고 서로의 생각을 나누고 함께 공감하는 상호작용이 활발한 역동적 시간이다. 이번 독서 활동은 그러한 자기 주도적 역동성에 메타인지를 더했다는 데 의미를 두고 싶다.

특히 메타인지를 이용한 독서 활동에서 가장 중요했던 것은 내적 대화 기록지였다. 이 기록지는 아이들의 메타인지가 드러나는 공간이었다.

'오늘은 지난주보다 책 읽는 것에 빠진 것 같고, 집중도 더 잘한 것 같아 뿌듯하다.'

'오늘 독서는 재미있었다. 책을 잘 고른 것 같다.'

'내용이 내가 좋아하는 내용이라 빠져들었다.'

'약간 집중이 덜 된 것 같다.'

내적 대화 기록지를 통해 아이들이 자신의 독서 활동을 돌아본 글들이다. 아이들은 자신이 어떻게 책을 읽었는지 기록을 통해 보여주었다. 기록하지 않았다면 '집중을 잘 못했다'는 아이의 생각은 금방 날아갔을 것이다. 기록을 통한 자기 점검이 있었기 때문에 자신의 읽기를 되돌아볼 수 있었다. 그리고 기록들은 나에게 무엇을 지도해야 하는지 가르쳐주었고, 어떻게 지도해야 하는지 고민하게 해주었다.

내적 대화 기록지는 아이들의 고민을 함께 나누던 공간이기도 했다. 기록과 피드백을 통해 자신의 마음을 터놓고 이야기하고 이해받으면서 위안을 얻는 시간이 되었다. 기회가 없어 말하기 어려웠던 고민도, 쑥스러워 말 못했던 위로도 주고받을 수 있어서 좋았다. 무작정 방황하는 사춘기를 걱정으로만 바라보던 나의 눈도 조금은 달라졌다. 그 나이에 찾아오는 방황과 고민은 다 견딜 만 하다는 것, 그리고 아이들 스스로도 그런 점을 잘 알고 겪어나가고 있다는 것이었다. 이 시간은 아이들에게 책을 읽는 독서에서 한 걸음 더 들어가 자신을 성찰하는 시간이었고, 나에게는 아이들을 좀 더 이해하게 해준 시간이었다.

아이들이 성장하기 위한 흔들림을 건강하게 받아들이고 성숙해지는 데에 독서가 작은 힘이 되길 소망해 본다. 이 또한 지나간다는 걸, 그러니 흔들리는 사춘기의 바람을 거스르지 말고 자유롭게, 서로 함께 리듬을 타라는 말을 아이들에게 해주고 싶다.

도서 목록

	주제	책이름	글쓴이	펴낸 곳
1	가족	가족입니까	김해원 외	바람의아이들
2	나	굿바이 사춘기	박수현	다산에듀
3	나	구라짱	이명랑	시공사
4	나	구덩이	루이스 새커	창비
5	나, 친구	그 녀석 덕분에	이경혜	바람의아이들
6	나	나는 진짜 나일까	최유정	푸른책들
7	나	나의 린드그렌 선생님	유은실	창비
8	선생님	나는 선생님이 좋아요	하이타니 겐지로	양철북
9	나, 친구	나는 개입니까	창신강	사계절
10	나	내가 나인 것	야마나카 히사시	사계절
11	나	넌 자유롭니?	이오인 콜퍼 외	탐
12	친구	너는 나의 달콤한 ▢▢	이민혜	문학동네
13	친구, 가족	누더기 앤	로버트 스윈델스	책과콩나무
14	나	스피릿베어	벤 마이켈슨	양철북
15	친구	두 친구 이야기	안케 드브리스	양철북
16	나, 친구	로그인 하시겠습니까?	이상대	아침이슬
17	친구	만약에 말이지	멕 로소프	미래인
18	친구	마츠가 돌아오지 않던 밤	마르타 헤센	창비
19	나, 친구	멋진 여우 씨	로알드 달	논장
20	친구	멋진 내 남자친구	이미애	계림북스
21	나	문제아	박기범	창작과비평사
22	나	무지막지 공주의 모험	김미애	창비
23	친구	미안해 스이카	하야시 미키	다산책방
24	나	바다소	차오원쉬엔	다림
25	나	바르삭	시몬 스트레인저	놀
26	나	바보 빅터	호아킴 데 포사다	한국경제신문
27	나, 친구	베스트 프렌드	이경혜 외	푸른책들
28	나	부숭이는 힘이 세다	박완서	계림북스쿨
29	나, 가족	불량엄마 납치사건	비키 그랜트	미래인
30	나	봉주르, 뚜르	한윤섭	문학동네어린이
31	친구	산적의 딸 로냐	아스트리드 린드그렌	시공주니어
32	친구	소희의 방	이금이	푸른책들
33	나	까칠한 재석이가 사라졌다.	고정욱	애플북스
34	가족	불량 가족 레시피	손현주	문학동네

	주제	책이름	글쓴이	펴낸 곳
35	나	누가 오즈의 마법사를 훔쳤을까	애비 워티스	푸른나무
36	나	손도끼	게리 폴슨	사계절
37	나	스프링벅	배유안	창비
38	나, 친구	싫다고 할 걸 그랬다	아니카 토어	파랑새
39	나	신기한 시간표	오카다 준	보림
40	친구	안녕, 베할라	앤디 멀리건	다른
41	친구	악동 테리에	엔드레 룬드 에릭센	예담
42	나	어느 날 내가 죽었습니다.	이경혜	바람의아이들
43	가족	엄마의 마흔 번째 생일	최나미	청년사
44	나, 가족	완득이	김려령	창비
45	친구	우리들의 스캔들	이현	창비
46	나	달려라 돌콩	홍종의	자음과 모음
47	친구	우리 둘뿐이다	마이클 콜먼	놀
48	친구, 가족	우아한 거짓말	김려령	창비
49	나, 친구	유진과 유진	이금이	푸른책들
50	나	잃어버린 일기장	전성현	창비
51	선생님	이 일기는 읽지 마세요, 선생님	마거릿 피터슨 해딕스	우리교육
52	친구	2미터	요코야마 케이	책과콩나무
53	나	잔소리 없는 날	안네마리 노르덴	보물창고
54	선생님	조커 학교 가기 싫을 때 쓰는 카드	수지 모건스턴	바람의아이들
55	친구	중학생 여러분	이상운	바람의아이들
56	가족	철수는 철수다	노경실	크레용하우스
57	친구	친구가 되기 5분 전	시게마츠 기요시	푸른숲
58	친구	트루먼 스쿨 악플 사건	도리 힐레스타드 버틀러	미래인
59	친구	어쩌다 중학생 같은 걸 하고 있을까	쿠로노 신이치	뜨인돌
60	친구	포이즌 아이비 사건	에이미 G 코스	비룡소
61	나, 친구	포틴	이시다 이라	작가정신
62	나	프린들 주세요	앤드루 클레먼츠	사계절출판사
63	친구	하이킹 걸즈	김혜정	비룡소
64	나, 친구	한순간 바람이 되어라1	사토 다카코	노블마인
65	선생님	해바라기 카짱	니시카와 츠카사	뜨인돌
66	가족	해피버스데이	아오키 가즈오	문학세계사
67	가족	마법의 설탕 두 조각	미하엘 엔데	소년한길
68	친구	얼굴 빨개지는 아이	장 자끄 상뻬	열린책들
69	친구	첫사랑	이금이	푸른책들
70	가족	반쪽이의 육아일기	최정현	여성신문사

교과를 피게하는
독서 꽃 수업

아이와 교사가 함께 성장하는
전문가 학습공동체 Professional Learning Community

김효숙(한국독서교육연구소협동조합 이사장)

2011년은 공교육에서의 독서교육 실천이라는 오래된 염원의 물꼬를 트는 순간이었다.

　시흥시 혁신교육지구 23개 학교에 우리나라 최초로 독서지도사가 파견된 것이다. 그때의 감동과 설렘은 지금도 또렷하다.

　당시 독서지도사들 대부분은 독서교육 경력과 전문성에 대한 자부심이 컸기 때문에 투철한 사명의식을 갖고 학교 현장으로 들어갔다. 하지만 자신의 역량을 아이들을 위해 맘껏 발현시키기보다는, 어느 날 갑자기 출현한 독서지도사에 대한 학교 구성원들의 생경함 때문에 그들의 역량은 학교 현장에서 쉽게 받아들여지고 흡수되지 않았다. 학교 안의 외딴섬처럼, 보이지 않는 교사가 된 서러움에 힘겨운 나날을 보내기도 했다. 학교 밖에서 쌓은 오래된 유경험자(old-timer)의 위치가 학교에서는 새내기(new-comer)로 바뀌는 것을 받아들이기 힘든 순간이기도 했다.

　독서지도사라는 전문성을 지니고 들어간 학교의 첫 일 년은 정체성(identity)의 혼란기였다. 그 정체성은 저절로 혼자서 만들어가는 것이 아니었다.

혁신교육지구 23개 학교에 파견된 독서지도사로 구성된 전문가 학습공동체(Professional Learning Community)가 초등학교, 중학교, 고등학교 학교급별로 형성되었다.

나 역시 처음에는 중등부 슈퍼바이저의 역할로 모니터링 시간에 참여하게 되었으나 점차 학습공동체의 일원으로서 배우고 성찰하는 사회적 과정을 거치면서 정체성의 변화를 겪었다. 슈퍼바이저의 역할이 아닌 학습공동체 내의 독서지도사 구성원들이 스스로 문제해결 과정을 찾도록 도와주는 촉진자(Facilitator) 역할로의 변화를 추구하려 노력하였으나 많은 아쉬움만 남을 뿐이다.

5년 동안의 학습공동체 운영 과정을 다시 성찰해보는 의미 있는 과정을 통해 앞으로의 교육적 성장에 초석을 삼고자 한다.

첫째, 학습공동체가 구성되면서 제일 먼저 할 일은 정체성을 세우는 일이었다. 각 독서지도사의 정체성을 찾는 일은 학습공동체의 정체성을 찾는 일과 같았다. 모든 걸 새내기의 마음으로 받아들이고 배우려고 발로 뛰어다니기 시작했다. 그 동안 학교에서 독서 교육은 국어 교사나 사서 교사 담당이었다. 독서지도사의 역할과 영역을 어떻게 규정지어 나갈지도 혼란스러웠다. 국어교육과 독서교육의 차별성과 독서교육의 정체성을 찾아나가야 했다. 학습자 중심의 책 읽기를 위해 다양한 수준과 내용의 읽기 자료를 준비했고, 동기와 독서 습관 형성, 학습력 향상을 위해 과학, 역사, 미술. 수학 등 교과 연계 독서 수업을 실행하였다. 교과 연계 과정에서 교과 교사와 나눈 깊이 있고 진정성을 더한 대화가 그 어떤 훌륭한 교재보다 아이들의 수업을 풍성하고 즐겁게 만들었음을 교사와 아이들이 느껴갔다. 학습자가 된 각각의 독서지도사들이 자신의 정체성을 성찰하고 새롭게 정체성을 탐색하며 가르치는 과정이 변화와 배움을 가져다주었다.

둘째, 학습공동체의 구성원인 독서지도사들은 공유된 가치와 비전에 대해 끊임없는 논의와 실천 방법을 모색하였다. 독서지도사들은 학교 현장에서 아이들의 독서 습관과 문식성을 향상시켜야 하는 목적을 가지고 있었다. 하지만 학교라는 새로운 상황에서 전문성을 어떻게 연결시킬지가 큰 고민이었다. 학교 현장에서 먼저 독서교육을 실천하고 계신 선생님들과 연수도 진행하였다. 각 학교의 특성에 맞는 프로그램을 설계하고자 협력하여 탐구하는 협력 문화(collaborative culture) 구축에 온 힘을 기울였다. 첫해에는 2주에 한 번 모이는 모니터링 시간으로는 부족하여 매주 퇴근 후 모여 수업을 기획하고 실행에 옮겼다. 새로운 도전 과제에 대한 열정 없이는 불가능한 일이었다.

셋째, 학습공동체에서 독서지도사 개인별로 실천 사례와 다양한 경험 공유가 활발해지고 축적되면서 수업의 전문성이 살아나고 상승효과가 나타났다. 배움은 개인의 문제이기도 하지만 사회, 문화적인 맥락을 벗어나 존재할 수 없다. 학습공동체는 구성원끼리 상호작용과 피드백을 통하여 자신의 불완전한 존재를 성찰하고 탐구하며 성장시켜나가는 기회를 제공했다. 개인의 지식과 배움을 조직적으로 체계화하면서 조직 구성원이 필요로 하는 지식과 기술을 창출하는 집단으로 성장한 것이다.

넷째, 참여한 구성원 간의 협력 관계 강화가 학습공동체 존재의 중요성을 더욱 확고히 하는 계기가 되었다. 서로 인간으로서, 동료로서 공감하고 학생들을 가르치는 열정을 공유하면서 그 누구보다 든든한 심리적 지지자들이 되어주었다. 한 주 동안의 희로애락을 쏟아붓고 다시 열정을 담아 아이들을 만나러 갈 수 있는 힘의 원천지였다. 그리고 집단지성의 힘이 발휘되는 우리들의 실천 공동체임을 온 몸으로 체험할 수 있었다.

일본에서는 1990년대 중반부터 도쿄대학교의 사토 마나부 교수가 중심이 되어 진행한 '배움의 공동체'가 학교의 혁신을 주도하였고, 이 프로그램이 우리나라에 소개되어 학교 개혁의 실천 운동으로 자리 잡았다. 교실을 배움의 공동체로 만들어 학교가 교사와 아이 모두 배우면서 성장하는 장으로 변화를 추구하고, 지금은 '마을 공동체'로 이어져 교육의 협력적 방안을 확대시켜가고 있다. 미국의 경우는 단위 학교 수준의 학교 구성원들이 참여하여 교육적 성장을 도모하는 '전문가 학습공동체'가 주목받고 있다.

이렇게 '공동체'에 대한 관심이 높아지고 있는 까닭은 무엇일까?

빠르게 변화하는 세상에 부응하여 잘 살아가는 아이로 성장하기 위해서는 교육 체제가 반드시 바뀌어야 하고, 이를 위해 학교와 관련된 구성원들과 이해관계자들(stakeholders) 간의 협력과 노력이 꼭 필요하기 때문일 것이다.

교육을 바라보는 렌즈가 변화하고 학습의 의미를 더욱 소중하게 받아들이며 성찰하고 탐구하려는 노력들이 활성화되고 있다. 이론과 실천이 함께하는 전문가 학습공동체는 학교 문화 변화를 위한 가장 중요한 실체로 떠오르고 있다.

최근 들어 학습공동체 활동은 학교문화를 변화시키기 위한 가장 중요한 수단으로 주목받고 있다. 학습공동체 활동의 활성화를 위해 좀 더 성찰할 부분을 제언으로 남기며 글을 마무리하고자 한다.

학습공동체는 먼저 공유된 가치와 더불어 학습자의 자발성이 중요하다. 전문성 신장이 아이들에게 교육적 혜택으로 이어지고 성장하기 위해서는 교사의 학습 의지와 노력이 중심으로 작용하기 때문이다. 자발적인 참여와 협력에 기초한 공동체의 힘은 교육 문제를 해결하고 교육의 전문성을 신장할 수 있는 협력 문화를 구축할 수 있기 때문이다.

다음은 학습공동체 내 촉진자 역할을 할 수 있는 유경험자가 있어야 한다. 학습공동체 구성원이 새내기가 대부분일 경우는 특히 중요하다. 자신보다 더 나은 구성원과의 상호작용을 통해 자신의 존재를 성찰하고 탐구할 수 있는 기회를 마련해주는 것이 바람직하다.

마지막으로 교사들 간의 협력을 통한 탐구 및 학습이 활발히 일어날 수 있도록 충분한 시간과 장소를 지원해줌으로써 안정된 환경에서 배움과 연구가 함께 일어날 수 있도록 물리적인 지원이 필요하다.

단언컨대 시흥시 혁신교육지구 23개 학교의 독서교육은 전문가 학습공동체 활동을 빼놓고 논할 수 없다. 5년 동안 실천의 과정에서 보여준 강점을 활성화함으로써 더욱 성숙한 전문가 학습공동체의 모습으로 발전하기를 기대해본다.

삶과 교육을 바꾸는
맘에드림 출판사 교육 도서

나는 혁신학교에 간다

경태영 지음 / 값 14,000원

공교육을 바꾸겠다는 거대한 희망을 품고 시작된 '혁신학교'. 이 책은 일곱 개 혁신학교의 이야기를 담고 있다. 지금 우리 교육이 변화하는 생생한 현장의 모습과 아이들이 꿈을 키우고 행복하게 공부하는 희망의 터로 새롭게 자리매김하는 학교들을 이 책에서 만날 수 있다.

혁신학교란 무엇인가

김성천 지음 / 값 15,000원

교육 공동체가 만들어내는 우리 시대 혁신학교 들여다보기. 혁신학교 전반에 관한 이야기를 다루고 있는 책으로, 공교육 안에서 혁신학교가 생기게 된 역사에서부터 혁신학교의 핵심 가치, 이론적 토대, 원리와 원칙, 성공적인 혁신학교의 모습을 보이고 있는 단위 학교의 모습까지 담아냈다.

학부모가 알아야 할 혁신학교의 모든 것

김성천, 오재길 지음 / 값 15,000원

학부모들을 위한 혁신학교 지침서!
'혁신학교에서는 무엇을, 어떻게 가르치고 있는지, 교사·학생·학부모는 어떻게 만나서 대화하고 관계를 맺어 가는지, 어떤 교육 목표를 지향하고 있는지 등 이 책은 대한민국 학부모들의 궁금증에 친절하게 답을 한다.

덕양중학교 혁신학교 도전기

김삼진 외 지음 / 값 14,500원

이 책의 1부는 지난 4년 동안 덕양중학교가 시도한 혁신과 도전, 성장을 사실과 경험에 기반한 스토리텔링 방식의 성장기로 전개하고 있다. 그리고 2부는 지역사회와 협력하여 펼치고 있는 교육 프로그램, 배움의 공동체 수업 등을 현장 사례 중심의 교육적 에세이 형태로 담고 있다.

학교 바꾸기 그 후 12년

권새봄 외 지음 / 값 14,500원

MBC PD 수첩에 방영되어 화제가 되었던 남한산초등학교. 아이들이 모두 행복하고, 얼굴 표정이 밝은 아이들. 학교 가는 것을 무엇보다 좋아하고, 방학을 싫어하는 아이들. 수업과 발표를 즐겼던 이 학교를 졸업한 아이들이 그 후 12년의 삶을 세상에 이야기한다.

교사는 수업으로 성장한다

박현숙 지음 / 값 12,000원

그동안 교사는 수업에서 아이들을 만나지 못해왔다. 관계와 만남이 없는 성장의 결손을 낳았다. 그리하여 우리 아이들과 교사들은 모두 참 아프고 외로웠다. 이 책에서는 교사, 학생, 학부모, 지역사회가 공동체로서 서로 관계를 맺을 때에만 배움은 즐거운 활동으로서 모두가 성장하는 삶의 일부가 될 수 있음을 보여준다.

교사와 학부모가 함께 읽는 주제 통합 수업

김정안 외 지음 / 값 15,000원

'서울형 혁신학교'로 지정된 7개 혁신학교들이 지난 1~2년 동안 운영한 주제 중심 통합 교육 과정과 수업 사례를 소개한 책이다. 이 학교들의 교육과정은 전국적으로 이루어지는 혁신학교들의 성과를 반영하였고, 자신의 지역사회의 실제 환경과 경험을 살려 실제 수업에 적용한 것이다.

혁신교육 미래를 말한다

서용선 외 지음 / 값 14,000원

혁신교육은 2009년 이후 공교육 되살리기의 새로운 희망이 되어왔다. 이러한 정책을 입안하고 추진하는 데 기여해왔던 6명의 교사 출신 연구자들이 혁신교육 발전에 필요한 정책 과제들을 모아 하나의 책으로 제시한다. 이 책은 교육철학, 교육과정, 교육행정과 학교 운영(거버넌스) 등에서 주요 이슈들을 정리하고 혁신교육의 성과와 과제가 무엇인가를 보여준다.

수업을 살리는 교육과정

서우철 외 지음 / 값 16,500원

최근 교육과정을 재구성하는 논의가 활발한 가운데, 이 책에서는 개별 교과목과 교과서의 형식에 얽매이지 않고 아이들의 발달을 고려하여 주제를 중심으로 교육과정을 재구성하여 통합적으로 운영하는 방법과 구체적인 실천 사례를 설명하고 있다. 이러한 과정은 같은 학년을 맡고 있는 교사들의 토론과 협력을 통해서 이루어진 것임을 이야기한다.

수업 딜레마

이규철 지음 / 값 14,000원

이 책을 관통하는 키워드는 '사람'이다. 저자의 노하우를 전수하는 것이 아니라, 수업 속에서 딜레마에 맞닥뜨려 고통받고 있는 선생님들의 고민을 담고, 신념을 담고, 그것을 이겨내기 위한 한 분 한 분의 마음을 담고 있다. 이런 고민 속에 이 책을 집어 든 나를 귀하게 여기며 다시 한번 교사로 잘 살아보고 싶은 도전을 하게 한다.

좋은 엄마가 스마트폰을 이긴다

깨끗한미디어를위한교사운동 지음 / 값 13,500원

스마트폰에 대한 아이들의 집착은 대단하다. 스마트폰은 '재미있고 편리하다.' 그러나 스마트폰 때문에 아이들은 시간을 빼앗기고, 건강이 나빠지고, 대화가 사라지며, 공부와 휴식, 수면마저 방해를 받는다. 이 책은 이러한 사례들을 생생하게 소개하고 부모들에게 아이들의 스마트폰 사용에 어떻게 대응해야 하는지 대안을 제시한다.

엄선생의 학급운영 레시피

엄은남 지음 / 값 14,000원

34년 경력의 현직 교사가 쓴 생동감 넘치는 학급운영 지침서. 초등학교에서 아이들은 문자와 숫자를 익히는 것보다 학교와 교실에서 낯설고 모험적인 사건을 겪으면서 더 많은 것을 배운다. 이 책은 초등학교에서 교과서 지식보다 더 중요한 역할을 하는 학교생활과 학급문화를 만드는 데 담임교사의 역할을 다룬다. 교사와 아이들이 서로 존중하고 신뢰하는 관계를 어떻게 만들어야 하는지 구체적인 경험과 사례로 설명해준다.

진짜 공부

김지수 외 지음 / 값 15,000원

혁신학교가 추구하는 '진짜 공부'와 '진짜 스펙'이 무엇인지 보여주는, 졸업생들의 생동감 넘치는 경험담. 12명의 졸업생들은 학교에서 탐방, 글쓰기, 독서, 발표, 토론, 연구, 동아리, 학생회 활동을 통해 자신들이 생각하지도 못한 진짜 공부를 경험했음을 보여준다. 이 책을 통해 수능시험이 아니라 정말로 청소년 스스로 하고 싶을 즐기면서 성장하는 것이 우리 사회에 필요한 것임을 새삼 느낄 수 있다.

수업 디자인

남경운, 서동석, 이경은 지음 / 값 15,000원

서울형 혁신학교의 대표적인 수업 혁신을 담은 이야기. 아이들이 서로 협력하면서 배우는 수업을 목표로 삼은 저자들은 범교과 수업모임을 통한 공동 수업설계를 대안으로 제시한다. 아이들은 교사의 설명을 통해 배우는 것이 아니라 서로 '옥신각신'하며 함께 문제에 도전할 때 수업에 몰입하고 배우게 된다. 이 책은 이러한 수업을 위해서 교사들이 교과를 넘어 어떻게 협력하고 수업을 연구해야 하는지 잘 보여준다.

아이들이 가진 생각의 힘

데보라 마이어 지음 / 정훈 옮김 / 값 15,000원

미국 공교육 개혁의 전설적 인물 데보라 마이어가 전하는 교육 개혁에 대한 경이롭고도 신선한 제언. 이 책은 학교 혁신의 생생한 기록을 통해 우리가 학교에서 무엇을 왜 가르치고 배워야 하는지에 대한 근원적인 성찰을 담고 있다. 아이들이 지성적으로 생각하는 마음의 습관을 배우는 것이 얼마나 중요하고 그것을 위해 학교가 무엇을 해야 하는지를 일깨워준다.

어! 교육과정 아하! 교육과정 재구성

박현숙 ·이경숙 지음 / 값 16,500원

교육과정 재구성을 고민하는 교사를 위한 현장 지침서. 이 책은 저자들이 학교 현장에서 교육과정 재구성이라는 화두를 고민하고, 실행한 사례들이 담겨져 있다. 책의 내용은 주제 통합 수업, 교과 통합 수업, 범교과 주제 학습, 교과 체험 학습, 프로젝트 수업 등 학교 현장에서 적용해 큰 성과를 본 것들을 세밀하게 소개하면서 교육과정 재구성 작업의 노하우를 펼쳐 보인다.

행복한 나는 혁신학교 학부모입니다

서울형혁신학교학부모네트워크 지음 / 값 16,000원

이 책은 학부모가 자신의 눈높이에서 일러주는 아이들의 혁신학교 적응기일 뿐만 아니라, 학부모 역시 학교를 통해 자신의 삶을 고양시켜가는 부모 성장기라는 점에서 대한민국의 모든 학부모들에게 건네는 희망 보고서이기도 하다. 혁신학교가 궁금한 모든 학부모들이 이 책을 통해 혁신학교 학부모로서의 체험을 미리 하는 데 부족함이 없을 것이다.

일반고 리모델링 혁신고가 정답이다

김인호, 오안근 지음 / 값 15,000원

교육 환경이 열악한 지역에 있던, 서울의 한 일반계 고등학교가 혁신학교로 4년간 도전과 변화를 겪으면서 쌓은 진로, 진학의 비결을 우리 사회 모든 학생, 학부모, 교사, 시민 등에게 낱낱이 소개해주는 책. 이 책은 무엇보다 '혁신학교는 대학 입시에 도움이 안 된다.'는 세간의 편견을 말끔히 떨어 없앤다. 이 책에서 저자들은 '결과' 중심 교육과정을 '과정' 중심으로 바꾸고, 교내 대회와 동아리 활동, 봉사 활동을 장려함으로써 대학 진학에 놀라운 결과가 어떻게 이루어질 수 있었는지를 보여주고 있다.

우리가 신뢰하는 학교, 어떻게 만들 것인가?

데보라 마이어 지음 / 서용선 옮김 / 값 15,000원

이 책의 저자인 데보라 마이어는 보수와 진보를 막론하고 미국 공교육 개혁 분야에서 가장 신뢰받는 실천가이자 이론가로 평가받는다. 학교 안에서 '신뢰의 붕괴'를 오늘날 공교육이 직면한 가장 큰 도전으로 인식한다. 이 책의 원제 〈In Schools We Trust〉에서 나타나듯, 저자는 신뢰할 수 있는 공교육의 조건이 무엇인지 자신의 경험 속에서 제안하고, 탐색하고, 성찰한다.

교사, 어떻게 살아야 하는가

김성천 외 지음 / 값 15,000원

오랫동안 교육현장에서 교육과 연구를 병행해 온 저자 5인이 쓴 '신규 교사를 위한 이 시대의 교사론'. 이 책은 학교 구성원과의 관계맺기부터 학교 현장에서 맞닥뜨리게 되는 여러가지 문제들과 극복 방법, 교육 개혁에 어떻게 주체로 설 수 있는지, 어떤 과정을 통해 개인의 성장을 도모해야 하는지 등 신규 교사의 궁금점에 대해 두루 답하고 있다.

리셋, 교육과정 재구성
서울신은초등학교 교육과정 연구회 모임 지음 / 값 16,000원

서울형 혁신학교인 서울신은초등학교 교사들이 1학년부터
6학년까지 모든 학년의 교육과정을 재구성하고 실천한 경험을
모두 담았다. 이 책에 소개된 혁신학교 4년의 경험은 진정한
학습이란 몸과 마음을 통해 경험함으로써, 생각이나 감정을 다른
사람과 주고받음으로써, 과거 경험을 새로운 지식으로 다시
생각함으로써 실현된다는 점을 잘 보여주고 있다.

다섯 빛깔 교육이야기
이상님 지음 / 값 16,000원

충북 혁신학교(행복씨앗학교)인 청주 동화초등학교의 동화 작가
출신 선생님이 아이들과 함께 보낸 한해살이 이야기다.
이오덕 선생의 "아이들의 삶을 가꾸는 교육"을 고민하던 저자가
동화초 아이들을 만나면서 초등학생의 특성에 맞도록 활동 중심의
교육과정을 재구성하는 한편, 표현 위주의 교육을 위한 생활
글쓰기 교육을 실천하면서, 학교 교육을 아이들의 놀이와 생활,
삶과 연결시키고자 노력한 교단 일지를 바탕으로 구성되었다.

만들자, 학교협동조합
박주희 · 주수원 지음 / 값 14,500원

이 책은 학교협동조합이 무엇인지, 어떤 유형의 학교협동조합이
가능한지, 전국적으로 현재 학교협동조합의 추진 상황은 어떠한지,
국내외 사례를 통해 소개하고 안내하는 한편, 학교협동조합을
운영하는 원리와 구체적인 교육방법을 상세하게 풀어놓고 있다.
저자들이 실천적 지침들을 따라가다 보면 학교협동조합은 더 이상
상상이 아니라 학교 구성원의 필요와 의지, 실천으로 극복할 수
있는 실현 가능한 미래라는 점을 알게 된다.

땀샘 최진수의 초등 수업 백과
최진수 지음 / 값 21,000원

초등학교에서 20여 년간 아이들을 가르쳐온 저자가 초등학교
수업에 대해서 기록하고 연구하고 실천하며 쌓아온 경험을
바탕으로 초등학생들과 수업을 함께하는 방법을 담고 있다.
아이들의 학습동기, 아이들이 수업에 참여하는 방법, 칠판과
공책을 사용하는 방법, 모둠 활동, 교과별 수업, 조사와 발표
등 초등학교 교사가 아이들을 가르칠 때 알아야 할 가장
기본적이면서도 가장 중요한 모든 것을 다루고 있다.

혁신 교육 내비게이터 곽노현입니다

곽노현 편저 · 해제 / 값 17,000원

서울시 18대 교육감이자 첫 번째 진보 교육감으로서 혁신 교육을 펼쳤던 곽노현은, 우리 사회 전반을 아우르는 주요 교육 현안들을 이 책에서 포괄적으로 다루고 있다. 2014년 3월부터 1년간 방송된 교육 전문 팟캐스트 '나비 프로젝트' 인터뷰에 출연한 전문가들과 나눈 대화와 그에 대한 성찰적 후기를 담고 있다. 이 책은 그야말로 우리가 '지금 알아야 할 최소한의 교육 이야기'를 포괄하고 있다.

무엇이 학교 혁신을 지속가능하게 하는가

권성호 · 김현철 · 유병규 · 정진헌 · 정훈 지음 / 값 14,500원

독일 '괴팅겐 통합학교', 미국 '센트럴파크이스트 중등학교', 한국 혁신학교의 사례들을 통해 성공적인 학교 혁신의 공통점을 찾아내고 그것을 지속가능하도록 만들기 위해서 필요한 것은 무엇인지를 보여준다. 독자들은 이 책에서 괴팅겐 통합학교의 볼프강 교장이 말한 것처럼 '좋은 학교'를 만들기 위한 학교 혁신에 세계적으로 보편적이라고 할 만한 공통점을 찾을 수 있다.

교과를 꽃피게 하는 독서 수업

시흥 혁신교육지구 중등 독서교육 연구회 지음 / 값 16,500원

이 책은 지난 5년 동안 진행된 혁신교육지구 사업의 일환으로 학교에서 고군분투하며 독서교육을 이끌어왔던 독서지도사들이 실천 경험을 엮어낸 것으로 청소년기 학생들에게 장래 진로, 사랑, 우정, 삶의 지혜를 찾는 데 도움을 주는 독서교육을 잘 보여주고 있다. 특히 이 책에 소개된 국어, 수학, 과학, 사회, 도덕, 미술, 역사 등 다양한 교과와 연계한 협력수업은 독서교육의 새로운 전망을 보여주는 결실이다.

혁신학교의 거의 모든 것

김성천 · 서용선 · 홍섭근 지음 / 값 15,000원

이 책은 혁신학교에 대한 100가지 질문에 답하면서 혁신학교의 역사, 배경, 현황, 평가와 전망을 구체적인 증거를 통해 설명하고 있다. 이 책에 서술된 혁신학교에 관한 100문 100답을 통하여 우리 사회에 필요한 교육은 무엇인지, 교사와 학생들이 더 즐겁게 가르치고 배우면서 성장할 수 있는 교육을 위해 필요한 것이 무엇인지, 그것을 위해서 우리 사회 시민 각자가 자신의 위치에서 무엇을 하면 좋은가를 더 깊이 생각해볼 기회를 얻을 것이다.

교실 속 비주얼씽킹

김해동 지음 / 값 14,500원

이 책은 비주얼씽킹 기본기부터 시작하여 교과별 수업, 생활교육, 학급운영 등에 비주얼씽킹을 응용하는 방법을 설명하고 있다. 특히 교사들이 초등학교 1학년부터 고등학교 3학년까지 국어, 수학, 영어, 과학, 사회 등 모든 교과 수업에 비주얼씽킹을 활용할 수 있도록 수업 지도안을 상세하면서도 간결하게 제시하고 있다. 또한 독자들이 책 내용에 대해 더욱 풍부한 이미지와 자료를 접할 수 있도록 저자의 블로그로 연결되는 QR코드를 담고 있다.

교육과정-수업-평가 어떻게 혁신할 것인가

이형빈 지음 / 값 15,500원

이 책은 교육과정 사회학자 번스타인(Basil Bernstein)이 제시한 '재맥락화(recontextualized)'의 관점에 따라 저자가 장기간에 걸쳐 일반 학교 한 곳과 혁신학교 두 곳의 수업을 현장에서 면밀하게 관찰하고 심층 인터뷰와 설문조사를 통한 연구를 바탕으로 무기력과 불평등을 재생산하는 교실을 민주적이고 평등한 구조로 바꾸기 위해 교육과정-수업-평가를 어떻게 혁신해야 하는지 제안하는 내용을 담고 있다.

혁신학교 효과

한희정 지음 / 값 15,000원

이 책에서 저자는 혁신학교 효과를 살펴보기 위해 혁신학교가 OECD DeSeCo 프로젝트에 제시된 '핵심 역량'을 가르치고 있는지, 학생·학부모·교사가 서로 배우는 교육공동체를 이루고 있는지, 학생의 발달을 위한 다양한 교육과정을 운영하고 있는지, 교사의 자율성과 전문성을 강화하고 있는지, 자치적이고 민주적인 학교문화를 가지고 있는지, 지역사회와 협력하고 있는지를 다른 일반 학교와 비교하여 설명한다.

교실 속 생태 환경 이야기

김광철 지음 / 값 15,000원

아이들이 자연과 친해지고 즐길 수 있도록 교육하는 것은 쉬운 일이 아니다. 특히 도시에서는 더욱 어렵다. 그래서 이 책은 도시 지역 학교에서도 쉽게 실천에 옮길 수 있는 다양한 생태·환경교육을 폭넓게 다루고 있다. 이 책에서 저자는 계절에 따라 할 수 있는 20가지 환경교육 프로그램을 제시하고, 방법과 순서, 재료 등을 상세히 설명해준다.

이제는 깊이 읽기

양효준 지음 / 값 15,000원

교과서에는 수많은 예화와 발췌문이 들어가 있다. 이런 자료들은 교육부가 교육과정에서 요구하는 기준에 맞춰 어떤 이야기, 소설, 수필, 논픽션 등에서 일부만 가져온 토막글이다. 아이들은 교과서에 수록된 작품이나 이야기 전체를 읽지 못한 상태에서 단편적인 지문만 읽고 이해를 해야 하기 때문에 책을 읽으면서 생각하고 공감할 수 있는 기회와 흥미를 찾을 수 없게 된다. 이 책은 이러한 문제를 개선하기 위해서 한 권이라도 책 전체를 꾸준히 읽어가는 방법인 '깊이 읽기'를 대안으로 소개하고 있다.

인성의 기초가 되는 초등 인문학 수업

정철희 지음 / 값 15,500원

이 책은 아이들의 올바른 인성교육을 위한 새로운 방법으로써 인문학 수업을 제시하고 있다. 이 책에서 설명하고 있는 인문학 수업은 교사가 신화, 문학, 영화, 그림, 역사적 인물의 일대기 등에서 이야기를 찾아 아이들에게 제시하고, 아이들이 그 이야기에 나오는 여러 문제와 인물 등에 대해 자신의 감정을 스스로 공책에 기록하고 일상의 경험과 비교하고 토의와 토론을 통해 자신의 생각을 발전시키는 수업이다.

수업, 놀이로 날개를 달다

박현숙·이응희 지음 / 값 13,500원

교육계에서 최근 가장 중요한 과제로 삼고 있는, OECD의 여덟 가지 핵심 역량(DeSeCo)에 따라 여러 놀이들을 분류해서 설명하고 있다. "놀이에 내재된 긴장의 요소는 사람의 심성, 용기, 지구력, 총명함, 공정함 등을 시험하는 수단이 되므로" 그것은 학생들의 역량을 키우는 수단이 된다. 이 책의 저자들은 수업이 놀이를 만났을 때 어떻게 핵심 역량이 강화되는지 이야기하고 있다.

더불어 읽기

한현미 지음 / 값 13,500원

이 책은 교사들이 학습공동체를 통해 교직의 전문성과 자율성을 새롭게 발견하며 성장하는 이야기를 다룬다. 우리 사회의 기존 교육 제도는 효율성이라는 명분으로 아이들에게 경쟁을 강요하면서 교사들 역시 서로 경쟁하도록 만드는 시스템으로 이루어져 있다. 이 책에서 저자는 이러한 비인격적인 제도와 환경 아래서 교사들이 행복을 되찾기 위해서는 서로 협력하며 같이 배우면서 아이들과 함께 성장할 수 있어야 한다고 말한다.

땀샘 최진수의 초등 글쓰기

최진수 지음 / 값 17,000원

글쓰기가 아이들에게 필요한 중요한 것이 되려면 먼저 솔직하게 써야 한다. 모르는 것은 '모른다', 잘못은 '잘못이다', 싫은 것은 '싫다'고 솔직하게 드러낼 때 글쓰기는 아이가 성장하는 디딤돌이 될 수 있다. 그리고 이것은 가르치는 교사에게도 적용된다. 지도하는 사람과 지도받는 사람이 따로 있는 것이 아니라 함께 쓰고, 함께 나누면서 서로 성장을 돕는 것이다.

성장과 발달을 돕는 초등 평가 혁신

김해경 · 손유미 · 신은희 · 오정희,
이선애 · 최혜영 · 한희정 · 홍순희 지음 / 값 15,500원

이 책은 교육적 대안을 마련하기 위해 혁신학교에서 지난 5~6년 동안 초등학생의 성장과 발달을 돕는 평가를 실천해온, 현장 교사 8명이 자신들의 지혜와 경험을 모아놓은 최초의 결실을 담고 있다. 독자들은 이 책을 통해 평가는 시험이 아니며 교육과정과 수업의 연장으로서 아이들의 잠재력을 측정하고 적절한 조언을 제공한다는 원래의 목표를 되살리는 첫걸음을 찾을 수 있다.

수업 코칭

이규철 지음 / 값 15,500원

가르치는 일을 함으로써 학생들의 배움을 돕는 교사들에게 수업은 시간적으로도, 공간적으로도 학교에서 자신이 하는 일의 중심을 이룬다. 그래서 수업에 관한 고민은 교과를 가리지 않고 교사들에게 일반적으로 드러난다. 교사들은 공통의 문제로 씨름하게 된다. 최근에 그 공통의 문제를 교사들이 함께 풀어 나가자는 흐름이 곳곳에서 일어나고 있다. 이 책은 그중에서도 '수업 코칭'이라는 하나의 흐름을 다룬다.

교사들이 함께 성장하는 수업

서동석 · 남경운 · 박미경 · 서은지,
이경은 · 전경아 · 조윤성 지음 / 값 15,000원

이 책은 아이들의 배움에 중점을 둔 수업을 위해 구성한 교사 학습공동체로서, 서로 다른 여러 교과 교사들이 수업을 디자인하고 연구하는 '수업 모임'에 관해 다룬다. 수업 모임 교사들은 공동으로 교과 수업을 디자인하고, 참관하고, 발견한 내용을 공유하고 평가하는 피드백을 통해 수업을 개선해간다. 그리고 이러한 실천이 쌓여가면서 공개수업을 준비하는 방법과 절차는 더욱 명료해지고, 수업설계는 더욱 정교해진다.

땀샘 최진수의 초등 학급 운영

최진수 지음 / 값 19,000원

이 책의 저자는 학급운영의 출발은 아이들을 '가르치는 대상'에서 '존중받는 존재'로 바라보는 것에서 시작해야 한다고 이야기한다. 또한 아이들과 함께하면서 교사는 성장한다. 이러한 성장은 시간이 흐르고 경력이 쌓인다고 이뤄지는 것이 아니라 여러 가지 어려운 문제를 헤쳐 나가며 교사 스스로 자신을 되돌아보고 성찰할 때 비로소 아이들과 함께하는 올바른 학급운영이 이루어진다고 말한다.

당신의 교육과정-수업-평가를 응원합니다

천정은 지음 / 값 14,500원

이 책은 빛고을혁신학교인 신가중학교에서 펼쳐진, 학교교육 혁신 과정과 여전히 완성되지 않은 그 결과를 다루고 있다. 드라마 〈대장금〉에 나오는 '신비'의 메모가 보여준 것과 같이 교육 문제를 여전히 아리송한 것처럼 적고, 묻고, 적기를 반복하며 다가가는 것이다. 저자인 천정은 선생님은 이 책을 통해 자신의 수업이 앞으로도 교육의 본질에 더 가깝게 계속 혁신되기를 바라고 있다.

에코 산책 생태 교육

안만홍 지음 / 값 16,500원

오늘날 인류에게는 에너지와 자원을 대량으로 소비하는 생활양식이 보편화되어 있다. 이러한 생활양식은 자연을 파괴하고 수많은 환경 문제를 야기하고 있다. 이 책은 그러한 생태 교육을 위해 필요한 내용을 다루고 있다. 아이들이 지구 환경을 다시 복원하기 위해서 갖춰야 할 것은 관찰하고 기록하고 어떤 과학적 추론을 이끌어내는 능력이 아니라, 오감을 통해 스스로 자연을 느끼고, 자연의 소중함을 배우는 것이다.

I Love 학교협동조합

박선하 외 지음 / 값 13,000원

학교에 협동조합을 만드는 일에 참여했던 학생들의 협동조합 활동과 더불어 자신과 친구들이 어떻게 성장했는지를 이야기한다. 글쓴이 중에는 중학교 1학년 때부터 사회복지사라는 장래 희망을 가지고 학교협동조합에 참여한 학생도 있고, 고등학교 3학년 때 참여하기 시작한 학생도 있다. '뭔가 재밌을 것 같다'는 호기심을 가지고 시작한 학생이 있는가 하면, 어떤 학생은 자의 반 타의 반으로 학교협동조합에 참여했다.

얘들아, 하브루타로 수업하자!
이성일 지음 / 값 13,500원

최근에는 공부 방식이 외우는 것에서 생각하는 것으로, 수업 방식은 교사 위주의 강의 수업에서 학생 위주의 참여 수업으로 많은 변화가 이루어지고 있다. 이는 4차 산업혁명 시대를 살아가야 할 학생들을 위해서는 당연한 것이다. 학교 교실에서 실제로 질문하고, 토론하는 하브루타 참여 수업의 성과를 담은 이 책은 하브루타 수업을 통하여 점점 성장해가는 아이들의 모습을 보여준다.

내면 아이
이준원 · 김은정 지음 / 값 15,500원

그동안의 상담 사례를 모아 부모 · 교사의 마음속에 숨어 있는 완벽주의, 억압, 방치, 거절, 징벌, 충동성, 과잉보호 등의 '내면 아이'가 자녀/학생과의 관계에서 어떠한 영향력을 행사하는지, 어떻게 갈등을 일으키는지 볼 수 있게 한다. 그 뿌리를 찾아 근원부터 치유하는 방법들은 필자의 경험을 바탕으로 종합한 것이다. 또한 임상 경험을 아주 쉽게 소개하여 스스로 자신의 '내면 아이'를 만나고 치유할 수 있도록 하는 데 중점을 두었다.

핵심 역량을 키우는 수업 놀이
나승빈 지음 / 값 21,000원

이 책은 [월간 나승빈]으로 유명한 나승빈 선생님의 스타일이 융합된 놀이책이다. 놀이 백과사전이라고 불러도 될 만한 이 책은 교실에 갇혀 넘치는 에너지를 발산하지 못하는 아이들과, 단순한 재미를 뛰어넘어 배움이 있는 수업을 고민하는 선생님을 위한 것이다. 본문에서는 수업 속에서 실천이 가능한 다양한 놀이를 제시하고 있다. 각각의 놀이들을 수업과 어떻게 연계할 수 있으며, 수업 놀이를 통해 어떤 역량을 키울 수 있는지 이야기한다.

교실 속 비주얼 씽킹 (실전편)
김해동 · 김화정 · 김영진 · 최시강,
노해은 · 임진묵 · 공세환 지음 / 값 17,500원

전편이 교과별 수업, 생활교육, 학급운영 등에 비주얼씽킹을 응용하는 방법을 이론적으로 설명했다면, 《교실 속 비주얼씽킹 실전편》은 실제 초 · 중 · 고 학생을 대상으로 수업을 진행한 교사들의 활동지를 담았다.

수업 고민, 비우고 담다

김명숙 · 송주희 · 이소영 지음 / 값 15,500원

이 책은 수업하기의 열정을 잃지 않고 수업 보기를 드라마 보는 것만큼 재미있어 하는 3명의 교사가 수업 연구에 대한 이론적 체계가 아닌, 현장에서의 진솔한 실천 과정을 순도 높게 녹여낸 책이다. 이 속에는 수업에서 실패를 두려워하지 않는, 발랄한 아이들과 함께한 자신의 교실을 용기 있게 들여다보며 묵묵히 실천적 연구자로 살아가는 선생님들의 고민과 성장이 담겨 있다.

뮤지컬 씨, 학교는 처음이시죠?

박찬수 · 김준성 지음 / 값 12,000원

각고의 노력으로 학교 뮤지컬을 개척한 경험과 노하우를 소개한 책. 뮤지컬은 학생들의 삶을 보다 풍요롭게 만듦으로써 학교교육 위기의 대안으로 크게 주목받고 있다. 현장에서 바로 적용하고 고민할 수 있는 현재진행형의 살아 있는 지식이 담겨 있다.

어서 와, 학부모회는 처음이지?

조용미 지음 / 값 15,000원

두 아이의 엄마인 저자가 다년간 학부모회 활동을 하면서 알게 된 노하우와 그간의 이야기들을 담은 책. 학부모회 활동을 처음 시작하는 이들이나, 이미 학부모회에서 활동 중이지만 학교라는 높은 벽에 부딪혀 방향성을 고민 중인 이들에게 권한다.

학교협동조합 A to Z

주수원·박주희 지음 / 값 11,500원

'학교협동조합'의 설립 및 운영과 관련해 학생, 학부모, 교사들이 궁금해할 만한 이야기들을 질문과 답변 형식으로 풀어냈다. 강의와 상담을 통해 자주 접하는 질문들로 구성했으며, 학교협동조합과 관련된 개념들을 좀 더 쉽고 빠르게 이해하는 데 중점을 두었다.

색카드 놀이 수학

정경혜 지음 / 값 16,500원

몸짓과 색카드로 초등학교 1학년부터 6학년까지 배우는 수와 연산을
익힐 수 있도록 가르치는 방법을 다룬다. 즉, 색카드, 수 놀이, 수 맵,
몸짓 춤, 스토리텔링, 놀이가 결합되어 아이들이 다양한 감각을 통해
몸으로 수학의 개념과 원리를 터득하게 하는 것이다. 놀이처럼 수학을
익히면서 개념과 원리를 터득해나갈 때 아이들은 단순히 수학 지식을
배우는 것이 아니라 그것을 실제로 사용할 수 있는 지혜를 배운다.

교육을 교육답게 우리교육 다시 세우기

최승복 지음 / 값 16,000원

20여 년간 교육부 공무원으로 정책을 연구하고 입안해온 저자가 우리
사회가 당면한 교육 문제의 본질과 대안을 명확하게 정리한 책. 저자는
표준화된 교육과정과 평가에 따라 학생들에게 획일성과 경쟁만
강조해왔던 과거의 교육을 단호히 비판하고 학생 개개인에게 맞는
개별화 교육이 필요하다고 주장한다.

처음부터 다시 시작하는 수업

민수연 지음 / 값 13,500원

1년 동안 아이들과 교사가 함께 행복한 교실을 만들어 나간
기록들이 담겨 있다. 교육의 본질과 교사의 역할, 교육관과
인간 본성에 관한 철학적 고민부터 구체적 방법론, 아이들의
참여와 기쁨에 이르기까지 교육과 관련된 다양한 요소가
버무려져 마치 한 편의 드라마 같다.

독자 여러분의 소중한 원고를 기다립니다

맘에드림 출판사는 독자 여러분의 소중한 원고를 기다리고
있습니다. 원고가 있으신 분은 momdreampub@naver.com으로
원고의 간단한 소개와 연락처를 보내주시면 빠른 시간에 검토해
연락을 드리겠습니다.

교과를 꽃피게하는

독서꽃수업